HAL ELROD

MIRACLE MINDSET

HAL ELROD

MIRACLE MINDSET

Die Wunderformel für unausweichlichen Erfolg

Aus dem amerikanischen Englisch
von Dr. Ulrike Kretschmer

IRISIANA

Die amerikanische Originalausgabe erschien 2019 unter dem Titel
»The Miracle Equation«.
Published in the United States by Harmony Books, an imprint of the Crown Publishing Group, a division of Penguin Random House LLC, New York.

MIX
Papier aus verantwortungsvollen Quellen
FSC® C083411
FSC
www.fsc.org

Verlagsgruppe Random House FSC® N001967

1. Auflage

einem Unternehmen der Verlagsgruppe Random House GmbH,
Neumarkter Straße 28, 81673 München
Umschlaggestaltung: Geviert, Grafik & Typografie
Druck und Bindung: CPI Books GmbH, Leck
Printed in Germany
ISBN: 978-3-424-15377-4

Dieses Buch ist den Menschen gewidmet, die mir am meisten am Herzen liegen, dem Mittelpunkt meiner Welt – meiner Familie.

Ursula, Frau meines Lebens: Deine Liebe und Unterstützung machen das, was ich tue, erst möglich, auch dieses Buch. Du bist mein Ein und Alles.

Sophie und Halsten: Ihr seid meine Lieblingswunder. Mein wichtigstes Ziel ist es, euch der beste Vater zu sein, der ich nur sein kann.

Ich liebe euch mehr, als ich (oder irgendein anderer Autor) es je in Worte fassen könnte.

INHALT

EINFÜHRUNG
BEVOR ES LOSGEHT

Mein letztes Buch, *Miracle Morning,* habe ich total vergeigt.

Damals hatte ich es mir zum Ziel gesetzt, *eine Million Leben zu verändern, einen Morgen nach dem anderen.* Und dieses Ziel habe ich ernst genommen. Es dauerte über 18 Monate, bis ich mit unablässiger Werbung Schwung in die Sache gebracht hatte, und über fünf Jahre, bis ich mein Ziel erreicht hatte, doch schließlich hatte es das Buch zu den über eine Million Menschen, die es brauchten, geschafft. Dafür war ich in Hunderten von Podcasts interviewt worden und in mehr als einem Dutzend Talkshows aufgetreten, mein Vortragskalender war aus allen Nähten geplatzt, und ich hatte eine Facebook-Community ins Leben gerufen, um in direkten Kontakt mit meinen Lesern zu treten – und all das, um denjenigen den Weg zu zeigen, die mithilfe einer simplen und doch hocheffizienten Methode persönlich wachsen und ein besseres Leben führen wollten.

Von außen sah es also so aus, als hätte ich mein Ziel erreicht. Wenn Sie einer der über eine Million Menschen sind, die das Buch gelesen haben, der *Miracle Morning*-Community auf Facebook beigetreten sind oder von jemandem der bisher Genannten beeinflusst wurden, runzeln Sie jetzt vielleicht die Stirn und fragen sich: Wie um Himmels willen können ein Buch und eine Botschaft, die so viele Menschen erreicht und ihnen anscheinend auch geholfen haben, denn *nicht* als Erfolg gelten? Ich weiß, ich weiß. Auch ich habe eine Weile gebraucht, um die Sache aus dieser Perspektive zu sehen. Denn schließlich *wirkte* sie oberflächlich betrachtet ja wie ein Volltreffer.

Inzwischen praktizieren Zigtausende von Menschen in über 100 Ländern den Miracle Morning täglich. Tag für Tag erreichen mich Nachrichten von Menschen, die von Wundergenesungen – vom Krebsüberlebenden bis zum Unfallopfer –, von eindrucksvollen Gewichtsabnahmen, von geschriebenen Büchern und neu gegründeten Unternehmen berichten. Sie sind umgezogen, gereist und frisch verliebt. Ganz allgemein gesprochen hat der Miracle Morning unzähligen Menschen dazu verholfen, ihre eigenen einzigartigen Begabungen zu entdecken und zu nutzen, was die Welt für uns alle besser macht.

Und all das erfüllt mich mit unendlicher Dankbarkeit.

Trotzdem: Seit der Veröffentlichung des Buches im Jahr 2012 hat irgendetwas an mir genagt. Obwohl uns das tägliche Üben zu den inneren Eigenschaften und Merkmalen verhilft, die wir brauchen, um das zu erreichen, was wir uns im Leben wünschen, ist der Miracle Morning nicht wirklich ergebnisorientiert. Er ist gewissermaßen nur die halbe Miete. Man kann jeden Tag meditieren, Bücher über persönliches Wachstum lesen, Klarheit durch Tagebuchschreiben gewinnen, sich zum kenntnisreichsten, selbstbewusstesten und am besten vorbereiteten Menschen weit und breit entwickeln – und dann nichts tun. Das hilft nicht weiter.

Vielleicht kommt Ihnen das bekannt vor. Ihre Bücherregale sind mit mehr Wissen und Weisheit vollgestopft, als Sie jemals aufnehmen könnten, oder Sie besuchen regelmäßig Vorträge und Workshops zum Thema »Wie ändere ich mein Leben?«. Dennoch haben Sie das Gefühl, dass etwas fehlt. Es zeigen sich einfach keine *Ergebnisse*. Auf dem Konto nicht, und auch in der Beziehung nicht, von der Sie sich erhofften, dass sie Sie erfüllen würde. Sie mühen sich ab, ein Unternehmen zu gründen oder aufzubauen, einen passenden Job zu finden oder schlicht glücklich zu werden. Oder das eben Erwähnte ist in Erfüllung gegangen, aber Sie sind mit dem Erreichten nicht zufrieden, sondern streben immer noch nach der schwer zu erklimmenden nächsten Stufe des persönlichen oder beruflichen Erfolgs.

Wenn Sie sich jetzt ertappt fühlen – und glauben Sie mir, genauso ist es mir selbst schon ergangen –, gehören Sie wahrscheinlich und ohne es zu wissen zur rasant wachsenden Gruppe der »Selbstoptimierungs-Junkies«. Als gerade genesendes Mitglied weiß ich, wie high die Aha-Momente machen, von denen wir immer mehr wollen. Was allerdings nicht bedeutet, dass sich an der Ausgangssituation etwas ändern würde. Eine dauerhafte Wandlung findet nicht statt, wir machen einfach weiter, jagen immer weiter denselben Dingen nach. Ich habe Buch um Buch in dem Glauben verschlungen, dass ich mit jedem neuen Krümelchen Erkenntnis eine bessere Version meiner selbst aus mir machen könnte. Als ob das bloße Wissen, sicher in meinem Gehirn verstaut, reichen würde. Und damit bin ich nicht allein: Viele Menschen glauben, es sei schon genug, sich täglich mit dem Thema persönliches Wachstum auseinanderzusetzen. Aber es ist nicht genug. Wenn auch Sie die Nase voll davon haben, sich Tag für Tag Ziele zu setzen und sich anschließend Selbstvorwürfe zu machen, weil Sie Ihre Ziele nicht erreicht haben, werden Sie mit dem Buch, das Sie jetzt in Händen halten, viel anfangen können.

Sie müssen Ihre täglichen Übungen für Ihre persönliche Weiterentwicklung mit einer bewährten Methode kombinieren, die Ihnen dabei hilft, sich Ziele zu setzen und diese auch zu erreichen, um Ihre Lebensqualität beständig zu verbessern. Ich kann mich noch genau an den Tag erinnern, an dem ich innehielt, mein Leben betrachtete und erkannte: *Ich kann mehr. Ich bin mehr. Und ich bin nicht mehr bereit, mich mit irgendetwas abzufinden.* Ich hatte mein Leben bislang quasi im Leerlauf verbracht und versucht, mit dem geringstmöglichen Aufwand das Bestmögliche herauszuholen; doch damit war ich nun nicht mehr zufrieden. Deshalb habe ich begonnen, meine größten Ziele aktiv zu verfolgen, statt darauf zu warten – oder eher zu hoffen –, dass ich sie erreiche, wenn ich sie nur lebhaft genug visualisierte. So ist es mir im Laufe der Zeit gelungen, eine Methode zu entwickeln, die den Kern des gesamten Wissens in puncto persönliches Wachstum in die Tat umsetzt. Allmählich wurde mir klar, dass diese Methode ganz außergewöhnliche Ergebnisse zeitigte.

Wenn Sie sich in der Welt der Persönlichkeitsentwicklung gut auskennen, dann haben Sie den folgenden Satz bestimmt schon einmal gehört: *Alles ist möglich*. Ich glaube auch, dass das stimmt. Allerdings reicht *möglich* nicht aus, Sie morgens mit dem Ansporn aus dem Bett zu katapultieren, die Verwirklichung Ihrer kühnsten Träume in Angriff zu nehmen. Ich wünschte, es wäre anders, aber so ist es nun einmal. Die halbe Miete reicht nicht zum Wohnen. Mein nächstes Buch, *dieses* Buch, soll Ihre Erfolgschancen von *möglich* über *wahrscheinlich* auf *unausweichlich* wachsen lassen.

Ich nenne die Methode, die ich entwickelt habe, die *Wunderformel*. Wie Sie noch sehen werden, ist sie zwar trügerisch einfach zu erklären, wird aber nur von einem kleinen Prozentsatz der Gesellschaft erfolgreich angewandt. Sie umfasst lediglich zwei Grundsatzentscheidungen:

Die erste Grundsatzentscheidung besteht aus *unerschütterlichem Glauben*, die zweite aus *unermüdlichem Einsatz*. Nur wer beide Entscheidungen trifft und ihnen über einen längeren Zeitraum hinweg folgt, wird sich die richtige Geisteshaltung, das *Miracle Mindset*, aneignen, und so greifbare und messbare Ergebnisse erzielen.

Sieht man sich die erfolgreichsten, innovativsten, wohltätigsten und leistungsstärksten Menschen auf diesem Planeten an, also im Grunde genommen jeden, der etwas Entscheidendes zur Weltgeschichte beigetragen hat, wird schnell klar, dass diese Menschen zunächst unerschütterlich daran glaubten, dass sie es schaffen konnten, und sich dann so lange unermüdlich dafür einsetzten, bis sie es geschafft hatten. Wer unerschütterlichen Glauben hat und über längere Zeit unermüdlichen Einsatz zeigt, kann nicht scheitern. Sie können stolpern und Rückschläge erleiden, die Wahrscheinlichkeit, Ihr Ziel zu erreichen, wird aber von möglich über wahrscheinlich bis hin zu unausweichlich anwachsen.

Wenn Sie aus Ihren Zielen dann unausweichliche Ziele machen können, ist aus Ihnen das geworden, was ich einen *Miracle-Experten* nenne. Miracle-Experten haben das Rätsel, wie man Wunder vollbringt, gelöst und leben nach der Wunderformel. Unerschütterlicher Glaube ist ihre Grundeinstellung, und sie nähern sich all ihren Zielen mit unermüdlichem Einsatz. Miracle-Experten fühlen sich diesen beiden Grundsatzentscheidungen verpflichtet und bewirken so Außergewöhnliches – nicht nur für sich selbst, für alle. Und da Wunder zu ihrem Leben gehören, erzielen sie wieder und wieder außergewöhnliche Ergebnisse, bei fast allem, was sie anpacken. Sich die Eigenschaften und Merkmale eines Miracle-Experten anzueignen ist das ultimative Ziel, das Sie erreichen, wenn Sie dieses Buch gelesen und in die Tat umgesetzt haben.

DIE EFFEKTIVSTE ART, DIESES BUCH ZU LESEN

Einige Bücher zum Thema Persönlichkeitsentwicklung kann man häppchenweise lesen. Man kann Passagen überblättern und sich die Kapitel in willkürlicher Reihenfolge vornehmen. Ich kenne Leute, die die Augen schließen, das Buch an irgendeiner Stelle aufschlagen und genau dort zu lesen beginnen. Diese Bücher überlassen es dem Leser zu entscheiden, was er bei der jeweiligen Lektüre für wichtig hält und was nicht. Diese Bücher sind toll – bei dem vorliegenden aber funktioniert diese Vorgehensweise nicht.

In dieser Einführung sowie in den ersten beiden Kapiteln werden die Grundlagen zum Vollbringen greif- und sichtbarer

Wunder gelegt. Sie werden lesen, was Wunder sind (und was sie nicht sind), bekommen einen Überblick über die Wunderformel und erfahren, wie die beiden Grundsatzentscheidungen – unerschütterlicher Glaube und unermüdlicher Einsatz – einander fördern und den Prozess mit der Zeit immer mehr erleichtern. Ich werde Ihnen die Geschichte meines ersten Wunders erzählen und wie es dazu kam, dass ich kurz vor meinem 22. Geburtstag die Wunderformel aufstellte; wie ich sie einem Menschen nach dem anderen beibrachte und beinahe ehrfürchtig dabei zusah, wie sie für sie ebenso funktionierte wie für mich selbst.

Der Rest des Buchs bringt Ihnen die Konzepte und Schritte näher, die Sie verstehen müssen, bevor Sie sich daran machen können eigene Wunder zu bewirken. Das sind im Einzelnen die folgenden Punkte:

- Wie Sie den inneren Konflikt zwischen Ihren Grenzen (die wir im Übrigen alle haben) und Ihrem angeborenen grenzenlosen Potenzial überwinden können
- Wie Sie emotional unbesiegbar werden, damit Sie Herr Ihrer Gefühle bleiben, auch wenn das Leben es einmal nicht so gut mit Ihnen zu meinen scheint (diese Strategie brauchen Sie vor allem dann, wenn Sie glauben, Ihre Mühen zeitigten nicht die angemessenen Ergebnisse)
- Der wahre Zweck des Zielesetzens
- Die Auswahl des ersten (und nachfolgenden) Wunders
- Wie Sie wieder und wieder Wunder vollbringen
- Wie Sie die Informationen in diesem Buch mithilfe Ihres persönlichen 30-Tage-Programms, des ersten Schrittes auf Ihrem Pfad zum ersten greif- und sichtbaren Wunder, in die Praxis umsetzen

Da die einzelnen Kapitel aufeinander aufbauen, rate ich Ihnen, dieses Buch beim ersten Mal ganz, von vorn bis hinten durchzulesen. Das Wissen aus einem Kapitel hilft Ihnen beim Verständnis des nächsten. Nach der Erstlektüre können Sie selbstverständlich immer wieder zu einzelnen Kapiteln zurückkehren und diese erneut lesen. Im Besonderen empfiehlt es sich, Kapitel noch einmal zu lesen, wenn Sie im Prozess der Wundervollbringung stecken geblieben sind.

DENKEN SIE DARAN …

1. Der Miracle Morning und die Wunderformel ergänzen einander. Sollten Sie das Buch *Miracle Morning* allerdings nicht gelesen haben, besteht auch kein Grund zur Panik: Mit *Miracle Mindset* haben Sie alles Nötige an der Hand, um mehr von Ihrem Potenzial ausschöpfen und sich ein erfüllenderes Leben erschaffen zu können. Sie erfahren, wie Sie außergewöhnliche, sichtbare Ergebnisse (= Wunder) erzielen – wieder und wieder und schließlich mit relativer Leichtigkeit. Gleichwohl hilft der Miracle Morning Ihnen dabei, den Tag mit Klarheit, innerer Ruhe und Konzentration zu beginnen. Die Praxis ist vielleicht nicht so ergebnisorientiert, hat sich bei der täglichen Persönlichkeitsentwicklung aber dennoch bestens bewährt. Mit ihr wird aus Ihnen der Mensch, der Sie sein müssen, damit Sie Ihre Ziele erreichen können.

2. Einige Ideen und Prinzipien werden mehrfach wiederholt. Die Wunderformel lässt sich zwar einfach erklären, die Ausführung aber gestaltet sich etwas komplizierter. Aus diesem Grund erläutere ich ein Konzept nicht nur einmal und überlasse den Rest dann Ihnen. Auf wichtige Punkte komme ich im Laufe des Buchs immer wieder zurück; ich beleuchte sie aus verschiedenen Blickwinkeln, damit Sie sie sich besser merken und die Ideen verinnerlichen können. Es ist leichter, sich etwas zu merken, das man mehr als einmal gelesen hat.

3. Mit diesem Buch will ich das Bewusstsein der Menschheit erweitern, Mensch für Mensch. Wie zu Beginn der Einführung erwähnt, wollte ich mit *Miracle Morning* eine Million Leben verändern, einen Morgen nach dem anderen. Als sich dann eine Million Leben zum Besseren geändert hatten, wurde mir klar, dass dieses einst so scheinbar unrealistische und unmögliche Ziel nicht nur realistisch, sondern schlicht nicht groß genug war.

Deshalb habe ich es mir mit diesem Buch zum Ziel gesetzt, das Bewusstsein der gesamten Menschheit zu erweitern, Mensch für Mensch. Das klingt in Ihren Ohren vielleicht etwas hochtrabend, möglicherweise haben Sie beim Lesen sogar die Augen verdreht. Doch nach der Lektüre dieses Buchs werden auch Sie wissen, dass keine Vision zu groß sein kann. Wenn wir beginnen, unser eigenes grenzenloses Potenzial auszuschöpfen, erweitern wir damit unser Bewusstsein und in der Folge das Bewusstsein der Menschen um uns herum. Und wenn wir beginnen, greif- und sichtbare Wunder zu vollbringen, haben diese ebenfalls Einfluss auf andere Menschen. Machen Sie sich immer wieder klar, *dass Ihnen keine Grenzen gesetzt und Sie dazu bestimmt sind, das zu haben, zu sein und zu erschaffen, was immer Sie sich wünschen*. Welche Aufgaben sehen Sie für sich in der Welt? Welchen Beitrag glauben Sie oder könnten Sie sich zumindest vorstellen leisten zu können? Was wäre für Sie das ultimative Wunder? Ich verspreche Ihnen: Es gibt kein Ziel, das Sie nicht erreichen können.

Doch jetzt lassen Sie uns loslegen. Lektion Nummer eins: Wunder sind keine Mysterien.

1 WUNDER SIND KEINE MYSTERIEN

VOM MYTHISCHEN ZUM MESSBAREN

» Wunder geschehen nicht im Widerspruch zur Natur, sondern im Widerspruch zu dem, was wir über die Natur wissen.
– HEILIGER AUGUSTINUS

Wunder haben etwas *Mysteriöses* an sich, stimmt's? Oder macht es etwa nicht einen Teil ihres Reizes aus, nicht genau zu wissen, wie sich bestimmte unscheinbare Ereignisse so zusammenfügen, dass einem Menschen das Leben gerettet wird oder sein sehnlichster Wunsch plötzlich in Erfüllung geht? Leider kann diese Aura des Mysteriösen unserem Verständnis von Wundern aber auch ganz erheblich im Weg stehen.

In der amerikanischen TV-Sendung *Today* habe ich einmal einen Bericht mit dem Titel »Das Fallschirmwunder: Mann stürzt drei Kilometer in die Tiefe« gesehen. Darin ging es um den Fallschirmspringlehrer Michael Holmes, dessen Fallschirm sich beim Sprung nicht öffnete. Als der Boden unter ihm auf ihn zuraste, versuchte er, den Fallschirm von Hand zu öffnen, was ihm jedoch nicht gelang. Er nahm ein Messer zu Hilfe, aber auch das misslang. In einem letzten, verzweifelten Versuch, das eigene Leben zu retten, wollte er den Reservefallschirm öffnen – wieder Fehlanzeige. Auf den letzten 200 Metern im freien Fall fand er sich damit ab, dass er wohl gleich sterben würde. Erstaunlicherweise starb er nicht: Angesichts der Fallhöhe fielen seine Verletzungen eher gering aus.

Und kennen Sie die Geschichte von Donnie Register? In den Nachrichten tauchte sie als »Donnies Wunder« auf, und auf oprah.com wurde sie gar als Wunder aus dem wirklichen Leben bezeichnet. Donnie stand gerade an der Kasse seines Antiquitätenladens, als ein bewaffneter Räuber auf seinen Kopf zielte und schoss. Donnie riss die Arme hoch und hielt sich die Hände vors Gesicht. Die Kugel prallte von seinem goldenen Ehering ab, und so entkam Donnie wie durch ein Wunder einem brutalen, vorzeitigen Tod.

Im Laufe der Jahre habe ich von zahlreichen wundersamen Genesungen gehört, die anscheinend durch nichts als eine große Portion Hoffnung bewirkt worden waren. Von der verloren geglaubten großen Liebe, die Jahrzehnte später aus dem Nichts wieder auftauchte. All diese Geschichten sind ebenso faszinierend wie ehrfurchtgebietend.

Mit einigem Recht könnte man solche Geschichten tatsächlich als Wunder bezeichnen. Für viele Menschen – und vielleicht gehören ja auch Sie dazu – sind es jedoch gerade Wunder wie diese, die der gesamten Gattung einen schlechten Ruf verleihen. Skeptiker glauben nämlich, dass Außergewöhnliches nur anderen passiert. Dass Wunder extrem selten geschehen. Dass sie ins Reich der Mythen, der Zufälle und des Glücks gehören und für den Normalsterblichen unerreichbar sind. Wunder sind unrealistisch und unvorhersagbar. Sie sind nicht Teil des wirklichen Lebens, zumindest nicht Teil *ihres* Lebens. So habe ich früher auch gedacht.

Wenn wir uns einen Scheck über eine siebenstellige Summe im Briefkasten einfach »ausdenken« könnten, wäre dann nicht jeder Millionär? Wundersame Genesungen wären dann an der Tagesordnung, und der schwierige Kunde oder Kollege – Sie wissen schon, der, der einem ständig den Blutdruck in die Höhe treibt – würde sich schlicht in Luft auflösen. Wer so denkt, sagt auch gern: Ich glaub's erst, wenn ich es sehe.

Skepsis hat selbstverständlich auch ihre Vorteile. Skeptiker denken kritisch, sie beurteilen und stellen infrage, sie suchen nach der Wahrheit. Ich gehe an die Dinge nicht anders heran und erwarte das im Grunde auch von Ihnen.

Dennoch hat Skepsis auch eine potenziell verheerende Kehrseite, die wir uns bewusst machen und vor der wir uns in Acht nehmen sollten: Sie kann leicht in Zynismus umschlagen. Sie kann zu einem ungesunden Misstrauen führen und Möglichkeiten einschränken, die uns sonst offenstehen würden. Wie Sie im Laufe dieses Buches noch sehen werden, gibt es zwei Arten von Wundern, die man nicht vermischen sollte.

Die oben beschriebenen Wunder könnte man auch als »passive« oder »willkürliche« Wunder bezeichnen. Sie geschehen rein zufällig. Wir staunen über ihre im wahrsten Sinne des Wortes unglaubliche Natur, wir können sie nicht erklären, geschweige denn wiederholen (was Michael Holmes und Donnie Register auch nicht recht wäre, wie ich vermuten würde). Solche Wunder sind beliebige Zufälle. Und falls Sie in diesem Buch auf diese Art von Wundern gehofft haben – tatsächlich hat Hoffen und Beten eine Menge mit ihnen zu tun –, muss ich Sie leider enttäuschen: Zu diesem Thema kann ich Ihnen kaum Ratschläge geben. Um solche Wunder geht es in diesem Buch nicht.

Vielmehr geht es um greif- und sicht- oder messbare Wunder, die Ihre aktive Teilnahme erfordern. Sie beinhalten das Erreichen Ihrer größten, furchteinflößendsten und unwahrscheinlichsten Ziele. Über diese Art von Wundern haben Sie einen beträchtlichen Grad an Kontrolle: Sie können sie in Ihrem Leben wieder und wieder geschehen lassen, weil Sie nach der Lektüre dieses Buchs wissen, wie das geht. Dafür müssen Sie zunächst allerdings an die grundsätzliche Möglichkeit solcher

Wunder glauben und daran, dass *Sie* sie bewerkstelligen können. Falls Sie zu den oben erwähnten Skeptikern gehören, bitte ich Sie, Ihren Unglauben einen Augenblick lang aufzugeben, damit Sie sich dem öffnen können, was sonst noch vielleicht für Sie möglich ist. Zumindest für die Dauer der Lektüre dieses Buchs.

Verstehen Sie mich nicht falsch. Ich versuche nicht, Sie zu überreden, etwas Unsinniges zu glauben. Ich will lediglich Ihren Geist für die Möglichkeit von etwas Neuem öffnen, einer zweiten Art von Wunder, die Sie absichtlich herbeiführen können. In diesem Kapitel wird im Rahmen einer gemeinsamen Diskussionsgrundlage zunächst definiert, was greif- und sichtbare Wunder sind, bevor geklärt wird, wie genau sich diese Art von Wundern zeigt, damit auch Sie in Zukunft außergewöhnliche Ergebnisse erzielen können. Danach liegt es bei Ihnen, ob Sie glauben wollen oder nicht.

DIESE WUNDER KANN JEDER BEWIRKEN

Beim Thema Wunder stellen sich automatisch Fragen wie: Erleben Wunder nur besondere oder »auserwählte« Menschen? Geschehen Wunder nur rein zufällig? Werden die Wunder von Gott oder irgendeiner anderen Form von mysteriöser höherer Intelligenz bewirkt? Oder könnte es auch sein, dass jeder Mensch mit einem grenzenlosen Potenzial und Fähigkeiten geboren wird, die das, was wir für möglich halten, bei Weitem übersteigen? Vielleicht ist das der Grund, warum einige Menschen so sagenhaft erfolgreich sind – weil sie herausgefunden haben, wie sie das in jedem einzelnen Menschen schlummernde Potenzial wecken können. Was, wenn Sie nur eine (oder zwei) Grundsatzentscheidungen davon entfernt wären, Ihr eigenes verborgenes Potenzial voll ausschöpfen zu können?

Eine solche Erkenntnis würde unweigerlich die Größe und den Umfang der Ziele beeinflussen, die Sie sich setzen, und letztlich auch die Sicht auf Ihr ganzes Leben verändern. Sie würde die Messlatte, an der Durchschnitt gemessen wird, höher legen, weil der Durchschnitt jetzt außergewöhnlich ist. Was würde geschehen, wenn Sie und alle, die Sie kennen, in Zukunft ihr volles Potenzial ausschöpfen würden? Wenn wir herausfinden würden, wie wir unsere selbst gesetzten Grenzen überwinden können, und uns das Leben erschaffen würden, das wir führen wollen und das gleichzeitig dem Gemeinwohl dient? Was wäre, wenn wir alle Miracle-Experten werden würden?

WAS IST EIN MIRACLE-EXPERTE?

Sicherlich kennen auch Sie Menschen, die schon nah dran sind, ihr volles Potenzial auszuschöpfen, und ein Händchen dafür zu haben scheinen, ihre Visionen Wirklichkeit werden zu lassen. Ob Sie diese Menschen nun persönlich kennen oder aus der Ferne bewundern, sie haben eines gemein: Sie lassen sich ihre großen Ideen nicht ausreden, auch nicht von sich selbst. Sie verfügen offenbar über eine nie versiegende Quelle an Kreativität und ein schier endloses Durchhaltevermögen. Ihnen bieten sich Gelegenheiten in Hülle und Fülle. Vielleicht fragen Sie sich, wie oder warum sie so viel Glück haben. Doch was, wenn Glück nur eine winzig kleine Rolle bei dem Erfolg, den diese Menschen haben, spielen würde?

Die Geschichte ist voller Menschen, die greif- und sichtbare Wunder aktiv selbst bewirkt haben. Der US-Präsident John F. Kennedy hatte die Vision, Menschen auf den Mond zu bringen. Martin Luther King Jr., der Anführer der Bürgerrechtsbewegung, hatte den Traum von einem freien und für alle Menschen gleichen Amerika. Während andere beteten und darauf warteten, dass etwas geschieht, nahmen JFK und MLK die Dinge in die Hand. Ihnen gelang es, scheinbar unmögliche Ideen zur greifbaren Realität werden zu lassen. Sie folgten ihren

Visionen, soweit sie nur konnten, und schufen so eine außergewöhnliche neue Wirklichkeit. Sie machten sich ihre Fähigkeiten zunutze und wurden auf diese Weise zu Miracle-Experten.

Wer unerschütterlichen Glauben und unermüdlichen Einsatz praktiziert, und so das Miracle Mindset verinnerlicht, ist ein Miracle-Experte. Die namhaften Miracle-Experten stammen aus allen gesellschaftlichen Schichten, und ihre Errungenschaften nahmen ebenso wie die Wege, die sie wählten, alle nur vorstellbaren Formen an. Viele von ihnen kennen wir schlicht deshalb, weil ihre Errungenschaften die Welt so stark beeinflusst haben. Zu den berühmten Miracle-Experten gehören:

- Henry Ford, der die Entwicklung des Autos maßgeblich geprägt hat
- Marie Curie, die die Theorie der Radioaktivität aufgestellt hat und nicht nur die erste Frau war, die den Nobelpreis verliehen bekam, sondern auch der erste Mensch, dem der prestigeträchtige Preis zweimal zuerkannt wurde
- Bill Gates, dessentwegen heute in Millionen von Haushalten und Büros weltweit PCs stehen
- Amelia Earhart, die als erste Frau allein über den Atlantik geflogen ist
- Neil Armstrong, der auf dem Mond spazieren ging
- LeBron James, der der Stadt Cleveland ein Wunder schenkte, als er mit den Cavaliers nach über 60 Jahren den ersten Meisterschaftstitel im Profisport für die Stadt holte
- Michael Phelps, der mit 15 zum ersten Mal an den Olympischen Spielen teilnahm und danach insgesamt 23 Goldmedaillen gewann
- Steve Jobs, der uns Tausende Songs zum Mitnehmen bescherte und Smartphones zur Norm machte
- Elon Musk, der pausenlos technische Wunder bewirkt, die die Menschheit voranbringen

Immer wieder ist es ganz gewöhnlichen Menschen gelungen, sich über die Grenzen dessen, was als möglich gilt, hinwegzusetzen. Und auch sie mussten vorher die gleichen Ängste und Unsicherheiten überwinden, denen wir alle unterworfen sind. Wir alle werden mit einem grenzenlosen Potenzial geboren, diese Menschen aber haben herausgefunden, wie sie es ausschöpfen können. Sobald Sie das ebenfalls herausgefunden haben, wird nichts mehr so sein, wie es war.

Zwar variieren die Bedingungen, in die wir hineingeboren werden, von Mensch zu Mensch, doch unser angeborenes, grenzenloses menschliches Potenzial ist universal. Tatsächlich gibt es unzählige Geschichten von Leuten, die in schwierigen Verhältnissen aufgewachsen sind, aber trotzdem einen Weg gefunden haben, etwas Außergewöhnliches aus ihrem Leben zu machen. Vielleicht kennen Sie sie sogar.

Die Schriftstellerin J.K. Rowling war nicht nur vorübergehend pleite, sondern schon beinahe verarmt, als sie das erste *Harry Potter*-Buch verfasste, aus dem eine ganze Reihe werden sollte – ganz zu schweigen von den acht Blockbustern, den Themenparks, dem Spielzeug, der Kleidung, den Videospielen und, und, und. Letztlich hat sie sich mit ihrer Idee einen Platz im exklusiven Club der Milliardäre gesichert.

Jay-Z wuchs in einem Sozialbau in Brooklyn auf, bevor er ein weltberühmter Rapper und Unternehmer wurde. Zu seinem Imperium gehören unter anderem Immobilien und Sportbars sowie Firmen für Bekleidung, Getränke und sogar Schönheitsprodukte.

Oprah Winfreys Kindheit war von Armut und Missbrauch geprägt, heute ist sie eine der erfolgreichsten und wohlhabendsten Frauen der Welt. Und nicht nur das: Sie will der Welt auch etwas zurückgeben und zukünftigen Generationen den Weg aus der Armut zeigen. Zu diesem Zweck hat sie über 150 Millionen Dollar an gemeinnützige Organisationen gespendet, die unterprivilegierten Mädchen helfen.

Der Schauspieler Sylvester Stallone war zeitweilig obdachlos, als er nach einer langen Liste von winzigen Nebenrollen mit dem Film *Rocky*, für den er auch selbst das Drehbuch geschrieben hatte, seinen Durchbruch feierte. Die *Rocky*-Filmreihe sollte eine der erfolgreichsten aller Zeiten werden.

Ich könnte die Liste mit Beispielen aus dem wirklichen Leben bis zum Ende des Buchs fortsetzen. Inzwischen ist Ihnen aber bestimmt schon klar geworden, worauf es mir damit ankommt: Die äußeren Lebensumstände sind nicht unsere Grenzen, ebenso wenig wie die Vergangenheit unsere Zukunft bestimmt. Sie müssen sich erst bildlich vor Augen führen, wie die ideale Zukunft für Sie aussieht, und dann fest daran glauben, dass diese Zukunft auch möglich ist. Wie genau Sie das anstellen, erfahren Sie im Detail auf den kommenden Seiten. Anschließend müssen Sie sich auf Ihr Ziel zubewegen. Das haben ausnahmslos alle der oben Erwähnten auch getan. Sie glaubten fest daran, dass es *möglich* sei, ihren Traum zu verwirklichen, fanden heraus, was sie tun mussten, um das *wahrscheinlich* werden zu lassen, und ließen schließlich nicht locker, um ihr Ziel *unausweichlich* zu erreichen. Und das können Sie auch.

Das Ziel, das Sie dabei in Angriff nehmen, muss kein revolutionäres sein. Es kann so groß oder klein, so einfach oder schwierig sein, wie Sie wollen. Es muss Ihnen nur etwas bedeuten. Denn diese Bedeutung wird Ihr Antrieb sein.

* * *

In meinem Buch *Miracle Morning* war die Rede vom sogenannten *10-Punkte-Erfolg*, dem idealen Leben, nach dem wir streben. Wenn man Sie bitten würde, den Erfolg in einem bestimmten Bereich Ihres Lebens auf einer Skala von 1 bis 10 einzuordnen, würden Sie sich wahrscheinlich in allen Bereichen eine 10 wünschen. 10-Punkte-Gesundheit. 10-Punkte-Zufriedenheit. 10-Punkte-Wohlstand. Suchen Sie es sich aus.

Da das menschliche Potenzial jedoch grenzenlos ist, muss das Ziel nicht notwendigerweise 10 Punkte lauten. Es besteht schlicht darin, jeden Morgen aufzustehen und sich anzustrengen, ein besserer Mensch als der zu werden, der am Abend zuvor zu Bett gegangen ist. Wenn Sie sich täglich darauf konzentrieren, Ihr grenzenloses Potenzial auszuschöpfen und sich in jedem Bereich Ihres Lebens auf einen 10-Punkte-Erfolg zuzubewegen, werden sich Gelegenheiten in Hülle und Fülle ergeben und Sie werden die Quelle wahrer Erfüllung entdecken.

Das Streben nach dem 10-Punkte-Erfolg stellt uns vor die Herausforderung, die richtige Balance zu finden: einerseits in der gegenwärtigen Situation glücklich und dankbar zu sein und andererseits dem angeborenen menschlichen Drang zu folgen, zu wachsen und sich zu verbessern. Der Schlüssel zum Erfolg liegt darin, nicht *Ich bin nicht gut genug* zu denken, sondern *Ich bin grenzenlos und habe mehr zu geben.* Das ist ein feiner, aber fundamentaler Unterschied. Der Unterschied, nach dem Miracle-Experten leben.

Miracle-Experten zeichnen sich dadurch aus, dass sie stets nach etwas Höherem als dem streben, was sie als 10-Punkte-Erfolg definieren würden. Sie glauben unerschütterlich an sich selbst und erwarten, dass das, was sie sich im Leben wünschen, auch geschehen wird. Dabei bleiben sie allerdings mitnichten passiv. Sie starren auf kein Moodboard und wiederholen nicht geistlos irgendwelche Affirmationen, um sich anschließend zu wundern, warum nichts passiert. Wer als Miracle-Experte lebt, denkt und handelt anders als der Großteil der Menschen.

Im Gegensatz zu den meisten Menschen, die sich regelmäßig von ihren Ängsten und Selbstzweifeln überrollen lassen, wählen Miracle-Experten die Option, sich mit ihrem Glauben über ihre Ängste hinwegzusetzen. In ihrem grundlegenden Miracle Mindset ist festgesetzt, dass sie bei allem, was sie anpacken, gewinnen können und werden; gleichzeitig akzeptieren sie es, wenn sie einmal nicht gewinnen, und machen einfach weiter.

Auf diese Weise können sie mehr Gelegenheiten beim Schopf ergreifen. Und selbst wenn sie das eine oder andere Mal scheitern, stehen für sie die Chancen zu gewinnen insgesamt besser.

Simon Sinek äußerte einen ähnlichen Gedanken, als er sagte: »Die Champions sind nicht die, die immer gewinnen, sondern die, die es immer wieder versuchen. Und sich das nächste Mal noch mehr dabei anstrengen ... ›Champion‹ ist eine Geisteshaltung. Ein Champion opfert sich auf. Er tritt an, weil er sich selbst ebenso wenn nicht mehr als andere übertreffen will.«

Miracle-Experten legen auch ein anderes Verhalten an den Tag. Sie wissen, dass sie sich anstrengen müssen, um Ergebnisse zu erzielen. Sie wählen nie den einfachen Weg und sind bereit, das Nötige zu tun, um das zu bekommen, was sie wollen. Darüber hinaus schätzen sie es aber durchaus, effektiv vorzugehen, und probieren es mit Tipps, Tricks und Abkürzungen, um schneller an ihr Ziel zu gelangen.

Das weiß ich nicht nur aus der Beobachtung, sondern auch aus eigener Erfahrung. Sie werden später noch lesen, wie ich mithilfe der Wunderformel wieder gehen lernte, nachdem man mich nach einem Autounfall bereits für tot erklärt hatte; wie ich meine Finanzen nach einem Beinahebankrott wieder in den Griff bekam und eine Krebserkrankung trotz düsterer Prognosen überlebte. Und das nur, weil ich die beiden Grundsatzentscheidungen traf, auf denen dieses Buch basiert, und ihnen folgte.

WUNDER SIND EINE WILLENSENTSCHEIDUNG

Auf die Frage, was uns eigentlich davon abhält, das Leben zu führen, das wir uns wünschen, geben Selbsthilfebücher eine Million Antworten: Es sind unsere Angewohnheiten, unsere Überzeugungen, unser Einflusskreis, unser Grad an Selbstvertrauen und Zuversicht, unsere Energie, das Gesetz der

Anziehung, das Zeitmanagement, die emotionale Intelligenz, unsere Bildung beziehungsweise der Mangel daran. Das ist alles ein bisschen viel. Meiner Meinung lässt sich all das auf zwei Grundsatzentscheidungen eindampfen, die darüber bestimmen, ob Sie Erfolg haben oder nicht und ob Sie den Rest Ihres Lebens als Miracle-Experte verbringen oder nicht.

Die meisten Menschen versäumen es, diese Grundsatzentscheidungen zu treffen, und zwar nicht nur einmal, sondern wieder und wieder. Die erste der beiden Entscheidungen betrifft den unerschütterlichen Glauben, die zweite den unermüdlichen Einsatz. Wer nicht das Leben führt, das er wirklich führen will, dem mangelt es entweder an Glauben oder am nötigen Einsatz. Das ist alles. Den meisten Menschen mangelt es an beidem.

Mir ist klar, dass das sehr einfach klingt, vielleicht sogar zu einfach. Doch werfen wir einen näheren Blick darauf.

GRUNDSATZENTSCHEIDUNG NUMMER EINS: Unerschütterlicher Glaube. Sie können das Wort »Glaube« zwar auch durch Selbstvertrauen oder Überzeugung ersetzen, doch ändert das nichts daran, dass Menschen, die ein außergewöhnliches Leben führen, dies tun, weil sie daran glauben, dass sie ein solches Leben führen können, und sich selbst so lange in diesem Glauben bestärken, bis sie erreicht haben, was sie sich wünschen. Ihr Glaube ist demnach *unerschütterlich*.

Das geschieht gegen unsere Gewohnheiten, da unser Glaube normalerweise von den vergangenen und gegenwärtigen Umständen beeinflusst wird. Um zu glauben, dass wir etwas erreichen können, das wir noch nie zuvor erreicht haben, müssen wir unsere Komfortzone verlassen. Wir müssen uns für besser halten, als wir es je zuvor gewesen sind, und uns künftige Möglichkeiten vorstellen, deren Beweis noch aussteht. Einen solchen Glauben zu entwickeln ist weder normal noch natürlich und geschieht schon gar nicht automatisch. An die eigenen grenzenlosen Fähigkeiten zu glauben erfordert eine bewusste Entscheidung.

Ebenso schwer fällt es, diesen Glauben aufrechtzuerhalten. Fast alle nennenswerten Errungenschaften sind erst zustande gekommen, nachdem unzählige Hürden genommen und Myriaden von Rückschlägen überwunden worden waren. Bei vielen Menschen führen Hürden und Rückschläge unweigerlich dazu, dass sie in ihrem Glauben schwanken und ihr Streben nach dem, was sie sich wünschen, ins Stocken gerät. Was uns umgehend zu unserer zweiten Grundsatzentscheidung bringt.

Die Wunderformel in Aktion

Rob Dial war damals, im Jahr 2006, einer meiner ersten Coaching-Kunden und ist seitdem ein Freund und Kollege. Er hat die Wunderformel in ganz erstaunlicher Weise angewandt, nicht nur um sich finanzielle Freiheit zu verschaffen, sondern auch um eine bedeutsame Spur in der Welt zu hinterlassen.

Jedes Jahr veranstalten mein langjähriger Freund und Geschäftspartner Jon Berghoff - den Sie später im Buch noch kennenlernen werden - und ich das Event »Best Year Ever [Blueprint]«, das die Teilnehmer durch einen persönlichkeitsumwälzenden Prozess führt und sie darauf vorbereitet, dass die darauffolgenden zwölf Monate buchstäblich die besten ihres Lebens werden. Bei einem dieser Events wurde Rob klar, dass seine Lebensaufgabe darin besteht, Menschen beizubringen, wie sie sich von dem Leiden befreien, das sie selbst erschaffen, indem sie sich vom Entfalten ihres vollen Potenzials abhalten. Kurz darauf war Robs erster Podcast online und binnen acht Wochen mehr als 100 000 Mal heruntergeladen worden. Rob war begeistert, hatte aber immer noch einen Job, den er liebte und der ihm ein sechsstelliges Jahresgehalt einbrachte. Beides machen konnte er nicht, und so verließ er sich auf seinen unerschütterlichen Glauben an sich selbst und seine Mission, kündigte und widmete sich ganz seiner Lebensaufgabe.

Durch unermüdlichen Einsatz fand er heraus, welche Inhalte die Leute liebten und mit anderen teilen wollten, und nach 14 weiteren Monaten hatte er über eine Million Social-Media-Follower. Allein im Jahr 2017 wurden die Videos und Inhalte auf seiner Facebook-Seite mehr als 500 Millionen Mal angeklickt. Und was den Job mit dem sechsstelligen Jahresgehalt angeht: Das hatte er in den 14 Monaten reingeholt und im darauffolgenden Jahr um 300 Prozent übertroffen. Rob erfuhr aus erster Hand, was es bedeutet, die Wunderformel anzuwenden und ein Miracle Mindset zu entwickeln.

GRUNDSATZENTSCHEIDUNG NUMMER ZWEI: Unermüdlicher Einsatz. Auch das Wort »Einsatz« kann man ersetzen – beispielsweise durch Arbeit, Produktivität, Anstrengung oder Handeln –, doch zeichnen sich diejenigen, die für sie bedeutsame Ziele erreichen und ein 10-Punkte-Leben führen, eben immer durch den dafür notwendigen und meist auch außergewöhnlichen Einsatz aus. In einem späteren Kapitel erfahren Sie, dass unermüdlicher Einsatz nicht unbedingt aus harter Arbeit bestehen muss. Er erfordert jedoch Ihre Energie. »Unermüdlich« bedeutet, dass Sie diesen Einsatz über einen längeren Zeitraum hinweg zeigen müssen. Ohne ihn haben Sie keine Nahrung für Ihren Glauben.

Leider ist auch diese Art von Einsatz nicht Teil der menschlichen Natur. Allzu oft wählen wir das kurzfristige Vergnügen auf Kosten des langfristigen Erfolgs und der Erfüllung. Wir bringen gerade so viel Energie auf, dass wir in Sicherheit sind und in unserer Komfortzone bleiben können. Das hält uns davon ab, das Richtige zu tun, weil der leichtere Weg einfach … nun ja, viel leichter ist.

Die menschliche Natur beschränkt die Mehrheit der Gesellschaft auf Umstände, die zwar ausreichen, um ihr beispielsweise das Dach über dem Kopf zu sichern, die sie aber nicht wirklich voranbringen. Wir wählen unsere Nahrung rein aufgrund eines Geschmacks und einer Konsistenz aus, die uns kurzfristig Befriedigung verschaffen, uns dafür aber eines Lebens voller Gesundheit und Energie berauben. Wir halten an unerfüllenden Jobs in Unternehmen fest, die uns ein scheinbar sicheres Gehalt bieten, verwerfen dafür aber Ziele und Träume, die uns ein Vermögen einbringen und uns mit der finanziellen Freiheit, die wir uns alle wünschen, belohnen könnten.

Ich bitte Sie also darum, zwei Grundsatzentscheidungen zu treffen, die Ihren Urinstinkten widersprechen. Falls Sie sich jetzt fragen, wie um Himmels willen Sie Ihrer Natur ein Schnippchen schlagen sollen – Geduld. Wir werden später noch näher darauf eingehen, wie Sie diese Urinstinkte überwinden können, damit die beiden Grundsatzentscheidungen irgendwann einmal automatisch ablaufen und sich für Sie ganz natürlich anfühlen.

UNERSCHÜTTERLICHER GLAUBE UND UNERMÜDLICHER EINSATZ – DIE RÜCKKOPPLUNGSSCHLEIFE

Jeder kennt das. Wir sind absolut begeistert von dem neuen Ziel, das wir uns gesetzt haben. Wir haben eine klare Vision dessen vor Augen, wie es sich anfühlen wird, wenn wir das Ziel erreicht haben. Wir wissen genau, was wir dafür tun müssen, und glauben fest daran, dass es möglich ist. Wir unternehmen die ersten Schritte und dann die nächsten. Und plötzlich: *Rums!*

Wir prallen gegen ein unerwartetes Hindernis. Die Ergebnisse zeigen sich nicht so rasch, wie wir gehofft hatten. Vielleicht meldet sich niemand auf das, was Sie herumgeschickt hatten. Vielleicht teilt Ihr Chef Sie genau dann für ein neues Projekt ein, als Sie die freie Zeit dafür nutzen wollten, mit Ihrem eigenen Blog durchzustarten. Vielleicht ist Ihr neues Produkt auf dem Markt, aber die erhofften Verkaufszahlen wollen sich einfach nicht einstellen. Es sind besonders Zeiten wie diese, in denen es uns schwerfällt, uns an die Wunderformel zu halten. Je größer das Hindernis, das sich vor Ihnen aufbaut, desto entmutigter sind Sie – und desto anfälliger für den Impuls, die Wunderformel über Bord zu werfen und »wie gehabt« weiterzumachen.

Es ist ganz normal, dass unser Glaube erschüttert wird, wenn sich die erwarteten – das heißt gewünschten – Ergebnisse nicht einstellen. Und sobald sich der Glaube in Luft aufgelöst hat, folgt ihm der Einsatz, der nötig ist, um das jeweilige Ziel zu erreichen, auf dem Fuße. Ich bin mir sicher, dass auch Sie sich hin und wieder fragen, welchen Zweck es hat, es überhaupt zu versuchen, wenn Sie schlicht nicht daran glauben, dass das Erreichen des Ziels wahrscheinlich ist.

Unerschütterlicher Glaube und unermüdlicher Einsatz spielen jeweils ihre ganz eigene Rolle, unterstützen sich aber auch gegenseitig. Statt sie als zwei verschiedene Handlungsweisen zu sehen, ist es zielführender, sie als Kreis oder Rad zu betrachten. Sie arbeiten zusammen. Wenn Sie den unerschütterlichen Glauben haben, dass Sie Ihr Ziel erreichen können, erzeugen Sie damit den inneren Antrieb, der notwendig ist, um Sie zum Handeln zu bewegen, mit anderen Worten: den unermüdlichen Einsatz. Dieser Einsatz wiederum speist das Gefühl etwas verdient zu haben, was seinerseits mehr Glauben hervorbringt. Und dann geht die Gleichung auf, dann funktioniert die Wunderformel. Gerät aber umgekehrt eines der beiden Prinzipien aus der Bahn, kommt der gesamte Prozess zum

Stillstand. Das eine Prinzip bildet mit dem anderen eine Art Rückkopplungsschleife: Wenn Sie Ihr Leben, Ihre Ziele, Ihre Träume und sogar Ihre Beziehungen mit unerschütterlichem Glauben und unermüdlichem Einsatz angehen, bleibt die Rückkopplung erhalten, und Sie vollbringen Wunder – wieder und wieder. Sie verinnerlichen Ihr Miracle Mindset.

WUNDER SIND DOCH MYSTERIEN

Ich weiß, ich weiß: Gerade habe ich versucht, Ihnen klarzumachen, dass Wunder keine Mysterien sind, und jetzt behaupte ich, dass sie doch etwas Mysteriöses haben. Das liegt an all den Chancen, die sich plötzlich um Sie herum auftun, wenn Sie Ihre Ängste und Selbstzweifel aktiv mithilfe Ihres unerschütterlichen Glaubens außer Kraft setzen und sich von unproduktiven Angewohnheiten und dem inneren Schweinehund verabschieden, die Sie davon abhalten, unermüdlichen Einsatz zu zeigen. Ihre Ziele zu erreichen geht Ihnen dann in Fleisch und Blut über. Von außen betrachtet aber sieht das oft nach Glück aus.

Miracle-Experten werden meist mit Ehrfurcht, manchmal auch mit Neid betrachtet. Grundgütiger, denken dann viele, bei dem läuft's aber. Was für ein Glückspilz! Menschen mit ausgeprägten religiösen oder spirituellen Überzeugungen schreiben den Erfolg Gott oder einer anderen höheren Macht zu, Skeptiker tun ihn als Zufall ab.

Nennen Sie es, wie Sie wollen, schreiben Sie den Erfolg zu, wem auch immer Sie wollen – stellen Sie ihn nur nicht infrage. Heißen Sie ihn willkommen. Und vergessen Sie nicht: Wenn Sie sich daran machen, einen großen Traum oder ein außergewöhnliches Ziel – ein Wunder also – zu erreichen, wissen Sie nie, wie die Reise dorthin aussehen wird. Sicher ist lediglich, dass sie voller unerwarteter Pfade, voller Herausforderungen, voller neuer Bekanntschaften und Lektionen sein wird, aus denen sich neue Möglichkeiten ergeben werden, die wiederum

Lektionen beinhalten, aus denen sich noch mehr Möglichkeiten ergeben.

Wann und wie sich Glück zeigt, ist nicht vorhersagbar. Seien Sie jedoch versichert, dass es sich immer öfter zeigen wird, wenn Sie sich an die Wunderformel halten. Je mehr Sie bereit sind, Wunder durch unermüdlichen Einsatz und unerschütterlichen Glauben zu vollbringen, desto mehr unschätzbare Quellen werden sich auf einmal in Ihrem Leben auftun. Dann denken die Menschen von *Ihnen*, Grundgütiger, was für ein Glückspilz!

Ich spreche aus Erfahrung, sowohl aus eigener als auch aus der all der Menschen, die Sie in diesem Buch kennenlernen werden. Wenn Sie nach der Wunderformel leben, werden sich unweigerlich Wunder – Ergebnisse jenseits dessen, was Sie bislang für möglich gehalten haben – zeigen, und das fast immer in einer nicht erwarteten Art und Weise. Bei jedem Wunder werden Ihnen unsichtbare Kräfte und Mittel helfen, die Ihren gegenwärtigen Bewusstseinshorizont übersteigen und die Sie nie hätten vorhersagen oder gar planen können. Sie nehmen meist die Form unerwarteter Gelegenheiten an – das berühmte »zur richtigen Zeit am richtigen Ort sein«.

Und da höre ich ihn auch schon, Ihren inneren Skeptiker. *Echt jetzt, Hal? Unsichtbare Kräfte und Mittel, die den gegenwärtigen Bewusstseinshorizont übersteigen?* Schon klar, das Ganze klingt tatsächlich ein bisschen abgehoben. Doch diesen Sprung müssen Sie wagen. Denselben Sprung, den jeder Miracle-Experte früher oder später in seinem Leben gewagt hat und dessentwegen die betreffende Person hinsichtlich ihres Erfolgs auch immer wieder von »Glück« spricht. Manchmal muss man an das glauben, was man nicht sehen kann. Glauben Sie an die Magie und die Wunder des Lebens, denn nur die, die dies tun, werden sie auch erleben.

Wie bereits erwähnt, ist die Wunderformel zwar einfach zu erklären, aber schwer anzuwenden. Die beiden Grundsatzentscheidungen unerschütterlicher Glaube und unermüdlicher Einsatz sind leicht zu verstehen und können gemeinsam zu erstaunlichen Ergebnissen führen. Die beiden Entscheidungen aber auch in die Tat umzusetzen ist alles andere als einfach, da wir uns für beide über unsere natürlichen Neigungen – sowohl die angeborenen als auch die erlernten – hinwegsetzen müssen. Deshalb gelingt es auch nur einem relativ kleinen Prozentsatz der Gesellschaft, die Formel anzuwenden und außergewöhnliche Ergebnisse zu erzielen, und einer noch kleineren Gruppe, diesen Prozess konstant zu wiederholen.

Dennoch möchte ich Sie einladen, Teil dieser noch kleinen Gruppe an Miracle-Experten zu werden, eine Gruppe, deren Miracle Mindset aus unerschütterlichem Glauben und unermüdlichem Einsatz besteht. Sie wissen jetzt, was erforderlich ist, um greif- und sichtbare Wunder zu vollbringen – und es liegt an Ihnen, ob Sie nun auch noch herausfinden wollen, wie man dieses Wissen in die Tat umsetzt.

Im nächsten Kapitel erfahren Sie, wie ich auf die Wunderformel gestoßen bin, mein allererstes greif- und sichtbares Wunder vollbracht und damit begonnen habe, dies anderen ebenfalls beizubringen. Wann und wo hat die Idee ihren Anfang genommen?

2

UNMÖGLICH – UNWAHRSCHEINLICH – UNAUSWEICHLICH

DIE ENTDECKUNG DER WUNDERFORMEL

» Wer zu wunderbarem Wohlstand gelangen will, muss seine alten Denkweisen hinter sich lassen und sich ganz neu vorstellen können, was möglich ist.
– Dr. Wayne Dyer

Ich weiß, wir sind erst in Kapitel 2, aber ich muss Ihnen schon ein Geständnis machen: Ich habe die Wunderformel nicht erfunden. Dieses Buch hätte vor Jahrhunderten geschrieben werden können, wenn auch nicht von mir. Dafür aber von jedem anderen Miracle-Experten. Ich habe die Formel lediglich erkannt und dem, was es schon so lange gibt, nur einen Namen gegeben. Angewandt wurde sie im Laufe der Geschichte bereits von vielen erfolgreichen Menschen aus allen sozialen Schichten.

Als ich als Kind meinen Lieblingsbasketballspieler Michael Jordan für die Chicago Bulls spielen sah, habe ich nie gehört, wie sich der Trainer Phil Jackson im letzten Viertel an sein Team wandte und sagte: »Scottie [Pippen], du spielst den Ball an Michael. Michael, du täuschst links an, dribbelst direkt zum Korb, wendest die Wunderformel an und gewinnst das Spiel!« Ebenso wenig hat niemals jemand Martin Luther King Jr. über die Wunderformel zum Voranbringen der Bürgerrechtsbewegung predigen gehört oder gelesen, dass Elon Musk die Wunderformel anwendet, um seine große Vision einer bewohnbaren Stadt auf dem Mars Wirklichkeit werden zu lassen.

Doch ob sie es nun wussten beziehungsweise wissen oder nicht: Es ist die Wunderformel, die sie alle zum Erfolg geführt hat oder führen wird. Wer im Einklang mit der Formel lebt, weiß seine Fähigkeiten zu nutzen, und handelt in jedem Bereich des Lebens auf Stufe 10. Das geht gar nicht anders.

* * *

Ich entdeckte die Wunderformel, als ich bei der Arbeit einen Verkaufsrekord brechen wollte, was ich im Grunde zwar für unmöglich hielt, aber *wirklich* wollte. Ich missachtete meine natürliche Neigung, den einfachen Weg zu wählen, und entschied mich für den schwierigeren. Und dabei habe ich eine der wertvollsten Lektionen meines Lebens überhaupt gelernt.

Nach dem College nahm ich eine Stellung als Handelsvertreter bei Cutco an, die hochwertige Küchenmesser verkaufen. Ich hatte damals noch keinerlei Verkaufserfahrung und schien gewohnt, ein Leben in der Leere der Mittelmäßigkeit zu führen. Ich war ein eher schlechter Schüler und Student gewesen, hatte nie Mannschaftssport getrieben, war in keinem Verein Mitglied, war in der Schule gemobbt worden und hatte in der Yosemite High School nur einen einzigen Rekord aufgestellt: den der meisten Stunden, die je ein Schüler in nur einem Schuljahr hatte nachsitzen müssen. Die genaue Zahl war übrigens 178, falls Sie neugierig sind – nicht gerade die Art von Leistung, auf die Mom und Dad stolz waren.

Mit der Unterstützung einiger unglaublicher Führungspersönlichkeiten und Mentoren bei Cutco begann sich in mir ein bislang unbekannter Grad an Selbstvertrauen (und Kompetenz) zu entwickeln. Ich trieb mich zu härterer Arbeit an. Ich versuchte, höhere Ziele zu erreichen. Alles in allem wurde ich zu einem Menschen, der viel fähiger war, als er es sich je hätte träumen lassen, und schon bald war ich zu einem der Spitzen-Handelsvertreter der Firma aufgestiegen.

So strengte ich mich beispielsweise ungeheuer an, die Verkaufsrekorde während sogenannter Push Periods zu brechen, im Falle von Cutco 14-tägige Verkaufswettbewerbe, mit denen das Unternehmen das freundliche Konkurrenzdenken der Mitarbeiter untereinander fördern will. Dabei werden Tausenden von Handelsvertretern und Verkaufsleitern mit Trophäen und Preisen Anreize geboten, Verkaufsrekorde aufzustellen – für den Verkäufer selbst, für die jeweilige Niederlassung, für dic gesamte Firma. Und während einer dieser Push Periods ging mir ein ultimatives Licht in Form der Wunderformel auf.

VON DER PUSH PERIOD ZUM WUNDER

Im Februar 2001, ich war damals 21, hatte ich während einer Push Period zum zweiten Mal in Folge 20 000 Dollar geschafft, was in der 52-jährigen Firmengeschichte vor mir noch nicht einmal einer Handvoll Mitarbeiter gelungen war. Nun nahte die nächste Push Period, und ich war entschlossen, als erster Handelsvertreter überhaupt dreimal in Folge die magische 20 000-Dollar-Marke zu knacken.

Um zehn Uhr morgens spazierte ich ins Cutco-Verkaufsbüro in Fremont, Kalifornien, um die Bestellungen der vergangenen Woche abzuliefern.

»Hal, mein Freund!«, rief mir mein Verkaufsleiter Frank Ordoubadi in der Lobby zu, während er mir begeistert eine High five gab. »Bereit für die nächste Push Period?«

Ich holte tief Luft, schürzte die Lippen und atmete übertrieben aus. »Absolut … und diesmal will ich's wissen, Frank. Ich werde einen neuen Rekord aufstellen. Ich weiß noch nicht wie, aber ich werde in den nächsten 14 Tagen 20 000 Dollar reinholen.«

»Wow!« Frank grinste breit. »Dir ist schon klar, dass du dann der Erste wärst, der das dreimal in Folge schafft?«

Ich nickte. »Ich weiß. Ich bin auch echt supernervös.«

Plötzlich wurde Frank ernst. »Und ist dir auch klar, dass die Push Period diesmal nur zehn Tage dauert? Weil die Vertretertagung früher stattfindet, haben wir nicht die vollen 14 Tage.«

Ich starrte Frank einen Moment lang an. »Du machst Witze.«

»Sorry, Hal«, entgegnete er mit Mist-dass-ausgerechnet-ich-dir-das-sagen-muss-Miene. »Ich dachte, du hättest das gewusst.«

»Aber heißt das nicht, dass die kommende Push Period im Hinblick auf die Rekorde und das Ranking nicht wie eine normale Push Period zählt?« In diesem Augenblick hoffte ich inständig, dass ich mich an der bevorstehenden Push Period vorbeimogeln und meinen Rekord im nächsten 14-tägigen Wettbewerb aufstellen konnte.

»Leider nicht. Sie zählt genauso wie immer.«

Mir rutschte das Herz in die Hose. Ich hatte die vergangenen Wochen damit verbracht, mich seelisch-geistig auf 20 000 Dollar in 14 Tagen vorzubereiten. Das war schon schwierig genug – das Ganze aber in zehn Tagen durchzuziehen rangierte irgendwo zwischen wahnwitzig und völlig unmöglich.

EINE NÄCHTLICHE OFFENBARUNG

In der folgenden Nacht war an Schlaf nicht zu denken. Ich wälzte mich im Bett herum und dachte über meine Optionen nach. 20 000 Dollar in zehn Tagen? Etwas Ähnliches hatte ich noch nie zuvor geschafft. Vielleicht sollte ich mein Ziel auf 15 000 oder 10 000 Dollar herabsetzen. Oder die Push Period einfach auslassen. Ängste und Selbstzweifel schwirrten mir durch den Kopf. Wie um Himmels willen sollte ich das Ziel, das ich mir gesetzt hatte, erreichen?

Während meine Selbstzweifel immer lauter wurden, hatte ich plötzlich einen Geistesblitz. Ich erinnerte mich an eine Lektion meines Mentors Dan Casetta, die er wiederum von dem Autor und Philosophen Jim Rohn hatte. »Der Zweck eines Ziels besteht nicht im Erreichen des Ziels«, hörte ich Dans Stimme in meinem Kopf. »Der Zweck eines Ziels besteht darin, sich zu einem Menschen zu entwickeln, der jedes beliebige Ziel erreichen kann, indem er immer alles gibt, unabhängig vom Endergebnis. Wichtig ist, wer du im Laufe des Prozesses wirst.«

Hmmm. Ich ließ den Gedanken einen Augenblick sacken. Das, worüber Dan und ich damals gesprochen hatten, schien jetzt eine tiefere Bedeutung anzunehmen. Und wenn ich mein Ziel nicht herabsetzte? Auch wenn es unmöglich scheint, 20 000 Dollar in zehn Tagen schaffen zu wollen, könnte ich trotzdem alles geben, unabhängig davon, ob ich das Ziel schließlich erreiche oder nicht. Würde ich dann zu einem Menschen werden, der all seine zukünftigen Ziele erreicht? Wenn es gar nicht auf die jetzigen 20 000 Dollar ankäme, sondern darauf, was der Versuch, 20 000 Dollar zu schaffen, aus mir macht, könnte ich auch nicht scheitern, stimmt's? *Stimmt's?? Stimmt!!* Also gut: 20 000 Dollar in zehn Tagen. Los geht's!

Ich setzte mich im Bett auf und schaltete die Lampe auf meinem Nachttisch an. Mir gingen tausend Dinge gleichzeitig durch den Kopf. Ich musste einfach herausfinden, wie ich dieses beinahe unmögliche Ziel erreichen konnte.

Ich versuchte, die bevorstehende Push Period quasi im Voraus zu rekonstruieren – mitten in der Nacht und im Bett. Ich stellte mir vor, es wäre bereits zehn Tage später, und fragte mich, was ich in der Zwischenzeit hätte tun müssen, um die 20 000 Dollar zu schaffen.

Da die Zeit so kurz war, würde meine Angst zu scheitern unweigerlich zunehmen. Und so fragte ich mich weiter: *Wie kann ich diese Angst bekämpfen?* Die einfachste Antwort darauf lautete, dass ich wohl oder übel ans Erreichen meines Ziels glauben musste, und zwar so lange, bis ich es erreicht hatte. Und dazu wiederum müsste ich mir wieder und wieder sagen, dass ich es schaffen würde, insbesondere an einem schlechten Tag oder wenn es mal nicht so lief wie gewünscht.

So wurde aus Glauben unerschütterlicher Glaube.

Dann dachte ich darüber nach, wie ich diesen Glauben aufrechterhalten konnte, wenn unbefriedigende Ergebnisse meinen Ansporn dämpfen und ich am Erreichen meines Ziels zu zweifeln beginnen würde. Da half nur eins: Ich musste bis zum Schluss alles geben, egal wie die Ergebnisse zwischendurch aussahen. Ich würde mich die ganze Zeit über richtig anstrengen müssen.

Aus dieser Anstrengung wurde unermüdlicher Einsatz.

Ich traf auf der Stelle zwei Grundsatzentscheidungen, die ich während der gesamten Push Period durchhalten musste.

- **ENTSCHEIDUNG NUMMER EINS:** Ich glaube unerschütterlich daran, dass ich mein Ziel, während der Push Period 20 000 Dollar zu schaffen, erreiche, egal ob … Egal. Es gibt keine andere Option.

- **ENTSCHEIDUNG NUMMER ZWEI:** Ich werde mich bis zum Schluss jeden einzelnen Tag unermüdlich für mein Ziel einsetzen, egal wie die Zwischenergebnisse aussehen.

Ich schnappte mir Notizbuch und Stift vom Nachttisch und hielt beide Entscheidungen schriftlich fest, um sie zu festigen. Anschließend verband ich sie zu einem einzelnen Satz, einem Mantra, das ich mir leicht merken und immer wieder vorsagen konnte und das mich an meine Entscheidungen erinnern würde: *Ich glaube unerschütterlich daran, dass ich in der Push Period 20 000 Dollar schaffe, und setze mich unermüdlich dafür ein, bis ich es geschafft habe.*

Ich hatte immer noch Angst. Und um ehrlich zu sein (und das ist sehr wichtig für Sie, wenn Sie die Wunderformel anwenden wollen), glaubte ich nicht wirklich daran, in den kommenden zehn Tagen Bestellungen im Wert von 20 000 Dollar einholen zu können. Ich hielt es zwar für möglich, aber ganz sicher nicht für *wahrscheinlich*. Das sind die wenigsten unserer ganz großen Ziele, was sie zu erreichen zumindest teilweise zu einem Wunder macht. Trotzdem war ich entschlossen, alles zu geben.

Die Rechnung war ganz einfach: Wenn ich in zehn Tagen 20 000 Dollar schaffen wollte, mussten es am Tag durchschnittlich 2 000 Dollar sein und in den ersten sieben Tagen idealerweise über 14 000. Hatte ich vorher schon einmal 2 000 Dollar am Tag geschafft? Ja – und das hatte ich jedes Mal ausgiebig gefeiert, weil ein 2 000-Dollar-Tag nicht nur ein großartiger, sondern auch ein ziemlich seltener Tag ist. Ein Glückstag. Und *zehn Glückstage hintereinander* sind eine noch größere Seltenheit.

Zu Beginn der Push Period ließ das Glück allerdings auf sich warten. In der ersten Woche ging es zu wie in der Achterbahn; sie endete damit, dass ich lediglich 50 Prozent dessen erreicht hatte, was ich für mein Ziel erreichen musste. Verkäufe im Wert von 7 000 Dollar und nur noch drei weitere Tage – das oder etwas Ähnliches hatte ich befürchtet. Aber das Herabsetzen des Ziels kam nicht infrage. Ich hatte mir selbst versprochen, bis zum Schluss alles zu geben, komme, was da wolle. Und so machte ich mich am drittletzten Tag auf den Weg zu meinem ersten Kunden. Beim Autofahren wiederholte ich mein Mantra: *Ich glaube unerschütterlich daran, dass ich in der Push Period 20 000 Dollar schaffe, und setze mich unermüdlich dafür ein, bis ich es geschafft habe.* Interessanterweise glaubte ich es bei jeder Wiederholung mehr.

Sechs Cutco-Präsentationen später schloss ich den Tag mit Verkäufen im Wert von über 3 000 Dollar ab! Insgesamt hatte ich also bereits über 10 000 Dollar geschafft. Der erfolgreiche Tag verschaffte mir den Energieschub, den ich so dringend brauchte. Ich fuhr mit meinem schwarzen Nissan XTerra an den Straßenrand und holte mein Notizbuch heraus, um einige Anrufe zu tätigen. Es war 19 Uhr, die beste Zeit, um die Leute zu Hause zu erreichen. Ich verdrängte die Sorge darüber, wie ich in den kommenden beiden Tagen 10 000 Dollar schaffen sollte, und konzentrierte mich stattdessen aufs Telefonieren.

Die beiden nächsten Tage verliefen ähnlich: Am Dienstag konnte ich Verkäufe im Wert von 3 238 Dollar verbuchen, am Mittwoch schaffte ich 4 194 Dollar, was insgesamt 17 024 Dollar machte. Ich war beflügelt, hatte angesichts der Tatsache, dass sich unser Team am nächsten Morgen um 7 Uhr zu einer Fahrgemeinschaft zur Tagung in San Francisco treffen sollte, aber keine Zeit mehr.

Oder doch?

Noch war ich nicht bereit, mein Ziel aufzugeben. Ich rief Frank an und bat ihn, mich aus der Fahrgemeinschaft rauszulassen, damit ich noch ein paar Termine vor die Tagung quetschen konnte. Er war beeindruckt von meinem Engagement und willigte ein.

Sofort zog ich wieder mein Notizbuch heraus und begann zu telefonieren. 40 Minuten später hatte ich zwei Verabredungen für den folgenden Morgen ausgemacht. Die restlichen 3 000 Dollar bei nur zwei Kunden zu schaffen war sicherlich nicht sehr wahrscheinlich und in den Augen vieler Menschen eher unrealistisch, aber es war definitiv möglich. Außerdem wollte mein guter Freund und Kollege Adam Curchack mich begleiten. Er hatte angerufen, um mir mitzuteilen, dass er ebenfalls in der Stadt war, und gefragt, ob er mitkommen dürfe.

Und so fuhren wir am nächsten Morgen gemeinsam zu meinem ersten Kunden. Ich war voller Energie, aber auch fürchterlich nervös! Könnte ich es tatsächlich schaffen? Auf der Schnellstraße öffnete ich das Seitenfenster, ignorierte meinen Beifahrer und rief wieder und wieder mein Mantra: »Ich glaube unerschütterlich daran, dass ich in der Push Period 20 000 Dollar schaffe, und setze mich unermüdlich dafür ein, bis ich es geschafft habe! Ich glaube unerschütterlich daran, dass ich in der Push Period 20 000 Dollar schaffe, und setze mich unermüdlich dafür ein, bis ich es geschafft habe!« Je öfter ich es sagte, desto mehr glaubte ich daran. Adam brüllte vor Lachen – er fand mein inbrünstiges Mantrarufen wohl ziemlich lustig.

Um 7 Uhr 58 bog ich auf Mrs Hammerlings Auffahrt ein, griff nach hinten, um mir meinen marineblauen Cutco-Musterkoffer mit mehr als einem Dutzend rasierklingenscharfer Küchenmesser vom Rücksitz zu schnappen, und machte mich mit Adam auf den Weg zu Mrs Hammerlings Haustür.

Klopf, klopf.

Okay, es geht los. Meine Handflächen waren schweißnass, mein Herz raste. Ich atmete tief ein, sah Adam an und wiederholte mein Mantra ein letztes Mal in meinem Kopf: *Ich glaube unerschütterlich daran, dass ich in der Push Period 20 000 Dollar schaffe, und setze mich unermüdlich dafür ein, bis ich es geschafft habe.*

Als niemand öffnete, klingelte ich. Ich warf einen Blick auf die Auffahrt und die Vorderseite des Hauses. Keine Ahnung, was zu sehen ich erwartete – Mrs Hammerling, die sich in den Büschen im Vorgarten versteckte? Ich klingelte noch einmal. Immer noch keine Antwort. Ich ging zum Auto zurück, holte mein Handy und rief Mrs H. auf ihrer Festnetznummer an, der einzigen Nummer, die ich von ihr hatte. Keine Antwort. Ich rief noch einmal an … Wieder nichts.

Ich war völlig konsterniert. *Das durfte doch nicht wahr sein!*

Ich wartete eine geschlagene halbe Stunde. Ich rief noch ein paar Mal bei ihr an. Nichts. Eine No-show, wie man in meinen Kreisen sagt, und sie hätte zu keinem schlimmeren Zeitpunkt auftreten können. Ich holte erneut tief Luft, dann sprangen Adam und ich ins Auto, um zu meiner letzten Verabredung zu fahren, meiner letzten Chance, mein Ziel zu erreichen. Dort kamen wir eine Stunde zu früh an und warteten die Straße hinunter im Auto.

Diese Stunde tat mir gar nicht gut. Sie gab mir einfach zu viel Zeit zum Nachdenken. Die Angst schlich sich wieder ein. Ich zweifelte an mir. *Wie war das möglich?* Ich hatte alles gegeben. Ich hatte unerschütterlich daran geglaubt. Ich hatte unermüdlichen Einsatz gezeigt. Und jetzt hing alles von einem Termin ab. Vom letzten Termin. Mein Magen krampfte sich zusammen. Schließlich klopfte ich an Mrs Carol Jones' Tür, stumm mein Wundermantra wiederholend: *Ich glaube unerschütterlich daran, dass ich in der Push Period 20 000 Dollar schaffe, und setze mich unermüdlich dafür ein, bis ich es geschafft habe!*

30 Sekunden später öffnete sich die Tür. *Gott sei Dank!* Eine blonde Frau in den Vierzigern stand vor mir.

»Ja, bitte?« Der schwedische Akzent der Frau überraschte mich. Das war nicht die Frau, mit der ich am Telefon gesprochen hatte.

»Sind Sie Carol?«, fragte ich.

Nö. Sie war *nicht* Carol. Sie war Carols Schwägerin, zu Besuch aus Schweden, um in ein paar Tagen den 50. Geburtstag ihres Bruders zu feiern. Ein rascher Anruf der schwedischen Schwägerin bei Carol ergab, dass diese in der Stadt unterwegs war und die Verabredung völlig vergessen hatte. Jetzt würde sie es nicht mehr rechtzeitig schaffen können. »Kann *ich* Ihnen irgendwie helfen?«, fragte die Schwägerin freundlich.

Ich dachte kurz nach. Die schwedische Schwägerin, die zum 50. Geburtstag des Bruders angereist ist, kauft doch bestimmt keine Küchenmesser. Schon gar keine Küchenmesser für 3000 Dollar. »Danke, dass Sie fragen, aber ich glaube nicht.«

Da räusperte sich Adam und flüsterte mir ins Ohr: »Hal, ich bin den ganzen verdammten Weg hierher gefahren, um dir bei einer Präsentation zuzusehen. Wenn die nette Frau bereit ist, dich die Präsentation machen zu lassen, würde ich sie tatsächlich gern sehen.«

Ich sah Adam an, mir war ein wenig schwindlig. Ich hatte das Gefühl, als sei die Zeit stehen geblieben. Wir waren noch nicht am Schluss angelangt, und die nette Frau bot mir ihre Hilfe an. Vielleicht war Adam nur deshalb hier, um das zu sagen, was er gerade gesagt hatte.

»Wenn ich's mir recht überlege«, sagte ich zur Schwägerin, »können Sie mir tatsächlich helfen. Ich war mit Carol verabredet, um ihr einige qualitativ hochwertige Küchenmesser vorzuführen, meine letzte Verabredung für diese Woche. Ich würde Ihnen die Präsentation wirklich gern zeigen, damit ich mit meinen Terminen nicht hinterherhinke. Besteht irgendeine Chance, dass ich Sie dafür begeistern kann?«

Zu meiner großen Überraschung war die schwedische Schwägerin dabei. »Ja, klar, kommen Sie rein!«

Als wir das Haus betraten, lächelte Adam mir zu. Ich schickte ihm ein telepathisches Dankeschön. Und als letzten Akt meines unermüdlichen Einsatzes gab ich die beste, enthusiastischste Cutco-Präsentation meines Lebens.

60 Minuten später war die Präsentation vorbei, und ich bereitete mich innerlich auf die Frage vor, ob die Schwägerin nicht zufällig ein paar Messer kaufen wollte. Da sagte sie etwas ganz Unglaubliches: »Also Hal, das nenne ich mal Timing! Mein Mann und ich wollten uns erst letzte Woche in Schweden ein Set wirklich guter Küchenmesser anschaffen, beschlossen aber, bis nach unserem Besuch hier in Amerika zu warten. Obendrein denkt die gesamte Familie gerade fieberhaft über das perfekte Geschenk zum 50. Geburtstag meines Bruders

nach, aber gefunden haben wir noch keins. Er *liebt* es zu kochen, also wären die Messer perfekt!«

Wie standen die Chancen *dafür*? Eins zu einer Million? Unfassbar. Ich nickte lächelnd und hörte ihr weiter gespannt zu.

»Weißt du was? Wir machen's! Ich nehme zwei ›Ultimate Sets‹: eins für meinen Mann und mich und eins für meinen Bruder.«

Ich war nah dran, aufzuspringen und ihr um den Hals zu fallen. Damit hatte ich über 3 000 Dollar an diesem Tag geschafft und mein Ziel von 20 000 Dollar sogar noch übertroffen!

Als wir zurückfuhren, keimte eine Überzeugung in mir auf. Wenn ich ein außergewöhnliches Leben führen wollte, waren dies die beiden Grundsatzentscheidungen, die dafür nötig waren. Unerschütterlicher Glaube + unermüdlicher Einsatz = außergewöhnliche Ergebnisse. Greif- und messbare Ergebnisse, die so bedeutend und unerwartet sind, dass sie sich wie Wunder anfühlen.

DIE FORMEL BEWÄHRT SICH

Die nächste Push Period wurde zum Experiment. Ich wandte dieselbe Strategie an: Ich setzte mir wieder 20 000 Dollar zum Ziel, ein alle Rekorde brechendes viertes Mal in Folge. Ich verpflichtete mich zu unerschütterlichem Glauben und unermüdlichem Einsatz bis zum Schluss, unabhängig von den Zwischenergebnissen. Nur eins fragte ich mich noch: Würde die Wunderformel, wie ich sie inzwischen in meinem Tagebuch nannte, auch dieses Mal funktionieren?

Sie funktionierte. Bei der nächsten Push Period erreichte ich 23 701 Dollar. Damals verstand ich es zwar noch nicht, doch ich entwickelte mich allmählich zu einem Miracle-Experten, zu einem Menschen, der jedes Ziel, das er sich setzt, erreicht.

Na gut, aber vielleicht funktioniert sie nur bei mir, vielleicht habe ich nur Glück, dachte ich. Ich wollte herausfinden, ob die Formel wirklich das hielt, was sie versprach, also begann ich, sie meinen Kollegen bei Cutco beizubringen, meinen Vertreterkollegen, die mich als Coach anheuerten. Geri Azinger, deren Geschichte sie auf den folgenden Seiten lesen, war die erste Cutco-Mitarbeiterin, die ich in der Wunderformel unterrichtete. Und wie Sie sehen werden, ähnelt Geris Geschichte verblüffend der meinen.

Die Wunderformel in Aktion

Damals, im Sommer 2005, kam Geri zu mir, weil sie zwar regelmäßig Wochenrekorde aufstellte, aber insgesamt nicht zu den Spitzenverkäufern zählte. Ihre größte Summe während einer Push Period betrug etwas mehr als 12 000 Dollar, und so fragte sie mich, ob ich ihr helfen könne, die nächste Stufe, 15 000 Dollar, zu erreichen. »Nein«, antwortete ich, »aber ich helfe dir, 20 000 zu erreichen, Geri, weil ich glaube, dass du das kannst.« Und erzählte ihr von der Wunderformel.

Geri war skeptisch. »Ich weiß nicht«, sagte sie, »so viel habe ich bisher noch nicht einmal annähernd geschafft. Aber ich denke, wenn die Wunderformel bei dir funktioniert, Hal, gibt es keinen Grund, warum sie nicht auch bei mir funktionieren sollte.«

Ähnlich wie ich hatte auch Geri nach den ersten fünf Verkaufspräsentationen nicht gerade eine Riesensumme erzielt – 1 000 Dollar, um genau zu sein, alles andere als ein Traumergebnis also. Sie blieb jedoch bei ihrer Entscheidung, an sich selbst zu glauben, und startete voller neuer Motivation in ihren zweiten Tag. An diesem verkaufte sie einige der größeren Sets und hatte am

Ende des Tages eine Summe von gut 3000 Dollar erzielt. Der Rest der Woche gestaltete sich ebenso wie bei mir als Achterbahnfahrt, und zu Beginn der zweiten Woche waren lediglich 8500 Dollar zusammengekommen. Geri hatte Angst, machte aber weiter Termine aus und hielt Präsentationen ab.

Jetzt spulen wir zum zweiten Freitag der Push Period vor. Geris aktueller Stand lag bei 15 000 Dollar, sie brauchte demnach ein 5 000-Dollar-Wochenende, wenn sie das Ziel, das sie sich gesetzt hatte, erreichen wollte. Am Freitagabend tätigte Geri rund 50 Anrufe – mehr als an jedem anderen Freitagabend – und ergatterte sich so sieben Präsentationen für die folgenden beiden Tage. Anschließend rief sie mich an.

»Hal, ich bin bei 15 000! Immer noch 5 000 von meinem Ziel entfernt, was mich definitiv nervös macht, aber ich bin wild entschlossen, die Wunderformel bis zum - allerletzten Moment anzuwenden. Es klingt seltsam, aber ich glaube tatsächlich, dass ich es schaffe! Oder sollte ich sagen: Ich glaube unerschütterlich daran, dass ich mein Ziel erreiche, weil es keine andere Option gibt?«

Am Samstagnachmittag war sie bei einem reizenden Paar zu Hause, das das größte Set, das wir damals im Angebot hatten, das »Ultimate Set«, kaufte – das gleiche, das auch ich verkauft hatte, um mein Wunder zu vollbringen. Anschließend überschütteten die beiden Geri nicht nur mit Telefonnummern, mit denen sie es auch versuchen sollte, sie brachten Geri sogar persönlich zu den Nachbarn nebenan, die ebenfalls ein »Ultimate Set« kauften!

Es war erst 15 Uhr, und Geri hatte an diesem Tag bereits eine Summe von über 2500 Dollar erzielt. Sie aß schnell einen Happen und eilte dann zu ihrer nächsten

Präsentation. Bam - weitere 1000 Dollar! Als sie wieder im Auto saß, versuchte sie es telefonisch noch einmal bei einem potenziellen Kunden, den sie vorher nur schwer hatte erreichen können. Der einzige Termin, den dieser Kunde möglich machen konnte, war nach der Arbeit - um Mitternacht. Zögerlich willigte Geri ein - und das war auch gut so, denn sie schloss die Präsentation um zwei Uhr morgens mit einer Verkaufssumme ab, die sie über ihr Ziel hinauskatapultierte.

Aber die Wettbewerbszeit war noch nicht um, also glaubte, arbeitete und verkaufte Geri weiter. Bei dieser Push Period erzielte Geri eine Summe von über 23 000 Dollar, fast das Doppelte ihres vergangenen persönlichen Rekords. Aus ihrem Traum war Wirklichkeit geworden, und die Wunderformel hatte sich wieder einmal bestätigt: unermüdlicher Einsatz + unerschütterlicher Glaube = Wunder.

Nach dieser Episode fuhr ich fort, die Wunderformel Dutzenden meiner Kolleginnen und Kollegen beizubringen, und beinahe jeder Einzelne von ihnen vollbrachte sein eigenes Push-Period-Wunder in Form von 20 000-Dollar-Verkäufen. So etwas hatte es in der Firma noch nicht gegeben.

Mein Vertrauen in die Gültigkeit der Formel nahm zu. Mitarbeiter für Mitarbeiter löste sich erfolgreich vom selbst auferlegten einschränkenden Mindset und erzielte greifbare Ergebnisse, die er oder sie vorher nicht für möglich gehalten hätte. Um das klarzustellen: Sonst brachte ich ihnen nichts bei – weder neue Verkaufstechniken noch neue Strategien im Nachfassen bei den Kunden. Ich erzählte ihnen lediglich, wie ich die Wunderformel angewendet hatte – genau so, wie ich es Ihnen vorhin erzählt habe –, und ging hinsichtlich der beiden Prinzipien Unerschütterlicher Glaube und Unermüdlicher

Einsatz weiter ins Detail – genauso, wie wir es im Laufe dieses Buchs tun werden. Und sie taten nichts anderes, als die Formel anzuwenden und sich so für das Miracle Mindset zu öffnen. Das war's.

Dann allerdings stellte sich heraus, dass die Wunderformel sogar noch weiter ging.

Robert Arauco, der relativ neu bei uns war und sich mit dem Job das Studium finanzierte, bat mich, ihm beim Erreichen seiner ersten 10 000-Dollar-Push-Period zu helfen. Und wie schon zu Geri vor ihm sagte ich auch zu Robert, dass er sein Ziel meiner Meinung nach mithilfe der Wunderformel, die bereits so vielen Menschen geholfen hatte, verdoppeln könne. Als ich ihm die Wunderformel erklärt hatte, dachte er einen Augenblick lang nach und fragte dann: »Hal, meinst du, ich könnte mit der Wunderformel auch 30 000 in zwei Wochen schaffen?« Das hatte ich persönlich zwar noch nie geschafft, doch beinhaltete die Wunderformel ja gerade, dass der Größe der vollbrachten Wunder keinerlei Grenzen gesetzt sind. Robert schaffte am Ende mehr als 31 000 Dollar in zwei Wochen, wobei er allein in der zweiten Woche über 20 000 Dollar reinholte. Da er bis zum allerletzten Moment alles gab, beliefen sich die Verkäufe allein in der letzten Stunde auf mehr als 6 000 Dollar.

Dieser wiederholte Erfolg der Formel bewies, dass sie kein Zufall war und auch nichts mit Glück zu tun hatte. Die Wunderformel ist eine bewährte, verlässliche und wiederholbare Strategie, die uns, richtig angewandt, umgehend Zugang zu unserem vollen Potenzial verschafft und somit zu Ergebnissen führt, die bis dahin unvorstellbar waren.

DIE WUNDERFORMEL IN ANDEREN BEREICHEN

Vielleicht fragen Sie sich jetzt, was das alles mit Ihnen zu tun hat. Das verstehe ich sehr gut, denn auch ich habe mich gefragt, ob die Wunderformel auch außerhalb der Welt der

Handelsvertreter funktioniert. Tatsächlich ist diese Frage der Grund dafür, warum ich fast 20 Jahre gebraucht habe, um dieses Buch zu schreiben. Ich studierte nicht nur die Geschichten unzähliger berühmter Erfolgsmenschen, um die universelle Gültigkeit der Formel zu belegen, ich lehrte sie auch zahlreichen Menschen, die mit ihrer Hilfe dann alle möglichen Arten von Wundern vollbrachten. Ich brauchte den Beweis dafür, dass die Wunderformel für jeden und in jeder beliebigen Situation funktioniert.

Um es kurz machen: Sie tut es.

Im Folgenden finden Sie einige Beispiele von Menschen, die die Wunderformel erfolgreich angewandt haben und mir davon erzählten.

Angela May, eine alleinerziehende Mutter, verdiente als Barista bei Starbucks 12 000 Dollar im Jahr - bis sie beschloss, ihr eigenes Unternehmen zu gründen. Innerhalb eines Jahres machte sie einen sechsstelligen Umsatz, der mittlerweile auf einen siebenstelligen angewachsen ist, und das im dritten Jahr in Folge.

Tim Nikolaev kam mit 16 aus Russland in die USA, erlernte mit 17 die Wunderformel (als er bei Cutco arbeitete) und nutzte sie, um sich das Leben seiner Träume aufzubauen. Jetzt ist er Anfang 30, finanziell unabhängig und im Grunde Rentner - das heißt, sein passives Einkommen aus Immobilien übersteigt seine Lebenshaltungskosten, und er arbeitet nur wenn und wann er will. Tim zufolge bestand seine wertvollste Lektion in der Erkenntnis, dass man meist nicht vorhersagen kann, wie sich der Weg zu einem scheinbar unerreichbaren Ziel gestalten wird; gibt man jedoch bis zum Schluss wirklich alles, unabhängig von den Zwischenergebnissen, ist das Erreichen dieses Ziels - oder von noch mehr - unausweichlich.

Shelley Boyes hatte den Traum, eine Zuflucht für junge Frauen zu schaffen, deren Leben durch Probleme wie Essstörungen, Drogen- oder Alkoholabhängigkeit, den Folgen von Missbrauch, Ängsten oder Depressionen beherrscht war, wusste aber nicht, wie. Die Wunderformel revolutionierte ihr Denken und schenkte ihr den Glauben daran, dass sie tun könne, was immer sie für möglich hielt. Die »Homestead for Hope« der Organisation Choose Life Ministry hat inzwischen ihre Pforten geöffnet.

Brandon LaBellas Traum war es, den New York City Marathon 2017 zu laufen. Drei Tage vor dem Lauf erlitt er einen Innenbandriss am Knie und war auf Gehhilfen angewiesen. Statt sich vom Wettkampf abzumelden, sah er nach, wie schnell der New York City Marathon in der Vergangenheit *auf Krücken* absolviert worden war – und beschloss, die schnellste Zeit zu schlagen. Mit der geballten Kraft von unerschütterlichem Glauben und unermüdlichem Einsatz wollte er das Rennen gewinnen, komme, was da wolle. Er powerte durch – und stellte einen neuen Weltrekord auf!

Carey Smolensky gründete im Alter von 14 Jahren eine DJ-Firma. Später gab er seine Ausbildung zum Zahntechniker auf, um seiner Leidenschaft zu folgen und sich von unerschütterlichem Glauben sowie unermüdlichem Einsatz angespornt ganz der Veranstaltungs- und Unterhaltungsbranche zu widmen. Heute, 40 Jahre später, veranstaltet seine Firmengruppe weltweit Events, und Carey hat mehr als eine Million Menschen unterhalten; sein Unternehmen ist mittlerweile auf eine Größe angewachsen, die ihm jährlich einen Umsatz von mehreren Millionen Dollar einbringt. Er wendet die Wunderformel weiter an und folgt auch weiter seinen Leidenschaften. So hat er beispielsweise ein Buch über Leidenschaft geschrieben und eine

Jahrestagung zum Thema ins Leben gerufen, den sogenannten Passion Summit.

2016 reiste Angel Morales elf Monate lang ganz allein um die Welt. Er besuchte 26 Länder auf fünf verschiedenen Kontinenten. Die beiden Jahre davor hatte er mit Sparen und der Vorbereitung darauf verbracht, sich seinen Traum zu erfüllen. Wenn er jemandem erzählte, dass er kündigen und die Welt bereisen würde, lachte man ihn aus. Doch sein unerschütterlicher Glaube brachte ihm schließlich das Einmal-um-den-Globus-Ticket, das seinen Traum Wirklichkeit werden ließ.

Ales Backus entwickelte sich vom depressiven, suizidgefährdeten Teenager, der den ganzen Tag mit Videospielen verbrachte, zum Luftakrobaten, der Menschen jeder Altersstufe dazu inspiriert, sich ihre Träume zu erfüllen und nie aufzugeben. Er wendet die Wunderformel weiter an und hat dadurch sein Einkommen in den letzten zwölf Monaten verdreifacht.

Ken Wimberly hat in 24 Monaten mehr als 30 Pfund abgenommen, 352 000 Dollar Schulden abbezahlt und die jährlichen Verkäufe seines Maklerunternehmens von 20 auf 70 Millionen Dollar angehoben.

Vencent Valenti heiratete seine Traumfrau, kaufte sich sein Traumhaus, schrieb ein Kinderbuch und gründete zwei Firmen, von denen er eine verkaufte.

Jessie Walters hatte wegen einer Angststörung das Haus nicht mehr verlassen können, wurde dank der Wunderformel aber erfolgreiche Immobilienmaklerin und engagiert sich seitdem lebhaft in ihrer Kirche.

Mike Eaton nahm 90 Pfund ab und erfüllte sich seinen Traum, ein Stand-up-Comedian zu werden.

Theresa Laurico, die Produzentin des *Miracle Morning*-Films, wurde während der Dreharbeiten vom Bus angefahren und schwer verletzt. Zur selben Zeit musste ich mich einer Krebsbehandlung unterziehen. Wir unterstützten uns gegenseitig und nutzten die Wunderformel zu unserer vollständigen Genesung.

Beim Zusammenstellen dieser Geschichten spielte ich des Teufels Anwalt und versuchte, jemanden zu finden, der sich nicht an die Prinzipien unerschütterlicher Glaube und unermüdlicher Einsatz hielt und seine Ziele trotzdem erreichte. Es gelang mir nicht.

Sie werden im Laufe des Buchs noch von anderen Menschen aus aller Welt hören – von berühmten Miracle-Experten ebenso wie von Menschen, deren Namen Sie vermutlich nicht kennen –, die mithilfe der Wunderformel greif- und sichtbare Wunder vollbracht haben. Und jede dieser Geschichten soll Ihnen zeigen, was für *Sie* möglich ist. Das Schöne an der Wunderformel ist, dass sie bei jedem Ziel, sei es groß oder klein, und bei jedem Menschen funktioniert, der die beiden Grundsatzentscheidungen trifft und *beibehält*.

IHRE GANZ PERSÖNLICHE REISE MIT DER WUNDERFORMEL

Betrachten Sie den Rest des Buchs ruhig als eine Art Brücke zu dem Leben, das Sie führen wollen – nicht, indem Sie es sich nur wünschen, sondern indem Sie begreifen, wie Sie vom Wünschen zum Erschaffen gelangen. Ich werde Sie bei diesem Prozess begleiten – und es handelt sich tatsächlich um einen Prozess –, an dessen Ende das Vollbringen greif- und sichtbarer

Wunder für Sie zur Norm geworden ist. Wenn Sie sich entschließen, die beiden Grundsatzentscheidungen zu verinnerlichen, werden Sie zum Miracle-Experten und denken und leben anders als bisher – was sowohl Ihre Gegenwart als auch Ihre Zukunft verändert.

Der erste Schritt zum Miracle Mindset besteht darin, das grundlegende menschliche Dilemma, das uns alle betrifft, auch wenn wir uns dessen nicht immer bewusst sind, zu erkennen und zu überwinden. Im nächsten Kapitel werden wir uns ansehen, wie sich dieses Dilemma möglicherweise in Ihrem Leben bemerkbar macht und wie Sie sich von ihm befreien können, um das zu erreichen, was Sie wollen.

3

DAS MENSCHLICHE DILEMMA

VON DER GRENZE ZUM GRENZENLOSEN

» Die Welt, in der wir leben – das Leben, wie wir es wahrnehmen –, ist das vollkommene Abbild, das Spiegelbild, unserer inneren Realität.
– PATRICK CONNOR

Wahrscheinlich haben auch Sie wie so viele andere Menschen eine wirklich grundlegende Tatsache über sich selbst vergessen: *Sie. Sind. Grenzenlos.*

Der Mensch ist zur Größe auserkoren, dafür gibt es unzählige Beweise. Tag für Tag werden bisher für selbstverständlich gehaltene Grenzen gesprengt, wenn wieder jemand das uns alle innewohnende grenzenlose Potenzial ausschöpft und damit neue Maßstäbe dafür setzt, was jeder von uns erreichen kann. Alles, was jemand anders getan hat, beweist Ihnen, was für Sie möglich ist. Alles, was Sie sich im Leben wünschen, steht Ihnen ab sofort zur Verfügung – es wartet nur darauf, dass Sie die Entscheidung treffen und sich holen, was Sie wollen.

Wenn Sie an Ihre Kindheit zurückdenken, haben Sie wahrscheinlich auch die Erfahrung gemacht, dass Ihnen der Wunsch, eine berühmte Primaballerina oder ein berühmter Fußballspieler zu werden, absolut plausibel und erfüllbar erschien. Sie haben nie in Betracht gezogen, dass Sie das, was da vor Ihrem geistigen Auge ablief, vielleicht nicht erreichen würden. Alles war möglich. Ihre Zukunft – grenzenlos. Einigen Menschen ist dieses Gefühl völlig abhandengekommen, andere versuchen sich daran zu erinnern, indem sie darüber sinnieren, »was hätte sein können«. Doch auch dann ist das Gefühl nur vage und scheint für das gegenwärtige Leben nicht mehr relevant. Ein Leben, in dem sich Rechnungen im Briefkasten stapeln, in dem der Job nicht mehr erfüllend ist und in dem man die verflixten Extrapfunde auf den Hüften einfach nicht mehr loswird. Doch nur weil wir uns an das Gefühl möglicherweise nicht mehr erinnern können, bedeutet das nicht, dass es nicht wahr ist oder keine Relevanz für unser gegenwärtiges Leben hätte.

Aber wie konnten wir diese wichtige Tatsache einfach vergessen?

Ohne Eigenverschulden haben wir uns unwissentlich selbst sabotiert, und je älter wir werden, desto schlimmer wird die Selbstsabotage. Das klingt zugegebenermaßen nicht besonders tröstlich, ist aber wahr. Wir müssen im Leben mehrere schwierige Hürden überwinden: Einige davon sehen wir um uns herum, andere haben wir im Kopf. Und diese Hürden können ganz schön hinterhältig sein, nicht zuletzt deshalb, weil wir von ihrer Existenz oft gar nichts wissen.

Zum einen gibt es da diese angeborenen Neigungen, die in unser Gehirn programmiert sind und uns ständig vom Pfad zu unserer wahren Größe abbringen. Die menschliche Natur wählt, wo immer möglich, den einfachen Weg, sie lässt uns an uns zweifeln und aufgeben, wenn es schwierig wird. Da der leichte Weg meist auch der bequemere ist, zumindest kurzfristig, schließt unser Gehirn daraus: »Das muss der Weg sein, den wir nehmen sollten«.

Wenn wir dann die Kindheit hinter uns lassen und Botschaften der Menschen um uns herum empfangen können – sowohl die gesprochenen als auch die unausgesprochenen –, wird uns beigebracht, den Regeln zu folgen, uns anzupassen, mitzuspielen. Das geht sogar so weit, dass wir uns von den irrationalen einschränkenden Glaubenssätzen anderer beeinflussen lassen und es zulassen, dass sie unsere Vorstellungen darüber, was für uns möglich ist, im Keim ersticken. Die Menschen, die wir lieben, klopfen uns mit dem Standardsatz: »Na, du hast es wenigstens versucht« tröstend auf den Rücken, ziehen uns aber nie zur Verantwortung, wenn wir es verabsäumen, unser volles Potenzial auszuschöpfen – wahrscheinlich weil sie es selbst nicht tun. Und so marschieren wir, uns gegenseitig tröstend, in die Untiefen der Mittelmäßigkeit hinein.

Nach einer Weile treten wir ganz bereitwillig dem Club der Konformisten bei und stimmen schließlich voll in den Chor der Warum-ich-nicht-außergewöhnlich-sein-kann-Sänger ein. Wir häufen ein ganzes Arsenal selbstsabotierender Einschränkungen an und sind uns dessen meist noch nicht einmal bewusst. Wir strengen uns gerade so viel an, dass wir zurechtkommen. Wir steuern per Autopilot durch den Tag, oft ohne klares Ziel oder wenigstens eine Absicht. Wir lassen zu, dass andere uns Grenzen auferlegen. Und zum Schluss geben wir uns mit weniger zufrieden, als wir wirklich wollen und können. Unser Leben voller Wunder ist in die Hände von Geiselnehmern – unserem Gehirn und den wohlmeinenden Menschen, die uns nahestehen – geraten.

Hmmm. Wie soll man denn nun ein außergewöhnliches Leben führen, wenn wir ständig mit diesen Hürden zu kämpfen haben?

Gute Frage. Die Antwort darauf liegt darin, das menschliche Dilemma zu erkennen: **Tief in uns drin wissen wir, dass wir grenzenlos sind. Unser Kopf und die Welt um uns herum erlegen uns jedoch Einschränkungen auf, die uns kleiner**

halten, als wir sein sollten. Dieses Dilemma führt zu Unzufriedenheit, Angst und dem beständigen Gefühl, dass das noch nicht alles gewesen sein kann, dass die Welt da draußen noch etwas anderes – mehr – für uns bereithält. Wir wissen das, wissen aber nicht, wie wir es ändern können.

Bis jetzt jedenfalls.

Um uns das außergewöhnlichste Leben zu verwirklichen, das wir uns vorstellen können, das Leben, das wir wollen, das wir verdienen und für das wir bestimmt sind, müssen wir das Dilemma überwinden und uns auf den Pfad zur Größe begeben. Das wird nicht notwendigerweise der leichteste Weg sein und auch nicht die Option, die sich am bequemsten oder sichersten anfühlt. Wenn Sie in Ihrem Geist mit der Entscheidung ringen, ob Sie eingeschränkt (aufgrund vergangener Erfahrungen) oder grenzenlos (aufgrund Ihres Potenzials) sind, müssen Sie sich dafür entscheiden, grenzenlos zu sein, Punkt.

Das ist wie gesagt nicht leicht, aber das habe ich auch nie behauptet. Doch möglich ist es, vor allem möglich für *Sie*. Wenn Sie bereit sind, bis zum Ende des Kapitels weiterzulesen, erwartet Sie eine Fülle an neuen Erkenntnissen darüber, welche Hindernisse zwischen Ihnen und dem wunderbaren Leben stehen, das Sie verdienen. Und die größte Erkenntnis wird lauten: Wow, ich kann sie alle überwinden!

DER KRIEG IN UNSEREM INNEREN

Wo auch immer Sie im Leben gerade stehen, ob ganz oben oder inmitten unangenehmer, vielleicht sogar schmerzhafter Umstände oder irgendwo dazwischen, bedenken Sie dies: *Sie sind genau dort, wo Sie sein müssen, und genau der Mensch, der Sie sein müssen, um das zu lernen, was Sie lernen müssen, damit Sie der Mensch werden, der sich das erschaffen kann, was er sich wünscht*. Puh! Das war ein ganz schöner Schluck aus der Pulle, aber ich glaube jedes einzelne Wort davon. Und

Sie hoffentlich auch. Jede Erfahrung, die Sie bislang im Leben gemacht haben, auch die schmerzlichste, ist ein Schatz – wenn Sie beschließen, daraus zu lernen.

Und hier der Haken (und der Punkt, an dem Sie sich einschalten müssen): Es ist vielleicht nicht Ihre Schuld, dass Sie nicht das Leben führen, das Sie sich wünschen, aber Ihre *Verantwortung*, das zu ändern. Niemand sonst wird es für Sie tun. Es liegt bei Ihnen, ob Sie ein 10-Punkte-Leben führen wollen oder nicht. Und der erste Schritt dahin besteht im Überwinden des beschriebenen Dilemmas.

Die Entscheidung, ein eingeschränktes oder ein grenzenloses Leben zu führen, spiegelt sich in zahlreichen Fragen wider. Sollte ich meine Festanstellung kündigen und ein eigenes Unternehmen gründen? Sollte ich mich von meinem Partner trennen, ohne zu wissen, ob ich eine neue Liebe finde? Muss ich wirklich auf das, was ich so gern esse, verzichten, wenn ich fünf Kilo abnehmen will? Jede dieser Fragen berührt einen anderen Bereich des Lebens. Dennoch laufen sie alle auf das Gegensatzpaar *eingeschränkt* – durch die Vergangenheit, durch Ängste, durch Misserfolge, durch andere Menschen – versus *grenzenlos* hinaus. Vielleicht schlagen Sie sich ja auch gerade mit einer Entscheidung herum. Können Sie sie durch diese Brille betrachten? Und ändert sich dadurch vielleicht etwas?

Als ich an meinem Buch *Miracle Morning* saß, war ich durch Angst und Selbstzweifel ständig in Versuchung, aufzugeben und mit dem Schreiben aufzuhören. Obwohl ich fest an das Konzept glaubte und die Ergebnisse aus erster Hand kannte, stand mir mein innerer Kritiker dauernd im Weg: *Wer bin ich, Leuten vorzuschreiben, dass sie eine Stunde früher aufzustehen haben? Wie um alles in der Welt kann ich auch nur einen einzigen Menschen davon überzeugen, sich von dem tief verwurzelten einschränkenden Glaubenssatz »Ich bin kein Morgenmensch« zu verabschieden, der diesen Menschen wahrscheinlich schon sein ganzes Leben lang begleitet und der von seinem Verhalten stetig bestärkt wurde?* Zum Glück ließ ich es nicht zu, dass mein innerer Kritiker das letzte Wort hatte. Ich weigerte mich, mir von meinen Ängsten meine Taten diktieren zu lassen.

Das oben beschriebene Dilemma zeigt sich im Leben zwar auf Hunderte, wenn nicht Tausende verschiedene Arten, lässt sich aber auf vier Grundkonflikte eindampfen. Und diese Konflikte müssen wir lösen. Zunächst stuft unser Gehirn alles, was neu ist, also auch Chancen und Gelegenheiten, als *gefährlich* ein. Zudem ist uns der Gedanke, dass wir das, was wir wollen, auch *verdienen*, fremd; so strengen wir uns nur mittelmäßig an und erzielen auch nur mittelmäßige Ergebnisse – in einem, mehreren oder allen Bereichen unseres Lebens. Wir verlieren unsere angeborenen Fähigkeiten aus den Augen und wissen nicht mehr, was wir eigentlich erreichen könnten. Und schließlich lassen wir es zu, dass unsere Umgebung unser Denken beeinflusst und sogar definiert, wer wir sind – mit dem Ergebnis, dass wir uns für weniger fähig halten, als wir tatsächlich sind. All diesen Einschränkungen steht der Glaube daran gegenüber, dass mehr in uns steckt, dass wir unser volles Potenzial noch nicht annähernd ausgeschöpft haben. Aber die grundsätzliche innere Angst bleibt.

Jeder dieser Konflikte für sich reicht schon aus, um unsere großen Lebenspläne mächtig zu sabotieren. Gemeinsam aber machen sie es beinahe unmöglich, das zu erreichen, was wir wirklich wollen. Im Folgenden nehmen wir die einzelnen Konflikte näher unter die Lupe, um herauszufinden, woher sie kommen und was geschieht, wenn wir sie nicht überwinden. Am Ende des Kapitels erfahren Sie schließlich, wie Sie die Konflikte überwinden, damit Sie sich endlich das Leben verwirklichen, auf das Sie so lange gewartet haben.

DIE IRRATIONALE ANGST VOR DER GÜNSTIGEN GELEGENHEIT

Die meisten kennen das: Da sind wir ganz aus dem Häuschen, weil wir uns ein neues, aufregendes Ziel gesetzt haben, und dann ist plötzlich Schluss damit – entweder haben wir noch gar nicht richtig angefangen, oder am Horizont tauchen die ersten Schwierigkeiten auf. Woran liegt das?

In erster Linie an unserem Gehirn. Das menschliche Gehirn hat es echt in sich. Es ist die Steuerungszentrale unseres Körpers. Es sorgt dafür, dass die Lunge atmet, dass das Herz pumpt und dass sich der Körper bewegt. Es bestimmt sogar, ob wir unser Leben als gut oder schlecht empfinden, indem es unser Augenmerk entweder auf die guten oder die schlechten Dinge lenkt. Alles, was wir tun oder nicht tun, nimmt seinen Anfang im Gehirn. Doch obwohl es uns erst ermöglicht, unser Leben zu leben, steht es uns bei der Erfüllung unserer Wünsche oft im Weg.

Wir kommen zwar alle mit einem grenzenlosen Potenzial auf die Welt, aber eben auch mit einem Gehirn, das mit vielen seiner primitiven, prähistorischen Reflexe operiert. Wir sind darauf programmiert, unsere Umgebung nach potenziellen Gefahren abzusuchen, denn als wir noch in Höhlen lebten, hätte das Übersehen eines schnellen Löwen einen schmerzhaften Tod bedeutet. Das Essen falscher Pflanzen konnte uns vergiften. Damals konnten wir mehrmals pro Woche in lebensbedrohliche Situationen geraten. Wir versuchten buchstäblich jeden Tag, heil über die Runden zu kommen. Heute erleben die meisten Menschen Ähnliches zum Glück nur noch selten oder gar nicht – was unser Gehirn allerdings nicht weiß. Paranoid hält es immer noch nach potenziellen Bedrohungen Ausschau, in dem ständigen Bemühen, uns Sicherheit zu verschaffen.

Die Todesangst vergangener Zeiten ist durch die Angst, unsere Komfortzone zu verlassen, ersetzt worden. Durch die

Angst vor dem Scheitern und Unwohlsein, sowohl in emotionaler als auch in körperlicher Hinsicht. Beim Thema Sicherheit geht es nicht mehr nur darum, Fressfeinden aus dem Weg zu gehen, es geht auch darum, Gelegenheiten und Chancen zu meiden. Wir fürchten uns vor dem Unbekannten. Zeigt sich eine Gelegenheit, die uns die Chance gibt, uns weiter zu dem Menschen zu entwickeln, der wir gern sein würden, lässt unser Gehirn die Alarmglocken schrillen. Umgehend malen wir uns in den schillerndsten Farben aus, was alles schiefgehen könnte: *Ich könnte versagen, ich könnte mich lächerlich machen, ich könnte enttäuscht werden.* All dieser Stress erschwert es, intelligente Entscheidungen zu treffen, und bringt unser emotionales Gleichgewicht durcheinander. Manchmal fühlt es sich so an, als würden unsere Emotionen uns beherrschen, und nicht umgekehrt.

Und so beginnen die äußeren Umstände, uns unseren inneren Zustand zu diktieren. Wir reagieren nur noch und können nicht mehr ruhig darüber nachdenken, wie wir uns in einer gegebenen Situation optimalerweise verhalten sollten. Wenn die Emotionen erst einmal die Kontrolle übernommen haben, ist es fast unmöglich, sich weiter auf seine Ziele zu konzentrieren, da sich selbst der kleinste Rückschlag zu einem unüberwindlichen Hindernis aufbläht. Wir kriechen in die Höhle, die sich Komfortzone nennt, zurück; da ist es zwar dunkel, aber wenigstens sicher.

Wir richten all unsere Energie und mentale Kraft auf den Versuch, die Stressreaktion herunterzufahren (was sie übrigens nur noch verschlimmert), und interpretieren die großartige Gelegenheit als zu schwer, zu gefährlich, einfach zu viel für uns. Jede Gelegenheit, die uns von dem wegführt, was wir als unsere Norm begreifen, wird als etwas, das es zu meiden gilt, eingestuft.

Miracle-Experten haben etwas herausgefunden, das der Rest der Menschheit noch nicht herausgefunden hat: wie man diese Stressreaktion umgeht. Oder, genauer: wie man sie abschaltet, sobald sie uns schadet oder zurückhält. Sie haben ihr Gehirn darauf trainiert, den Unterschied zwischen einer unangenehmen und einer wirklich lebensbedrohlichen Situation zu erkennen. Sie ersetzen die Angst davor, was alles schiefgehen könnte, ganz bewusst durch den Glauben daran, dass schon alles gut gehen wird. Sie nutzen ihre Zeit, um die Möglichkeiten zu erkunden, die sie glücklich machen und erfüllen, schließen die Möglichkeit des Scheiterns dabei aber nicht aus. Statt über Ängste und vergangene Misserfolge nachzugrübeln, wissen Miracle-Experten, wie entscheidend es ist, sowohl an sich selbst zu glauben als auch aktiv herauszufinden, welche Schritte sie unternehmen müssen, um ihre großen Ziele zu verwirklichen. Sie übernehmen die Kontrolle über ihr Gehirn – und damit über ihr Leben.

Im Gegensatz zu den meisten anderen Menschen. Vom Schüler bis zum Topmanager: Alle kämpfen wir mit irrationalen Ängsten und einer überschießenden Stressreaktion. Wir müssen uns klar vor Augen führen, dass irrationale Ängste unseren Träumen und dem Leben, das wir leben könnten, die Luft rauben.

Statt uns also vor Gelegenheiten zu fürchten und sie zu meiden, sollten wir tief durchatmen – und ihnen dann entgegenstürmen. Das beinhaltet die Bereitschaft zu scheitern, aus Fehlern zu lernen und es erneut zu versuchen. Wir müssen Angst durch Glauben ersetzen, einen anderen Weg, die genannten Konflikte zu lösen, gibt es nicht.

FEHLGELEITETER GEGEN BERECHTIGTEN ANSPRUCH

Wie auch immer Sie den 10-Punkte-Erfolg definieren – wenn Sie dieses Buch in Händen halten, da bin ich mir sicher, wollen Sie auf jeden Fall mehr davon. Doch welchen Grad an Erfolg glauben Sie zu *verdienen*?

Leider glauben die meisten Menschen nicht wirklich, mehr zu verdienen, als sie oder die Menschen um sie herum haben. Der Erfolg, die Zufriedenheit und die Erfüllung, die wir gewohnt sind, werden zur Norm dessen, was wir in Zukunft erwarten. Auf diese Weise wiederholen wir ständig die Vergangenheit, ohne größere Pläne für die Zukunft. Die meisten öffnen noch nicht einmal das Tor, weil sie im tiefsten Herzen nicht daran glauben, dass sie verdienen, was am Ende der Straße auf sie wartet. Um ein Miracle-Experte zu werden, müssen Sie nicht nur glauben, dass Ihre größten Ziele und kühnsten Träume möglich, wahrscheinlich und unausweichlich sind … Sie müssen auch glauben, dass Sie das Erreichen Ihrer Ziele *verdient* haben. Ohne dieses letzte Stückchen Weg kommen Sie nie ans Ziel. Dann finden Sie immer eine Ausrede, vor der eigenen Größe zurückzuweichen. Wer aber glaubt, einen Anspruch auf Erfolg zu haben, kämpft auch dafür.

Ich weiß: Das Wort »Anspruch« mögen viele Leute nicht. Meist assoziieren wir damit jemanden, der glaubt, spezielle Privilegien zu verdienen, obwohl er nichts dafür getan hat. Es wird häufig mit Narzissmus oder Arroganz verbunden, und Menschen mit übertriebenem Anspruchsdenken sind wie Kinder, die nie gelernt haben, dass sie nicht der Mittelpunkt des Universums sind. All das trifft jedoch nur auf Anspruchsdenken in dem Sinn zu, dass der Betroffene keinerlei Anstrengungen unternommen hat, um sich die Dinge, auf die er Anspruch erhebt, auch zu verdienen. Es gibt jedoch noch zwei weitere Arten von Anspruch, die wir uns bewusst machen müssen: eine wünschenswerte und eine zu vermeidende.

Der *berechtigte Anspruch* ist wünschenswert und beruht auf der fundamentalen Überzeugung, dass wir es alle gleichermaßen verdient haben, das zu bekommen, was wir uns wünschen beziehungsweise wofür wir uns angestrengt haben. Fast alle großen Errungenschaften beginnen mit einem Menschen, der glaubt, sie durch seine Anstrengungen wahr machen zu können und den damit verbundenen Erfolg zu verdienen. Diese Art von Anspruch ist eine Voraussetzung dafür, greif- und sichtbare Wunder vollbringen zu können. Sie bestärkt uns in unserem Glauben an unser Potenzial und in der Anerkennung dieses Potenzials. Allerdings fällt sie den meisten Menschen schwer, mich eingeschlossen. Wir haben ein Problem mit der Anerkennung, werden rot, wenn uns jemand für unsere Arbeit lobt oder dankt. Manchmal lehnen wir eine Belohnung sogar direkt ab. »Ach, nicht der Rede wert«, sagen wir, auch wenn es das ist. Wir fühlen uns unwohl, wenn wir gelobt werden. Aber wie viel schwerer ist es, ein Ziel zu verfolgen, wenn wir nicht daran glauben, dass wir den Erfolg verdient haben! Dann ist es praktisch unmöglich, die Anstrengung aufzubringen, die nötig ist, um das Ziel zu verwirklichen.

In vielen Fällen ist es der berechtigte Anspruch, der unseren unerschütterlichen Glauben entfacht. Es ist oft leichter zu glauben, dass man den Erfolg einer Unternehmung verdient, als zu glauben, dass man diese Unternehmung auch zu einem erfolgreichen Ende führt. Das trifft allerdings nicht auf jeden und auch nicht auf jedes Wunder zu. Ich kann nur für mich selbst sprechen, aber für mich ist es oft schwer, das Gefühl aufzurufen, etwas verdient zu haben. Ich sehe, wie andere Leute kämpfen oder weniger Glück haben, und denke: *Warum sollte ausgerechnet ich es verdienen, glücklicher oder erfolgreicher als diese Menschen zu sein?* Doch vergessen Sie nicht: Manchmal bedarf es erst etwas unermüdlichen Einsatzes, bevor sich das Gefühl des berechtigten Anspruchs einstellt. Je mehr wir uns anstrengen, desto mehr nimmt dieses Gefühl zu. Damit die Wunderformel funktioniert, kommt es jedoch weniger darauf an, was nun zuerst da war, Anstrengung oder Anspruch. Es kommt vielmehr darauf an, sich überhaupt zuzugestehen, dass man das, was man sich wünscht, auch verdient hat, und bereit zu sein, die dafür nötigen Anstrengungen zu unternehmen. Miracle-Experten wissen um den Beitrag, den sie zum Funktionieren der Wunderformel geleistet haben, und gönnen sich den Erfolg.

Am anderen Ende des Spektrums steht der *fehlgeleitete Anspruch*, der im Grunde nichts anderes als Faulheit ist, die sich als Gefühl, etwas verdient zu haben, tarnt. Etwa so: »Diesen Keks habe ich mir verdient! Ich habe so streng Diät gehalten!« Oder: »Dieses Paar Schuhe habe ich mir verdient! Ich habe in letzter Zeit so sehr darauf geachtet, nicht zu viel Geld auszugeben.« Oder: »Ich habe es mir verdient, den Sport heute mal auszulassen. Ich war diese Woche schon so fleißig!« Kommt Ihnen davon irgendetwas bekannt vor? Wir alle denken so von Zeit zu Zeit, allerdings ist ein solches Verhalten schädlich.

Schädlich, weil es uns in unserer Mittelmäßigkeit bestärkt. Wir belohnen uns, weil wir *schon so* fleißig, sparsam etc. gewesen sind – aber *schon so* ist nicht großartig und bringt uns unserem Ziel definitiv nicht näher. Damit gratulieren wir uns zu einer suboptimalen Leistung und geben uns die Erlaubnis faul zu sein. Ebenso wie das Arbeiten bis zur Erschöpfung oder bis zum Burn-out ungesund ist, ist es auch schädlich, weniger zu tun, als man eigentlich tun sollte.

Wer sich die Erlaubnis gibt, sich nur mittelmäßig anzustrengen, hält sich selbst vom 10-Punkte-Erfolg ab; und der notwendige Einsatz richtet sich nach dem, was Sie erreichen wollen. Jemand, der für einen Marathon trainiert, muss an fünf Tagen in der Woche laufen gehen, während jemand, der sich mehr bewegen will, um gesund zu bleiben, nur ein paar Mal die Woche 30 Minuten walken oder spazieren gehen muss. Und nur Sie allein wissen, wie sehr Sie sich wirklich anstrengen, wenn niemand zuguckt. Außerdem können nur Sie allein definieren, was ein 10-Punkte-Erfolg für Sie bedeutet, und das auch nur in Bezug auf das, was Sie erreichen wollen. Wichtig ist, dass Sie Ihre Taten und den Grad der Anstrengung auf Ihr Ziel abstimmen; nur so werden Sie das Gefühl haben, Erfolg zu verdienen, und nicht in die Falle der Faulheit tappen.

Natürlich ist es schön, auch mal faul zu sein! Wer sieht nicht gern fern, wer hängt nicht gern ab, ohne sich um etwas kümmern zu müssen, ohne Sorgen, ohne Schuldgefühle? *Aber* (und das ist ein großes Aber): Um ohne Schuldgefühle faul sein zu können, muss man erst einmal etwas getan haben, um sich die Faulheit verdient zu haben. Ich gebe mich dieser Art von Faulheit grundsätzlich erst hin, wenn ich Zeit mit meinen Kindern verbracht, etwas für meine Frau getan und meine Arbeit erledigt habe. Sie wollen sich mal wieder stundenlang Serien auf Netflix reinziehen? Dürfen Sie – *nachdem* Sie das, was an diesem Tag Priorität hatte, erledigt haben.

Ein großes Problem der Faulheit, die man sich nicht verdient hat, besteht darin, dass sie einen davon abhält, sich zu größerem Erfolg berechtigt zu fühlen. Wenn Sie sich nicht anhaltend angestrengt haben, verdienen Sie nicht wirklich, wonach Sie streben, und das wissen Sie auch. Das hat zur Folge, dass Sie nicht an sich selbst und auch nicht daran glauben, etwas Besseres verdient zu haben. Genau aus diesem Grund ist fehlgeleiteter Anspruch so gefährlich.

Ein weiteres Hindernis, das wir uns gern selbst in den Weg legen und das ebenfalls in die Kategorie fehlgeleiteter Anspruch gehört, ist das »Beschäftigtsein«. Wie oft haben Sie schon gesagt, Sie könnten diese oder jene Gelegenheit nicht ergreifen oder gerade nicht an der Erfüllung Ihres größten Traums arbeiten, weil sie (Trommelwirbel …) *zu beschäftigt* sind? Unter der Formulierung versteht man im Allgemeinen, Dinge zu tun, die nicht wirklich wichtig sind, um sich glauben zu machen, man sei produktiv. Dutzende von Mails zu beantworten mag uns das Gefühl von Produktivität geben, aber tief in uns drin wissen wir, dass das nicht stimmt.

In seinem bahnbrechenden Buch *Konzentriert arbeiten: Regeln für eine Welt voller Ablenkungen* schreibt Cal Newport, dass unsere Fähigkeit, uns auf eine Aufgabe zu konzentrieren, die über einen erheblichen Zeitraum hinweg unsere Geisteskraft erfordert, in dem Maße abnimmt, in dem ihre Bedeutung zunimmt. Diejenigen, die diese Fähigkeit zu entwickeln wissen, werden dafür belohnt werden. In unserem Kontext bedeutet das, dass nur der greif- und sichtbare Wunder vollbringen kann, der sich von den Ablenkungen um ihn herum lösen kann, keine Zeit mehr mit belanglosen Aufgaben verbringt und seine mentale (sowie körperliche) Energie stattdessen längere Zeit auf das Erreichen eines einzelnen Ziels konzentriert. Zeit zu verschwenden, weil man mit unwichtigen Dingen beschäftigt ist, widerspricht dieser Vorstellung.

Es ist ganz natürlich, beim Blick auf die To-do-Liste zunächst die Dinge anzugehen, die die geringste Priorität haben, mit dem geringsten Risiko verbunden sind und deshalb eher unbedeutende Folgen nach sich ziehen: Mails checken, etwas auf Facebook & Co. posten, etwas im Internet nachsehen, etwas organisieren, ja sogar an der eigenen Persönlichkeitsentwicklung arbeiten, wenn man dadurch das Aufschieben von Wichtigerem rechtfertigt. Wenn wir uns derart »beschäftigt« halten, lenken wir uns nur ab, damit wir uns nicht mit den wirklich wichtigen Dingen – der Verwirklichung unserer Träume etwa – beschäftigen müssen. Wichtiges zu erledigen kann Angst machen, weil dies unter Umständen bedeutsame Konsequenzen nach sich zieht, die Einfluss auf unser Leben haben und uns zwingen, den »Ich-verdiene-den-Erfolg-Muskel« zu trainieren. Beschäftigen wir uns stattdessen mit Unwichtigem, stellt sich das Gefühl, den Erfolg verdient zu haben, nicht ein.

POTENZIELLE DYSMORPHOPHOBIE GEGEN TATSÄCHLICHES POTENZIAL

Davon, wie ich im Alter von 37 Jahren die Diagnose einer sehr seltenen und aggressiven Form von Krebs bekam, werde ich Ihnen später noch ausführlicher berichten. Zu Beginn der

Behandlung jedenfalls sank mein Gewicht rasant von 75 auf 57 Kilo – allein in den ersten drei Wochen nahm ich fast 14 Kilo ab. Da ich deutlich über 1,80 Meter groß bin, traten meine Wangen- und Beckenknochen sowie meine Rippen immer mehr hervor. Zudem ging mir jedes einzelne Haar an meinem Körper aus. Interessanterweise sah ich beim Blick in den Spiegel aber genau das, was ich immer gesehen hatte, abzüglich der Haare. Mir starrte aus dem Spiegel kein bis auf die Knochen abgemagerter Krebspatient entgegen, sondern der gute, alte, vertraute Pal Hal.

Mein Intellekt wusste, dass ich zwangsläufig anders aussehen musste – fast 20 Kilo sind keine Kleinigkeit, insbesondere dann nicht, wenn man ohnehin schon ziemlich dünn ist. In nur wenigen Wochen hatte ich grob ein Viertel meines Körpergewichts verloren, und als ich zu meiner Frau Ursula sagte, ich sähe eigentlich wie immer aus, verriet mir der Ausdruck auf ihrem Gesicht, dass das nicht der Fall war. Ganz davon abgesehen, dass meine wohlmeinenden Eltern jede sich bietende Gelegenheit nutzten, um mich zu füttern. Auch die Botschaften, die ich von der Außenwelt bekam, widersprachen meiner inneren Wahrnehmung – und die war ordentlich in Schieflage geraten.

So muss sich Dysmorphophobie anfühlen, dachte ich, *nur umgekehrt*. Menschen, die an Dysmorphophobie leiden, nehmen selbst den kleinsten, manchmal sogar einen eingebildeten körperlichen Makel als ungeheuer störend wahr. Sie trainieren bis zum Umfallen, weil sie sich für fett halten, auch wenn die Waage ein gesundes Gewicht anzeigt. Sie denken verzweifelt darüber nach, wie sie die Aufmerksamkeit anderer von ihrer Nase ablenken können, die ihrer Meinung nach viel zu groß für ihr Gesicht ist, auch wenn andere nie auf diesen Gedanken kommen würden. Sie nehmen ihren Körper schlicht nicht so wahr, wie er ist – und genau so erging es mir damals.

Leider geht es uns auch mit unserem Potenzial so. Wir erkennen nicht, wozu wir eigentlich fähig sind. Hören Sie doch einmal einen Augenblick in sich hinein; ich bin mir sicher, dass Ihnen dabei zahlreiche negative Gedanken über sich selbst auffallen werden. Uns allen schwirren unbewusst ständig Gedanken wie diese durch den Kopf: *Ich habe das nicht verdient. Ich habe einfach kein Glück. Ich bin zu beschäftigt. Ich bin faul. Ich weiß nicht, wo ich anfangen soll. Er/sie ist besser als ich. Ich habe versucht, das zu ändern, aber es gelingt mir nicht.* Wir hören diese negativen Gedanken so lange, bis wir sie schließlich als Tatsachen ansehen und uns entsprechend verhalten.

Wir verweisen auf vergangene Misserfolge und sagen: »Das hat damals schon nicht funktioniert, das versuche ich nicht noch einmal.« Wir verinnerlichen Abwertungen, die wir im Laufe der Zeit erfahren haben, und suchen ständig nach Beweisen für unsere Einschränkungen. Auf dieser Grundlage – der Grundlage vergangener Erfahrungen – treffen wir die Entscheidung darüber, was wir realistischerweise erreichen können oder nicht – und landen dann bei dem Irrglauben, weniger zu können, als wir tatsächlich in der Lage sind. Es gibt auf diesem Planeten nicht einen einzigen Menschen – die erfolgreichsten eingeschlossen –, der in der Vergangenheit nicht Misserfolge erlitten hätte. Wichtig dabei ist, nicht zuzulassen, dass Gegenwart und Zukunft von der Vergangenheit bestimmt werden. Wir können jederzeit die Entscheidung treffen, uns im Verhalten an unserer grenzenlosen Zukunft zu orientieren.

In meinem Buch *Miracle Morning* gibt es ein Zusatzkapitel mit dem Titel »Die E-Mail, die Ihr Leben verändern wird«. Darin erzähle ich von der Zeit, als ich mir nicht mehr sicher war, ob ich meine Stärken und Schwächen selbst richtig einschätzen konnte, und mehr als 20 Menschen, die mich gut kannten, eine Mail schrieb. In dieser Mail bat ich sie um ein schonungslos ehrliches Feedback. Zu den Menschen gehörten Familienmitglieder, Freunde, Kollegen, Mentoren, sogar einige meiner Ex-Freundinnen waren dabei. Die Antworten, die ich bekam, öffneten mir die Augen und motivierten mich, ein paar waren auch ein wenig schmerzhaft. Es war, als würde vor mir ein 3D-Abbild meiner selbst entstehen: Ich konnte mich auf einmal ganz sehen, sowohl aus der Sicht der Eigenwahrnehmung als auch aus der Sicht anderer. Diese Erfahrung hat mein Leben tatsächlich verändert. Ich nahm das Feedback an, das ich bekommen hatte, hielt alles schriftlich fest und passte in der Folge mein Verhalten entsprechend an. Die Übung hat bereits vielen anderen Menschen geholfen. Wenn auch Sie glauben, sich vielleicht nicht ganz und richtig sehen zu können, sollten Sie sie unbedingt einmal probieren.

Die Entwicklung von durchschnittlich zu außergewöhnlich beginnt immer damit, sich vorzustellen, besser zu sein als jemals zuvor. Sie beinhaltet eine Vision von sich selbst, eine Vision auf der Basis der eigenen grenzenlosen Fähigkeiten, und die Bereitschaft, fortan nach dieser Vision zu leben. Das ist am Anfang alles andere als leicht – aber was ist am Anfang schon leicht –, weil es sich zunächst nicht echt anfühlt. Wenn Sie sich Ihre Vision jedoch oft, das heißt täglich, vor Augen führen, und das über einen längeren Zeitraum hinweg, wird sie Ihnen in Fleisch und Blut übergehen – weil diese Vision Ihr wahres Ich ist. So wird aus der Vision eine neue Identität und aus dieser schließlich eine neue Realität.

SELBST BESTIMMEN, WER MAN IST

Haben Sie sich auch schon einmal in ein altes und inzwischen zu klein gewordenes Paar Jeans gezwängt? Dann wissen Sie, wie unbequem das ist. Der Knopf bohrt sich in den Magen. Der Stoff würgt die Beine. Man kann noch nicht einmal mehr richtig gehen. Das sieht nicht nur bescheuert aus, das tut auch weh.

Tatsache ist allerdings, dass wir genau das mit unserem Leben machen. Erlauben wir es anderen, darüber zu bestimmen, wer wir sind, unterdrücken wir unseren Instinkt, anders zu sein. Die Dinge nach den eigenen Vorstellungen zu erledigen. Für das, was wir wirklich wollen, zu kämpfen. Wir zwängen uns in eine Form, die andere für uns ausgewählt haben. Kein Wunder, dass wir dann das Gefühl haben, uns nicht frei bewegen zu können; die Erwartungen anderer beschränken oder beherrschen uns, was genau so wehtut wie eine nicht passende Jeans.

Größtenteils bekommen wir beigebracht, klein zu denken, innerhalb der Grenzen zu bleiben, uns anzupassen und den Regeln zu folgen. *Den Regeln anderer.* Regeln, die so konzipiert wurden, dass wir in die Gesellschaft passen, die unserer angeborenen Sehnsucht nach dem 10-Punkte-Erfolg aber zuwiderlaufen. Niemals während meiner gesamten Schullaufbahn oder Ausbildung hat man mich angehalten, querzudenken, meine mir einzigartigen Talente zu erkunden oder herauszufinden, nach welchen Regeln die erfolgreichsten Menschen der Welt spielten, was mir unweigerlich den Weg in ihre Richtung gewiesen hätte. Warum werden solche Lektionen nicht gelehrt?

Das Leben der meisten Menschen sieht so aus: Man geht zur Schule, sucht sich eine regelmäßige Arbeit und hat mit 65 dann hoffentlich so viel Geld, dass es für einen mittelmäßigen Lebensabend reicht. Wir werden darauf konditioniert, verantwortungsvoll, fügsam und durchschnittlich zu sein – um ins Schema zu passen. Dieses Verhalten aber ist erlernt. Es hat nichts mit dem zu tun, wer wir eigentlich sind oder besser: sein können.

Schließlich misstrauen wir den eigenen Instinkten und werden selbstzynisch. Außergewöhnlich erfolgreiche Menschen sehen wir als Ausreißer. Sie sind »anders«. Von Kindesbeinen an sind es die Überzeugungen anderer, die bestimmen, was für uns möglich ist und was nicht. Sich in diese Form zu zwängen mag ja der Weg des geringsten Widerstands sein, doch führt er früher oder später automatisch zu jenem Unbehagen, zu dem vagen, aber nagenden Gefühl, dass mehr in uns steckt.

Einschränkungen überwinden

Vor Kurzem lernte ich einen der ehrfurchtgebietendsten Menschen kennen, die ich je getroffen habe, den 22 Jahre alten Nick Santonastasso. Nick leidet an dem angeborenen Hanhart-Syndrom, einer äußerst seltenen genetischen Erkrankung, die bei ihm zum Fehlen beider Beine, zu einem nicht voll ausgebildeten rechten Arm und zu nur einem Finger am linken Arm führte. In Nicks YouTube-Video »My Life Story«, das er 2014 hochlud, erläutert er, dass es insgesamt nur zwölf bekannte Fälle von Hanhart-Syndrom gibt. Und Nick ist einer von nur vier Patienten, die daran leiden und noch am Leben sind.

Doch das Unglaublichste an Nicks Geschichte ist, dass er sich von seinen körperlichen Einschränkungen nie seine Träume hat verbauen lassen. Nick fährt Skateboard, wakesurft hinter Booten her, war in der Uni-Wrestlingmannschaft, hat an sportlichen Wettkämpfen teilgenommen und ist Fitnessmodel. Er ist bei CNN und Fox aufgetreten und mit seinen umwerfend komischen YouTube-Videos zum Onlinestar avanciert. Als man ihn in der Sendung *Today* gefragt hatte – damals war er gerade erst 12 Jahre alt gewesen –, woher sein Gefühl, keine Grenzen zu haben, stamme, hatte er geantwortet, er wisse, dass alles möglich ist; er wolle einfach Sachen ausprobieren, die ihm vielleicht Spaß machten. Angst zu versagen habe er keine, denn schließlich

könne er ja immer wieder aufstehen und es von Neuem versuchen.
Trotz aller Widerstände hat Nick nie daran gezweifelt, wer er ist und was er will. Und so hat er sich selbst ein außergewöhnliches Leben erschaffen. Er hat sich geweigert, sich von den Vorstellungen seiner Umgebung definieren zu lassen. Er wusste immer genau, wer er war und dass er für Großes bestimmt war, was auch immer passieren sollte. Eine andere Option gab es für ihn nicht.
Zusätzlich zu seinen Tätigkeiten als Bodybuilder und Fitnessmodel hält Nick mittlerweile auch Vorträge, um andere Menschen mit seinem Mindset anzustecken. Gerade habe ich ihn für unsere Veranstaltung »Best Year Ever [Blueprint]« nächstes Jahr gebucht.

Wie Nick so wissen auch wir tief in uns drin, dass wir zu mehr fähig sind. Und mehr wollen. Wir wollen ein bedeutsames Leben führen und unsere Spuren in der Welt hinterlassen. Viele Menschen hören die innere Stimme, die ihnen sagt, dass beides möglich ist. Vielleicht ist die Stimme nicht besonders laut, vielleicht geht sie immer wieder im Gedröhn unserer Ängste und Unsicherheiten unter. Aber sie ist da. Haben auch Sie sie schon vernommen?

* * *

Wie also definieren Sie sich selbst?

Sollten Sie darauf bislang noch keine schlüssige Antwort haben, ist das auch kein Grund zur Sorge. Die haben viele Menschen nicht. Meist geben wir auf diese Frage eine Unmenge von Allgemeinplätzen von uns, die zwar nicht von uns selbst stammen, die wir aber trotzdem für das Evangelium halten. *Ich bin Ehefrau/Ehemann, Mutter/Vater, Anwalt/Schüler, kreativ/analytisch, Hausfrau/Versorger.* Das könnte jetzt endlos so weitergehen, doch bilden diese Bezeichnungen wirklich das grenzenlose Wesen ab, das Sie sind?

Als Kinder bekommen wir alle den einen oder anderen Stempel aufgedrückt, sei es in Form einer klinischen Diagnose oder schlicht eines Spitznamens, der sich innerhalb der Familie durchsetzt. Das Problem daran ist, dass wir in diesen Schubladen oft stecken bleiben. Einige waren *Engel* (meine Schwester), andere *Unruhestifter* (ich). Wieder andere sind vielleicht *gute Sportler* oder *Künstler*.

Die Schubladen formen unsere Identität – aufgrund der Vorstellungen, die andere von uns haben. Wir finden heraus, wer wir sind – nach der Wahrnehmung anderer. In gewissem Maße formen die Schubladen auch unseren Freundeskreis, unsere Aktivitäten, was wir mögen und was wir nicht mögen, unsere Ambitionen für die Zukunft. Natürlich will ich damit nicht sagen, dass alberne Spitznamen aus der Kindheit oder medizinische Diagnosen grundsätzlich schlecht sind. Spitznamen sind oft ein Ausdruck der Zuneigung (ich habe meinen, »Yo Pal Hal«, nicht verloren, seit meine Mutter mich wegen eines Jobs als Radiomoderator das erste Mal so nannte – da war ich 15). Dank einer medizinischen Diagnose können wir die Behandlung erhalten, die wir brauchen. Das Problem entsteht erst, wenn wir es zulassen, dass Spitznamen und Schubladen uns definieren und einschränken. Dann folgen uns die Einschränkungen ins Erwachsenenleben hinein, und wir wenden uns weiterhin an andere, um zu erfahren, wer wir sind.

Das ist mir besonders im Hinblick auf meine eigenen Kinder bewusst, die ich vor definierenden und einschränkenden Schubladen zu beschützen versuche. Meine Tochter beispielsweise glaubt, sie habe ADHS, warum, weiß ich nicht einmal genau. Eine solche Diagnose ist nie gestellt worden, und keiner ihrer Lehrer hat jemals etwas Ähnliches ihr gegenüber behauptet. Vielleicht hat sie mich über meine ADHS reden gehört, die mir im Erwachsenenalter ganz formell diagnostiziert wurde. Doch unabhängig davon, wie sie sich das in den Kopf gesetzt hat, will ich nicht, dass diese Selbstdiagnose sie in ihrem Glauben, wozu sie in der Lage ist, beeinflusst und einschränkt.

Deshalb nenne ich ADHS in unseren Gesprächen einen Charakterzug, über den einige Menschen verfügen und dessen sie sich glücklich schätzen können. Durch ADHS kann man kreativ sein und tolle Ideen haben, da der Geist ständig von einer Idee zur anderen springt. Zudem habe ich gegoogelt, welche berühmten/erfolgreichen Menschen ADHS haben, und ihr die Berichte über diejenigen gezeigt, die sich dadurch nicht im Geringsten einschränken lassen. Der Erfolg dieser Menschen, so erläuterte ich ihr, ist der eindeutige Beweis, dass ADHS ein Vorteil sein kann. Vielleicht müssen sie sich etwas mehr anstrengen, um sich zu konzentrieren, aber das bedeutet nicht, dass sie sich nicht konzentrieren können. Worauf ich hinauswill, ist, dass nur sie selbst definiert, was sie tun kann und was nicht. Das leuchtet ihr an manchen Tagen besser ein als an anderen. Wie Erwachsene das nun einmal oft tun, hält auch sie an ihren Einschränkungen fest.

… UND DANN RECHTFERTIGEN WIR UNS AUCH NOCH FÜR UNSERE EINSCHRÄNKUNGEN

Wir sind alle schon einmal verletzt, im Stich gelassen und enttäuscht worden. Wir waren alle schon einmal in einer Situation, deren Ausgang wir uns anders gewünscht hätten. Und ja, so etwas tut weh. Noch mehr weh tut allerdings, wenn wir es zulassen, dass solche Erfahrungen unsere gesamte Weltsicht prägen und unser künftiges Handeln bestimmen. Die Angst davor, noch einmal verletzt zu werden, hält uns davon ab, Risiken einzugehen und Gelegenheiten beim Schopf zu ergreifen. Sie hält uns klein.

Noch schlimmer ist, wenn uns das Verletztsein in den selbstzerstörerischen Teufelskreis des Festhaltens an unseren Einschränkungen treibt. Dann bestärken wir uns selbst immer wieder in dem Glauben, etwas nicht tun, sein oder haben zu können – und das nur aufgrund einer Erfahrung in der Vergangenheit. Wir lassen Gelegenheiten aus, weil wir denken, nicht qualifiziert oder fähig genug zu sein, und fragen uns anschließend, woran es denn bloß liegen könnte, dass wir nicht das Leben unserer Träume führen.

Haben Sie auch schon einmal den Satz: »Ich bin nicht pessimistisch, ich bin nur realistisch« gehört? Ein geradezu klassischer Fall des Festhaltens an den eigenen Einschränkungen! Und obendrein noch nicht einmal logisch. Denn warum sollte es »realistischer« sein, sich auf Grenzen und Einschränkungen zu konzentrieren, die uns davon abhalten, uns zu verbessern? Warum stattdessen nicht die grenzenlosen Möglichkeiten in den Fokus rücken, die uns Kraft verleihen und uns an unsere Fähigkeit erinnern, das, was wir uns wünschen, auch zu erreichen? Beides ist gleichermaßen realistisch, hat aber jeweils einen entscheidend anderen Einfluss auf unsere gegenwärtige und zukünftige Lebensqualität.

Denn niemand kann wissen, was möglich ist und was nicht. Tag für Tag wird etwas, das einst für unmöglich gehalten wurde, möglich und schließlich zur Normalität. Einst hielt man es für unmöglich, dass man (oder frau) die eine Meile in unter vier Minuten laufen könnte. Das änderte sich im Jahr 1954, als der britische Mittelstreckenläufer Roger Bannister das Unmögliche möglich machte und eine Meile in drei Minuten und 59,4 Sekunden zurücklegte. 46 Tage später bereits brach John Landy den Rekord von Bannister, heute laufen Studenten die Strecke regelmäßig in unter vier Minuten.

Es sollen noch Menschen am Leben sein, die eine Zeit vor E-Mail, SMS und Fax kannten, als die Schneckenpost die bewährteste Methode war, Briefe und Geschäftsunterlagen von einer Person zur anderen zu befördern. Ich persönlich kann mich nur noch vage daran erinnern, wie es war, ohne Navi und vor allem nachts an unbekannte Orte zu gelangen. Es ist noch gar nicht so lange her, da es nicht so aussah, als hätte man uns ein Smartphone in die Handfläche getackert. Heute gibt es eine Hausangestellte namens Alexa, die Musik spielt, wenn wir das wollen, uns an Termine erinnert, Kochrezepte heraussucht, das Licht ein- und ausschaltet, online einkauft und Tausende andere Dinge tut. Noch vor wenigen Jahren kannte man das nur aus Science-Fiction-Filmen, heute ist es Realität und Alltag. Hätten die Erfinder dieser Dinge der »Logik« ihres inneren Skeptikers nachgegeben, würde unsere Welt definitiv anders aussehen.

Was die Zukunft und die Funktionsweise des Universums angeht, so übersteigt das, was wir noch nicht wissen, das, was wir wissen, wahrscheinlich um ein Vielfaches. Ein gewisses, gesundes Maß an Skepsis hinsichtlich unserer grenzenlosen Natur ist sicherlich nicht unangebracht, doch wäre ein gesundes Maß an Optimismus noch besser.

WIE SICH ALL DIESE KONFLIKTE LÖSEN LASSEN

Aber wie kommen wir nun heraus aus dem menschlichen Dilemma und erreichen grenzenlosen Erfolg in allen Bereichen unseres Lebens, wenn doch so viele Hürden vor uns liegen? Auf der Suche nach Glück und Zufriedenheit lassen sich unzählige Menschen jahrelang therapieren, geben viel Geld für Persönlichkeitscoaches aus und verbringen den Großteil ihrer Zeit damit zu verzweifeln. Ich behaupte ja nicht, dass Therapien und Persönlichkeitstrainings für die Katz wären. Im Gegenteil: Ich glaube fest an beides. Ebenso fest jedoch glaube ich an die beiden simplen, aber lebensverändernden Grundsatzentscheidungen, die Ihnen mittlerweile recht vertraut sein dürften: unerschütterlicher Glaube und unermüdlicher Einsatz.

Erinnern Sie sich noch an die Rückkopplungsschleife aus Kapitel 1? Die wird hier zum entscheidenden Prinzip.

Wenn Sie den Sprung zum berechtigten Anspruch wagen und *beschließen*, dass Sie alles verdienen, was Sie sich wünschen und wofür Sie sich anstrengen, und aktiv an Ihre grenzenlosen Möglichkeiten glauben statt an Ihre selbst auferlegten Einschränkungen, verleiht Ihnen dies die Energie und Motivation, die Sie brauchen, um mehr aus Ihrem Leben zu machen. Und je mehr Sie das tun, desto echter wird es sich anfühlen, was wiederum dazu führt, dass Sie noch mehr an sich glauben. Sie wissen, dass Sie zu allem fähig sind, weil *Sie* bestimmen, was Sie tun können und was nicht – *Sie*, nicht Ihre Vergangenheit. Auch nicht Ihre Eltern oder die Gesellschaft. Sie allein. Die genannten Grundsatzentscheidungen zu treffen und sie *über einen längeren Zeitraum hinweg* beizubehalten hilft Ihnen dabei, den Konflikt zwischen dem Wunsch, grenzenlos zu sein, und den vermeintlichen Einschränkungen zu lösen.

Diese Rückkopplungsschleife wird Sie automatisch dazu führen, greif- und sichtbarer Wunder zu vollbringen. Mir ist klar, dass Sie an dieser Stelle vielleicht mehr erwartet hätten. Zwei simple Entscheidungen sollen Sie vom menschlichen Dilemma erlösen? Von dem Dilemma, das verhindert hat, dass Sie in der Vergangenheit außergewöhnliche Erfolge erzielten? Ja. Mehr ist dazu nicht nötig. Und lassen Sie sich bloß nicht von Ihrer irrationalen Angst vor günstigen Gelegenheiten davon abhalten, das nun selbst herauszufinden.

Sie wissen jetzt, dass sich das menschliche Dilemma in vier grundlegenden Konflikten äußert, und Sie wissen auch, wie Sie diese Konflikte lösen können. Im nächsten Kapitel erfahren Sie, wie Sie sich in den für die Wunderformel optimalen emotionalen Zustand versetzen können. Ein kleiner Hinweis: Dafür müssen Sie sich von jeder negativen Emotion verabschieden, die Ihnen je im Weg stand. Aber das wird Sie nur fünf Minuten Ihrer Zeit kosten. Versprochen.

4

EMOTIONAL UNBESIEGBAR WERDEN

SO VERABSCHIEDEN SIE SICH VON JEDER NEGATIVEN EMOTION, DIE IHNEN JE IM WEG STAND

» Der Schmerz, den du jetzt erschaffst, ist immer eine Form des Nichtannehmenwollens, des unbewussten Widerstandes gegen das, was ist. Auf gedanklicher Ebene äußert sich der Widerstand in Form von Beurteilung. Auf emotionaler Ebene äußert er sich als Negativität.

– ECKHART TOLLE

Ich wette, Sie hassen ihn auch, diesen hektischen Morgen, wenn Sie ohnehin schon spät dran sind und kurz nach dem Losfahren mit dem Auto in den Verkehrsnachrichten hören, dass sich aufgrund eines Unfalls ein Riesenstau auf der Autobahn gebildet hat. Doch der Termin drängt, und da ist ein mühseliges Vorankommen Stoßstange an Stoßstange nicht gerade hilfreich. Was aber ist mit demjenigen, der vielleicht auch spät dran war und nun in diesen Unfall verwickelt ist? *Der Arme,* denken Sie dann vielleicht, *der ist noch schlechter dran als ich*. Eine Millisekunde lang hoffen Sie, dass ihm nichts weiter passiert ist, anschließend aber kehren Sie mit Ihrer

Aufmerksamkeit rasch wieder zu sich selbst und der endlosen Reihe an Problemen zurück, über die Sie sich Sorgen machen.

Oder folgende Situation: Sie freuen sich auf einen großartigen geschäftlichen Abschluss, für den Sie sich monatelang ins Zeug gelegt haben. Er wird Ihrer Firma viel Geld einbringen und dadurch deren Stand in der Branche festigen. Bislang hat sich jedes Mosaiksteinchen genau dort eingefügt, wo es hinsollte. Es fehlt nur noch der unterschriebene Vertrag. Der lässt am Tag X aber auf sich warten. Stattdessen bekommen Sie die befürchtete Mail, dass der Geschäftspartner einen Rückzieher macht. *Oh, nein!!!* Nachdem Sie die Mail zum dritten Mal gelesen haben, schließen Sie Ihre Bürotür und trauern für den Rest des Tages Ihrem verlorenen Deal nach.

Oder: Sie haben zwei Karten für ein Konzert, das Sie mit Ihrer oder Ihrem Liebsten besuchen wollen. Es ist Ihre Lieblingsband, und Sie beide freuen sich schon seit Monaten auf den Abend. Sie haben vor dem Konzert einen Tisch in einem Restaurant reserviert und sich sogar ein neues Outfit für diesen ganz besonderen Anlass gekauft. Nichts und niemand soll Sie davon abhalten, das Konzert mit Ihrem Partner zu besuchen – doch eine Woche vorher stellt sich plötzlich heraus, dass der Partner zum Zeitpunkt des Konzerts geschäftlich verreisen muss. Die folgenden Tage verbringen Sie damit, jedem, ob er es nun hören will oder nicht, von Ihrer Enttäuschung zu erzählen.

Ja, das Leben kann schon ganz schön hart sein. Es gibt so viele Aspekte, über die wir keinerlei Kontrolle haben, und dieses Gefühl mag niemand. Es gibt aber auch ein Licht am Ende des Tunnels, ein bewährtes Verfahren, das alle negativen Emotionen innerhalb von maximal fünf Minuten eliminiert. Vielleicht fragen Sie sich jetzt, was negative Emotionen mit dem Vollbringen greif- und sichtbarer Wunder zu tun haben. Wie bereits erwähnt, werden Wunder aus der Möglichkeit heraus geboren – der Vorstellung, dass für Sie alles möglich ist und dass Sie den Erfolg, für den Sie sich anstrengen, verdient haben. Ist Ihr emotionaler Zustand jedoch suboptimal, das heißt durch Stress, Angst, Sorge, Bedauern, Ärger oder ein anderes unangenehmes Gefühl gedämpft, denken Sie gar nicht darüber nach, was möglich ist. Sie basteln dann nicht an Ihren Plänen und suchen nicht nach kreativen Lösungen für Ihre Probleme. Sie haben keine Energie, weil Sie über Ihre negativen Emotionen nachgrübeln. Sie lecken gewissermaßen Ihre Wunden. Und in der Zwischenzeit zieht eine günstige Gelegenheit nach der anderen an Ihnen vorüber.

Haben Sie schon einmal darüber nachgedacht, welche Ursache jeder, wirklich jeder negativen Emotion zugrunde liegt, die Sie je empfunden haben, sei es Wut, Zorn, Frust, Traurigkeit, Kummer, Angst, Enttäuschung, Langeweile, Hass, Ärger, Scham, Schuld oder Sorge? Möglicherweise fällt Ihnen für jede negative Emotion ein anderer Grund, eine andere Ursache ein. Wir geben immer jemandem oder etwas die Schuld dafür, wie wir uns fühlen. *Ich bin wütend, weil er dies oder jenes gesagt hat. Ich ärgere mich über das, was passiert ist. Ich bin traurig, weil ich etwas oder jemanden verloren habe. Ich bin gestresst, weil ich im Moment so viel um die Ohren habe. Ich mache mir Sorgen, dass die Dinge nicht so laufen, wie ich es geplant habe.* Wir nehmen fälschlicherweise an, dass die Gründe für unseren emotionalen Schmerz an den Umständen, Situationen und Menschen hängen, die unsere Erwartungen nicht erfüllen. Nichts aber könnte weiter von der Wahrheit entfernt sein als das.

Emotionaler Schmerz und schlechte Gefühle haben weit weniger mit dem zu tun, was *um uns herum* geschieht, sondern fast ausschließlich mit dem, was *in uns* vor sich geht. Wenn Sie dieses Kapitel gelesen haben, werden Sie sich nie wieder schlecht fühlen müssen. Was Sie in diesem Kapitel lernen werden, steht im Widerspruch sowohl zur menschlichen Natur als auch zu den Konditionierungen, die für unseren

Irrglauben hinsichtlich der Ursache negativer Emotionen verantwortlich sind. Sie bekommen den Schlüssel an die Hand, emotional unbesiegbar zu werden. Das bedeutet, dass Sie in Zukunft Herr über Ihre Gefühle sind – nicht umgekehrt – und dass *Sie* entscheiden, ob Sie emotionalen Schmerz empfinden wollen oder nicht (und Ersteres kann, wie Sie noch sehen werden, durchaus der Fall sein).

VERANTWORTUNG ÜBERNEHMEN

Ich weiß, das klingt jetzt ziemlich hart, aber es muss an dieser Stelle einfach mal raus: *Jede schmerzhafte Emotion, die Sie je empfunden haben, im Moment empfinden und in Zukunft empfinden werden, war, ist und wird selbst erzeugt sein und ist absolut optional.* Und wir sprechen hier von *jedem* schmerzhaften oder auch nur unangenehmen Gefühl, das einen wie auch immer gearteten inneren Kampf in Ihnen auslöst.

Was, wenn ich Ihnen nun aber auch sagte, dass es in Ihrer Macht steht, *allen* emotionalen Schmerz aus der Vergangenheit und der Gegenwart loszulassen und ihn in Zukunft nicht mehr zu erzeugen? Oder anders ausgedrückt: Sie haben die Macht, mit dem Erzeugen negativer Emotionen aufzuhören und emotional schmerzfrei zu leben, ab heute und für den Rest Ihres Lebens. Denn nichts anderes als das bedeutet es, *emotional unbesiegbar* zu sein.

Lassen Sie mich Ihnen von der Zeit erzählen, als mir klar wurde, dass wir alle die Wahl haben, uns vollständig von negativen Emotionen zu befreien, wie schwierig die äußeren Umstände auch immer sein mögen.

* * *

Ich war gerade 20 Jahre alt, als ein Schicksalsschlag mitten in meine Welt krachte. Auf der Rückfahrt von einem Vortrag auf einer Cutco-Vertreterkonferenz hatte ich eine Frontalkollision mit einem alkoholisierten Fahrer, der mit deutlich über 100 Sachen unterwegs war, und dadurch auch eine seitliche Kollision mit einem Auto, das ähnlich schnell fuhr. Es war nicht der Wagen des betrunkenen Fahrers, sondern das zweite Auto, das gegen meine Fahrertür prallte und den wirklich großen Schaden verursachte. Zum Glück blieben die beiden anderen Fahrer größtenteils unverletzt – ein Glück, das ich nicht hatte.

Beim Aufprall des zweiten Fahrzeugs wurde meine Fahrertür in die linke Seite meines Körpers gequetscht, was mir umgehend elf Knochen brach, darunter Oberschenkelknochen, Augenhöhle und Becken, Letzteres an drei Stellen. 50 Minuten nach dem Unfall gelang es der Feuerwehr endlich, mich mit einer Rettungsschere aus meinem Ford Mustang zu schneiden, anschließend verblutete ich. Wortwörtlich, denn mein Herz setzte sechs Minuten lang mit dem Schlagen aus. Glücklicherweise belebte man mich wieder und brachte mich per Hubschrauber in ein Krankenhaus, in dem ich die darauffolgenden sechs Tage im Koma lag.

Als ich daraus erwachte, erzählten mir die Ärzte, dass ich den Rest meines Lebens vermutlich im Rollstuhl würde verbringen müssen (nicht gerade die Nachricht, die man nach dem Aufwachen gern hört). Ich konnte es nicht glauben. Eine solche Nachricht ist für jeden Menschen in jedem Alter eine Katastrophe, ich aber war gerade erst 20 und dachte: *Das kann nicht sein. Ich habe noch so viel vor, und für das meiste davon muss ich gehen können.*

Ich atmete tief durch, ließ diese erste Reflexreaktion vorüberziehen und dachte noch einmal darüber nach, was mir die Ärzte eben gesagt hatten. Und in diesem Augenblick, während ich da in meinem Krankenhausbett lag, erinnerte ich mich daran, dass es sowohl in meiner Verantwortung lag als auch im Bereich des für mich Möglichen, meine Reaktion zu bestimmen. Diese Reaktion konnte mich entweder entmutigen und entmachten *(Das ist nicht fair. Das habe ich nicht verdient. Warum ausgerechnet ich? Mein Leben ist ruiniert.)* oder ermutigen und stärken *(Ich kann es nicht ändern. Es hilft mir nicht, in dieser Situation unglücklich zu sein. Ich kann für so vieles dankbar sein. Ich entscheide, was ich aus meinem Leben mache.)*. Ich hatte die Wahl: Ich könnte mich der Realität widersetzen und an meinen negativen Gedanken und Gefühlen festhalten oder die Realität akzeptieren und mich von meinem emotionalen Schmerz befreien. Ich entschied mich für Letzteres.

Ich nahm meine neue Realität bedingungslos an: *Ich hatte einen Autounfall, bei dem ich mir elf Knochen gebrochen und einen dauerhaften Hirnschaden erlitten habe, und die Ärzte glauben, dass ich nie wieder werde gehen können.* Es dauerte nur fünf Minuten, bis ich zu dieser Akzeptanz gelangte.

Fünf Minuten? Das glaube ich nicht!, denken Sie jetzt vielleicht. Vielleicht fragen Sie sich aber auch, wie ich das gemacht habe. Nun, in den 18 Monaten vor meinem Unfall habe ich mein Gehirn unbewusst auf genau diese Situation trainiert. Ich hatte mich emotional auf *Akzeptanz* – im Gegensatz zum Widerstand – konditioniert.

DIE FÜNF-MINUTEN-REGEL

Im Krankenhaus erinnerte ich mich an etwas, das Jesse Levine, mein erster Chef bei Cutco und ein wahrer Miracle-Experte, mir ganz am Anfang beigebracht hatte: die »Fünf-Minuten-Regel«. Sie besagt etwa Folgendes: Es ist in Ordnung, sich schlecht zu fühlen, wenn etwas nicht so läuft, wie man es sich wünscht – aber nicht länger als fünf Minuten. Laut Jesse sollten wir unseren Handywecker auf fünf Minuten stellen, wenn wir einen Misserfolg, eine Enttäuschung oder etwas anderes Unangenehmes erlebt hatten; und in diesen fünf Minuten hatten wir die Erlaubnis, uns deswegen schlecht zu fühlen.

Wir durften rumzicken, jammern, heulen, uns beschweren, Dampf ablassen oder auf die Wand einschlagen – wonach auch immer uns war –, aber nur fünf Minuten lang. Diese fünf Minuten gaben uns den Raum, unsere Emotionen herauszulassen, das Zeitlimit aber verhinderte, dass wir darin verharrten, da dies nicht nur unnötig, sondern auch ungesund ist. Es hielt uns davon ab, in jenes emotionale schwarze Loch zu fallen, in dem die meisten Menschen ihre negativen Gefühle immer wieder durchleben und sich dadurch anhaltend schlecht fühlen.

Als die Handywecker klingelten, wollte Jesse, dass wir laut »Ich kann es nicht ändern« sagen. Damit erkannten wir an, dass der Widerstand gegen eine Situation, die man nicht ändern kann, sowohl zwecklos als auch schmerzhaft ist. Sich etwas Unabänderliches anders zu wünschen ist Verschwendung emotionaler Energie. Dies erzeugt ein inneres Leiden, ändert aber nichts an den äußeren Umständen, die wir im Allgemeinen als Ursache für dieses Leiden wahrnehmen.

Ich weiß noch genau, wie ich damals dachte: *Äh … fünf Minuten? Ich brauche schon etwas länger als fünf Minuten, bis mein Ärger über etwas, das schiefläuft, verraucht ist!* Doch dann wandte ich die Fünf-Minuten-Regel an. Einer meiner Kunden rief an und cancelte eine Bestellung, und sobald wir aufgelegt hatten, stellte ich den Wecker in meinem Handy auf fünf Minuten. Ich lief im Büro auf und ab, fluchte und gab mich ganz meinen negativen Gefühlen und Gedanken hin. Ich wünschte, der Kunde hätte die Bestellung nicht zurückgezogen. Da klingelte mein Handywecker. Und was geschah? Ich war immer noch sauer! *Fünf Minuten reichen einfach nicht!*, brüllte ich innerlich. Doch das nächste Mal probierte ich es wieder und das darauffolgende Mal noch einmal, und schließlich musste ich erstaunt feststellen, dass nach ein paar Wochen alles anders war.

Eines Tages stellte ich den Wecker, begann mit dem Fluchen und Auf-und-ab-Laufen, sah auf mein Handy – und hatte immer noch vier Minuten und 17 Sekunden, um mich zu ärgern. Da ich jetzt aber wusste, dass ich die Wahl hatte, ob ich der Realität Widerstand leisten oder akzeptieren wollte, was mittlerweile in der Vergangenheit lag und sich deshalb völlig meiner Kontrolle entzog, wählte ich immer häufiger die Akzeptanz. Warum sollte ich mich auch die nächsten vier Minuten ärgern, wenn ich stattdessen etwas tun könnte, das mich weiterbringt? Das war der Beginn meiner emotionalen Unbesiegbarkeit, und fortan gelang es mir, mich immer schneller für das bedingungslose Akzeptieren zu entscheiden.

Die Fünf-Minuten-Regel ist deshalb so effektiv, weil sie uns eine sehr wichtige Lektion über den emotionalen Schmerz lehrt: *Nicht die gemachte Erfahrung und die Umstände sind daran schuld, sondern einzig unsere Weigerung, das Leben so zu akzeptieren, wie es ist, und nach vorn zu sehen.* Wenn wir auf stur schalten und ständig wiederholen, dass »das einfach nicht wahr sein kann«, werden wir von schmerzhaften und unproduktiven Emotionen überschwemmt, egal ob der vermeintliche Auslöser fünf Minuten, fünf Monate oder fünf Jahrzehnte zurückliegt. Solange Sie Widerstand leisten und sich wünschen, es wäre anders, halten Sie an dem emotionalen Schmerz fest. In dem Augenblick aber, in dem Sie akzeptieren, sind Sie frei.

* * *

Im Krankenhaus also gab ich mir exakt fünf Minuten, um das, was passiert war, nicht fassen zu können. Dann erinnerte ich mich daran, dass ich es nicht ändern konnte, weshalb jeglicher Widerstand zweck- und sinnlos war. Und so traf ich die bewusste Entscheidung, es zu akzeptieren, und zwar voll und ganz. Innerhalb von fünf Minuten. Wenn Sie jetzt denken: *Leichter gesagt als getan*, dann haben Sie absolut recht. Alles, was neu für uns ist, ist leichter gesagt als getan. Ich hatte die Fünf-Minuten-Regel damals aber schon seit anderthalb Jahren praktiziert und konnte deshalb relativ schnell auf sie zurückgreifen. Und selbst wenn ich fünf Stunden oder fünf Tage gebraucht hätte – die Entscheidung, die Umstände so zu akzeptieren, wie sie nun einmal waren, war viel besser für mich, als wenn ich mir immer nur gewünscht hätte, der Unfall wäre nie passiert, und es ihm so erlaubt hätte, mich für den Rest meines Lebens negativ zu beeinflussen.

In den darauffolgenden Tagen dachte ich über meine neue Realität nach. Wie sich ein Leben im Rollstuhl wohl anfühlte und wie ich in Zukunft in ein Auto hinein- und wieder herauskäme. Wie ich weiter meinem Beruf nachgehen könnte. Wie ich ausgehen könnte. Solche Sachen. Und ich kam immer wieder zu demselben Schluss: *Ich kann für so vieles dankbar sein und ich entscheide, was ich aus meinem Leben mache.*

GLÜCKLICHSEIN IST ETWAS ANDERES

Natürlich muss ich eins an dieser Stelle klarstellen: *Glücklich* machte mich die Aussicht darauf, den Rest meines Lebens im Rollstuhl zu verbringen, nicht; ich hatte jedoch meinen *Frieden* mit der Tatsache gemacht, dass dies durchaus im Bereich des Möglichen lag. Das ist ein enormer Unterschied.

Viele Philosophien nennen Glück als unser oberstes Ziel. Glück ist sicherlich etwas Schönes – ich bin gern glücklich. Trotzdem aber ist Glück ein Gefühl, und Gefühle sind flüchtig. Sie waren doch sicher auch schon einmal glücklich, und plötzlich hat ein unangenehmes Gespräch das geändert. Sie können also in einem Augenblick glücklich sein und im nächsten schon nicht mehr. Vielleicht ist Glück am Ende doch nicht der Weisheit letzter Schluss.

Wenn etwas Unerwünschtes geschieht, bedeutet, es zu akzeptieren, nicht, dass Sie nun glücklich sind. Ich persönlich jedenfalls war es nicht, als ich diesen Unfall hatte und man mir sagte, dass ich wahrscheinlich nie wieder würde laufen können.

Ich war auch nicht glücklich, als ich später die Diagnose Krebs und obendrein noch eine ausgesprochen düstere Prognose bekam. Es macht mich nicht glücklich, wenn ich auf dem Weg zu einer wichtigen Verabredung im Stau stehe. Doch zum Glück (!) schenkt uns die Akzeptanz etwas, das viel wertvoller ist.

Es gibt zwei Arten von Emotionen: *positiv* und *negativ* aufgeladene. Positiv aufgeladene Emotionen wie Glück, Freude, Aufregung, Dankbarkeit, Liebe und dergleichen mehr erzeugen eine angenehme Energie in uns, die dafür sorgt, dass wir uns gut fühlen. Dagegen erzeugen negativ aufgeladene Emotionen wie Angst, Wut, Eifersucht, Bedauern und Ärger eine unangenehme Energie in uns, die dafür sorgt, dass wir uns schlecht fühlen. Und im Raum zwischen positiv und negativ aufgeladenen Emotionen liegt das, was man *inneren Frieden* nennt – das wirklich Erstrebenswerte. Innerer Frieden ist kein Gefühl. Innerer Frieden ist ein Seinszustand. Er ist überhaupt nicht emotional aufgeladen, weder positiv noch negativ. Er ist neutral.

Innerer Frieden ist eine Bewusstseinsebene oder, genauer, ein *bewusstes Gewahrsein*, der Raum, von dem aus wir in jedem beliebigen Augenblick wählen können, wie wir uns fühlen. Innerer Frieden verleiht uns die emotionale Freiheit zu erschaffen, was immer wir wollen, er ist der Ort, an dem das Vollbringen von Wundern beginnt. Zu diesem unerschütterlichen Seinszustand haben Sie jederzeit Zugang, und der Schlüssel dazu ist das Annehmen, die Akzeptanz. Er hängt allein von unserer Bereitschaft ab, die Entscheidung zu treffen, alles im Leben, das wir nicht ändern können und das außerhalb unseres Einflussbereichs liegt, bedingungslos zu akzeptieren. Anders ausgedrückt: Die Akzeptanz öffnet uns die Tür, emotional unbesiegbar zu werden. Als ich akzeptierte, was ich nicht ändern konnte – den Autounfall, die gebrochenen Knochen, den Hirnschaden, den Aufenthalt im Krankenhaus, die Möglichkeit, nie wieder gehen zu können, ganz zu schweigen von den Narben, die mir im Gesicht, am Arm, am Oberkörper sowie am Bein bleiben würden, und vielem mehr –, gewann ich inneren Frieden und befreite mich dadurch von jeglichem selbst geschaffenem emotionalem Schmerz. Durch die Akzeptanz, durch das Loslassen jeglichen Widerstands und unnötigen Schmerzes gewann ich den Raum, den ich brauchte, um all meine Energie darauf zu konzentrieren, was ich ändern *konnte*, und um mir trotz der nicht gewollten und unvorstellbaren neuen Umstände das bestmögliche Leben zu erschaffen.

* * *

Offensichtlich ist das nicht die gängige Art und Weise, mit der Unfallopfer Neuigkeiten, wie ich sie bekommen hatte, begegnen. Zumindest nicht, wenn man meinen Ärzten damals glauben darf. Die Reaktion der meisten Menschen besteht in automatischem Widerstand, sie sehen das, was fehlt. Sie halten krampfhaft an der bisherigen Vorstellung von ihrem Leben fest – dem Leben, das sie ihrer Meinung nach führen sollten – und lassen sich von ihren negativen Emotionen auffressen. Eine solche Reaktion gilt als »normal«. Wie in Kapitel 3 erwähnt, ist unser Gehirn darauf programmiert, die Umgebung nach Gefahren abzusuchen und sich darauf zu konzentrieren. Jedes Mal, wenn etwas geschieht, das außerhalb unserer persönlichen Erwartungen liegt, gleiten wir mehr oder weniger automatisch in einen negativen emotionalen Zustand. Und ich denke, wir sind uns einig: Wenn jemand einen Freifahrtschein ins Reich der negativen Emotionen verdient hat, dann doch wohl jemand, der gerade eine Frontalkollision mit einem betrunkenen Fahrer hatte und gesagt bekommt, dass er sich schon mal an den Rollstuhl gewöhnen kann.

Während ich meiner neuen Realität also schon ein Stück nähergekommen war, steckten meine Ärzte immer noch in dem alten Denkmuster fest, wie die meisten anderen Patienten traumatische Erlebnisse verarbeiten. Meine Eltern wurden etwa drei Wochen nach meinem Unfall und rund eine Woche, nachdem ich aus dem Koma aufgewacht war, im Krankenhaus von meinem Psychiater Dr. Lebby empfangen und in sein Büro gebeten.

»Hallo Mark, hallo Julie. Danke, dass Sie gekommen sind. Ich möchte Sie darüber informieren, wie es Hal inzwischen geht, sowohl körperlich als auch geistig und emotional«, begann er das Gespräch, als meine Eltern ihm gegenüber Platz genommen hatten. Physisch ginge es mir gut, führte er aus. »Ich weiß, die letzten Wochen waren für Sie und Hal einfach unvorstellbar. Aber ich glaube, dass er das Schlimmste überstanden hat, und sehe keinen Grund, warum er kein langes, gesundes Leben führen sollte.«

Meine Mutter begann zu weinen, und auch in den Augen meines Vaters stiegen Tränen auf. Er legte ihr den Arm um die Schultern und drückte sie.

»Eine Sache aber«, fuhr Dr. Lebby fort, »macht uns Sorgen, und wir hoffen, dass Sie uns dabei helfen können. Was seinen geistigen und emotionalen Zustand angeht, befindet sich Hal, so glauben wir, in einer Phase des Leugnens.« Dr. Lebby begründete seine Vermutung damit, dass ich *jedes Mal* einen absolut aufgeräumten Eindruck machte, wenn er oder ein anderer Mitarbeiter des Krankenhauses mit mir sprach. Ich machte Witze und brachte sie zum Lachen. »Ich arbeite nun schon seit vielen Jahren mit Unfallopfern«, erläuterte Dr. Lebby weiter, »und habe immer wieder erlebt, dass sich Menschen, denen etwas wirklich Traumatisches zugestoßen ist, ebenso wie Hal weigern, sich der neuen Situation zu stellen. Ich denke, dass Hal schmerzhafte Gefühle wie Trauer, Angst, Wut oder Depressionen unterdrückt.« Vielleicht tat ich das bewusst, so Dr. Lebby, weil ich die Gefühle nicht fühlen wollte. Vielleicht tat ich es aber auch völlig unbewusst. »Doch wie dem auch sei, früher oder später finden diese Emotionen ihren Weg ans

Tageslicht, und irgendwann muss sich Hal der Realität stellen. Es wäre besser, wenn das schon hier im Krankenhaus passieren würde, wo wir ein Auge auf ihn haben und ihm helfen können, sich mit seinen schmerzhaften Emotionen auszusöhnen. Wenn er damit allein ist, könnte das zu Depressionen oder Schlimmerem führen.«

Meine Eltern hatten bisher den Eindruck gehabt, dass ich meinen Unfall mit einer echten positiven Einstellung verarbeitete. Und jetzt mussten sie erfahren, dass diese Positivität vielleicht trog. Sie setzten sich aufrechter auf ihren Stuhl.

»Was meinen Sie mit ›Schlimmerem‹?«, fragte mein Vater.

»Es kommt bei Unfallopfern häufiger vor, dass sie mit Süchten auf ihr Trauma reagieren, um sich von ihrem emotionalen Schmerz abzulenken oder vorübergehend Erleichterung zu verschaffen. Hier wäre Drogen- oder Alkoholmissbrauch zu nennen. Aber auch die Selbstmordraten sind bei Unfallopfern signifikant höher.« Dr. Lebby wollte damit nicht andeuten, dass es für mich so kommen musste, er hielt es nur für besser, dass ich mich noch im Krankenhaus meinen Gefühlen stellte, damit die Ärzte mir bei der Verarbeitung helfen konnten.

»Und wie können wir Hal nun dabei helfen, sich den Emotionen, die er Ihrer Meinung nach unterdrückt, zu öffnen?«, fragte meine Mutter.

Dr. Lebby bat sie, mit mir zu sprechen und herauszufinden, wie ich mich *wirklich* fühlte. Sie sollten mir versichern, dass es ganz normal war, in einer solchen Situation traurig, ängstlich, wütend oder sogar depressiv zu sein. Ich sollte wissen, dass das Krankenhaus ein sicherer Ort war, um diesen Gefühlen Ausdruck zu verleihen.

Etwas später kam mein Vater zu mir in mein Zimmer. Ich saß in einem überdimensionalen Krankenhauskittel im Bett und sah mir *Oprah* auf dem an die Wand montierten 28-Zoll-Krankenhaus-Fernseher an. Als ich das gezwungene Lächeln auf seinem geröteten Gesicht und die geröteten, geschwollenen

Augen sah, hatte ich augenblicklich das Gefühl, dass hier etwas nicht stimmte.

»Wie geht's dir, Hal?«, fragte er und setzte sich zu mir ans Bett.

»Gut, Dad. Wieso? Was ist los?« Ich versuchte, im Gesicht meines Vaters zu lesen, was kommen würde.

Mein Vater antwortete, er wisse, dass es mir vor Besuchern immer gut gehe, aber nicht, wie es mir *wirklich* ging, wenn ich allein war. War ich traurig? Hatte ich Angst? War ich wütend? Oder deprimiert?

Ich hörte ihm zu und nickte, obwohl mich seine Fragen überraschten.

Er erzählte mir von dem Gespräch mit dem Arzt und erklärte, er verstehe es voll und ganz, wenn mir die Möglichkeit, nie wieder gehen zu können, Angst machte, wenn ich deprimiert wegen des Unfalls oder wütend auf den betrunkenen Fahrer war. Alles, was ich fühlte, sei absolut normal. Es war sogar gut, dass ich fühlte, was ich fühlte.

Ich dachte einen Augenblick lang still über seine Fragen nach. *Bin ich traurig … verängstigt … wütend … oder deprimiert? Leugne und verberge ich diese schmerzhaften Gefühle, die nach Meinung der Ärzte »normal« sind für jemanden in meiner Situation?*

Da ich die letzten sechs Tage seit dem Erwachen aus dem Koma damit verbracht hatte, meine neue Realität zu verarbeiten, brauchte ich nicht lange, um meinem Dad zu sagen, was wirklich in mir vorging.

»Dad, du müsstest mich eigentlich besser kennen.«

Mein Vater zog eine Augenbraue hoch, sagte aber nichts.

»Du weißt, dass ich nach der Fünf-Minuten-Regel lebe, stimmt's?«

Mein Vater nickte. »Klar, du hast davon erzählt.«

»Tja, inzwischen sind fast zwei Wochen um, also deutlich mehr als fünf Minuten.«

Mein Vater kicherte. Ich fuhr fort: »Ich fühle mich nicht schlecht wegen etwas, das ich nicht ändern kann. Ich habe mich entschieden, dankbar zu sein. Wenn ich mir die Bilder von meinem zerknüllten Ford Mustang ansehe, bin ich dankbar, am Leben zu sein! Ich glaube, dass alles, was geschieht, aus einem bestimmten Grund geschieht, aber ich glaube auch, dass es in unserer Verantwortung liegt zu entscheiden, welche Gründe das sind. Es liegt jetzt an mir herauszufinden, was ich aus der Erfahrung lernen und wie ich sie positiv nutzen kann.«

Ich versicherte meinem Dad, dass das nichts mit Leugnen zu tun hatte. Im Gegenteil: Statt sie zu leugnen, hatte ich meine Realität – Vergangenheit, Gegenwart und Zukunft – vollständig akzeptiert, damit sie meinen emotionalen Zustand nicht mehr kontrollierte. Sollten die Ärzte recht behalten und ich nie wieder gehen können, hatte ich die Wahl, deswegen in Depressionen zu verfallen oder dankbar für das zu sein, was ich noch hatte. Das änderte nichts an der Tatsache des Rollstuhls. »Ich habe das als Möglichkeit bereits akzeptiert und beschlossen, dass wenn ich schon für den Rest meines Lebens im Rollstuhl sitzen müsste, ich wenigstens der glücklichste und dankbarste Mensch sein könnte, den man je in einem Rollstuhl gesehen hat!«

Außerdem war es ebenso möglich, wenn auch nicht wahrscheinlich, *dass* ich wieder würde gehen können. Wohlgemerkt: Das hatte weder etwas mit Widerstand noch mit Leugnen zu tun. Ich hielt das Wieder-gehen-Können lediglich für eine Möglichkeit, auf die die Ärzte nicht kamen, weil die Chancen dafür nicht gerade gut standen. Ich wusste noch nicht genau wie, war aber bereit, alles daran zu setzen, dass mein Ziel, wieder gehen zu können, zunächst möglich, dann wahrscheinlich und schließlich unausweichlich werden würde.

Ich stellte mir vor, wieder gehen zu können. Ich betete dafür. Ich dachte darüber nach. Ich sprach darüber. Ich glaubte unerschütterlich daran, dass es noch immer möglich war. Und ich ging jeden Tag eisern zur Physiotherapie. Wenn mir der Physiotherapeut dann sagte, wir seien fertig für heute, bat ich ihn und bestand manchmal sogar darauf, dass wir noch ein bisschen weitermachten. Das war mein unermüdlicher Einsatz. Und siehe da: Rund drei Wochen nach meinem Unfall geschah ein Wunder. Die Ärzte standen mit Röntgenaufnahmen von meinem gebrochenen Bein und Becken vor mir und erklärten mir und meinen Eltern, dass sie zwar auch nicht wüssten, wie, aber dass sich mein Körper in den drei Wochen seit dem Unfall erholt hätte – so weit erholt, dass ich *noch heute* die ersten Schritte wagen könne. Und das tat ich dann auch.

Ich glaube, ich weiß, wie. Ich hatte vollkommen akzeptiert, was ich nicht ändern konnte, und das wiederum hatte mich von allem emotionalen Schmerz befreit und es mir ermöglicht, meine Energie auf das, was ich wollte, zu konzentrieren. Die bedingungslose Akzeptanz hatte mich emotional unbesiegbar gemacht, was mir dabei half, das greif- und sichtbare Wunder zu vollbringen, wieder gehen zu können.

EMOTIONALEN SCHMERZ AUS VERGANGENHEIT, GEGENWART UND ZUKUNFT LOSLASSEN

Viele Menschen, die ich gecoacht oder mit denen ich nach meinen Vorträgen gesprochen habe, verstehen das Konzept intellektuell durchaus, sind sich aber nicht schlüssig, ob es auch für sie funktionieren könnte. Für sie ist der emotionale Schmerz zur Norm geworden. Sie fragen sich: *Wie um alles in der Welt sollte ich diese furchtbare Situation, in der ich mich befinde, akzeptieren können?* Dabei ziehen sie die Schultern bis zu den Ohren hinauf, und ihr Blick ist trüb. Dann weiß ich, dass die Situation für sie wirklich furchtbar sein muss und dass sie wirklich zu kämpfen haben. Ihr Schmerz reicht tief.

Ich erkläre ihnen dann, dass es nur eine Ursache für emotionalen Schmerz gibt, die in einem Wort zusammengefasst werden kann: *Widerstand*. Vereinfacht ausgedrückt, kann man sagen: *Jeglicher emotionaler Schmerz, den wir je erlitten haben, den wir augenblicklich erleiden oder den wir in Zukunft erleiden werden, ist selbst erzeugt und liegt in unserem Widerstand der Realität gegenüber begründet.* In der Regel zeigt sich dieser Widerstand als Wünschen oder Wollen, dass etwas anders ist, was es aber gar nicht sein kann. Dass etwas in der Vergangenheit geschehen oder nicht geschehen wäre, dass die Gegenwart anders wäre, als sie ist, dass etwas in der Zukunft geschehen oder nicht geschehen könnte. Und es ist der Grad an Widerstand gegenüber der Realität – wie sehr wir uns wünschen, dass etwas außerhalb unseres Einflussbereichs anders wäre –, der das Ausmaß des emotionalen Schmerzes bestimmt.

Nehmen wir beispielsweise einmal an, Sie stünden in einer langen Schlange an der Supermarktkasse, müssten danach aber noch wohin. Dann wäre Ihr Widerstand gegenüber der Realität – der Geschwindigkeit des Kassierers oder der Kassiererin – relativ gering, und dementsprechend milde würden auch Ihre negativen Emotionen ausfallen. So würden Sie sich etwa ärgern, Sie würden ungeduldig oder Sie wären frustriert. Stellen wir uns nun eine Situation am anderen Ende des Spektrums vor: Sie haben unerwarteterweise Ihren Job verloren, der Ihnen und Ihrer Familie finanzielle Sicherheit verschaffte, und Sie konnten keine Rücklagen bilden. In dieser Situation wäre Ihr Widerstand gegen die Realität sicherlich viel größer, und die daraus resultierenden negativen Gefühle wären vielleicht Wut, Zorn, Hoffnungslosigkeit und Angst vor dem Unbekannten.

Unabhängig vom Ausmaß des emotionalen Schmerzes oder Unbehagens halten wir in beiden theoretischen Beispielen die Situation für den Auslöser des Schmerzes – fälschlicherweise. Denn die Ursache ist tatsächlich nie die Situation, der Umstand oder das Ereignis, sondern unser Widerstand dagegen. Das sieht man schon daran, dass zwei Menschen völlig unterschiedlich auf ein und dieselbe Tragödie reagieren können.

Während sich der eine der Realität widersetzt und die Tragödie für das Schlimmste hält, das ihm je widerfahren ist, akzeptiert der andere das Geschehene und beschließt, daraus zu lernen, daran zu wachsen und sich gerade *aufgrund* der Tragödie zu einem besseren Menschen zu entwickeln. Eine Tragödie, zwei verschiedene Reaktionen und damit zwei sehr verschiedene emotionale Erfahrungen.

Die einzige Möglichkeit, nie wieder ungewollten emotionalen Schmerz zu erleiden, besteht darin, die bewusste Entscheidung zu treffen, alles, was geschehen ist und geschehen wird, zu akzeptieren. Das gilt sogar für den eigenen Tod. Wie viele andere so hatte auch ich große Angst vor dem Sterben. Bis mir klar wurde, wie zwecklos es war, sich vor etwas zu fürchten, das schlichtweg unausweichlich ist. Geburt und Tod sind gewissermaßen die beiden Seiten einer Medaille. Indem wir alles akzeptieren, was wir nicht ändern können – und der Tod gehört definitiv in diese Kategorie –, machen wir uns selbst das allergrößte Geschenk: Frieden zu schließen mit dem Leben, so wie es ist, statt zu leiden, weil man sich das Unabänderliche, sei es Vergangenheit, Gegenwart oder Zukunft, anders wünscht. Und denken Sie daran: Das, was Sie nicht ändern können, muss Sie nicht *glücklich* machen. Sie können es jedoch akzeptieren, Ihren Frieden damit schließen und so für den Rest Ihres Lebens unnötigen emotionalen Schmerz vermeiden.

Die Macht der Akzeptanz

Zu Beginn meiner Vortragskarriere sprach ich überwiegend auf dem Campus von Universitäten. Und zwei Wochen nach einem dieser Vorträge in Toronto erhielt ich eine Mail von Devon Taylor; die 27-Jährige hatte sich diesen Vortrag angehört. An die Mail angehängt war ein

Foto von ihrem Handgelenk mit einem Tattoo, das sie sich am Tag des Vortrags hatte stechen lassen. Es bestand aus nur drei Worten: CAN'T CHANGE IT – ich kann es nicht ändern, der Lektion meines Vortrags. Ihre Mail rührte mich zutiefst und öffnete mir erneut die Augen, wie groß die Macht der Akzeptanz ist.

Sie hatte sich das Tattoo an jenem Tag stechen lassen, weil es der zehnte Todestag ihres Vaters gewesen war. Devon war seit dem Tod ihres Vaters deprimiert gewesen, sie hatte immer mal wieder eine Therapie begonnen und wieder abgebrochen und auch Antidepressiva genommen. Sie hatte geglaubt, die Depression sei eine direkte Folge des Todes ihres Vaters gewesen, und ihr gesamtes Umfeld hatte sie in diesem Glauben bestärkt. Sätze wie: »Du Arme. Ich kann mir nicht auch nur annähernd vorstellen, was du durchmachst.« hatten ihr suggeriert, dass sie sich deprimiert fühlen *müsse*, auch noch Jahre nach dem Ereignis.

Als Devon mich jedoch über Akzeptanz, die Fünf-Minuten-Regel und das »Can't change it«-Mantra hatte sprechen hören, begann sie, darüber nachzudenken, ob der Grund für ihre Depression vielleicht *nicht* der Tod ihres Vaters war – vielleicht war die Ursache dafür vielmehr die Weigerung zu akzeptieren, dass er nicht mehr da war. Niemand hatte ihr je gesagt, dass sie sich bewusst dafür entscheiden konnte, den Tod ihres Vaters zu akzeptieren, den Wunsch, dass er noch am Leben wäre, ruhen zu lassen, und sich damit selbst Frieden zu schenken.

In den beiden Wochen seit meinem Vortrag, so schrieb Devon, sei sie das erste Mal seit zehn Jahren nicht depressiv gewesen. Jedes Mal, wenn sich die vertrauten schmerzhaften Gefühle wieder einschleichen wollten, hatte sie innegehalten, tief durchgeatmet, laut gesagt: »Can't change it« – ich kann es nicht ändern – und statt

Schmerz Frieden gewählt. Das Tattoo sollte sie immer daran erinnern, dass der Tod ihres Vaters ihr keine emotionalen Schmerzen mehr bereiten sollte. Stattdessen wollte sie mit tiefer Dankbarkeit an die gemeinsame Zeit denken, die ihnen geschenkt war.

DINGE, ÜBER DIE ES SICH NACHZUDENKEN LOHNT

Wir können eine Erfahrung nicht sofort als »gut« oder »schlecht« einschätzen. Unser Widerstand gegen die Realität beginnt mit der Interpretation einer Erfahrung, und es sind im Allgemeinen die »schlechten« Erfahrungen, die zu akzeptieren wir uns weigern. Oft ist es jedoch unmöglich, während oder unmittelbar nach einer Erfahrung, diese als »gut« oder »schlecht« einzustufen. Häufig stellen sich die größten Widrigkeiten später als unsere wichtigsten Lektionen heraus, die unser persönliches Wachstum am meisten fördern. Für mich war der Autounfall immer eines der besten Dinge, die mir je hätten passieren können, weil er mich stärker gemacht hat und der Katalysator für mein Leben als Autor und Redner war. Dasselbe gilt für meine Krebsdiagnose. Ich weiß noch, wie ich damals zu meiner Frau Ursula sagte: »Das ist jetzt das neue Beste, das mir je hätte passieren können.« Meist können wir den Wert schwieriger Lebenssituationen erst nach einiger Zeit, nach einigem Nachdenken und in der Rückschau erkennen. So kann es beispielweise vorkommen, dass wir uns wochen-, monate- oder sogar jahrelang quälen, weil eine Beziehung in die Brüche gegangen ist, schließlich aber die Liebe unseres Lebens finden und froh sind, dafür frei zu sein. Hinterher ist man immer klüger, heißt es. Stimmt. Doch warum jetzt leiden und bis weit in die Zukunft hinein warten, um von den Schwierigkeiten der Gegenwart zu lernen und an ihnen zu wachsen? Die bedingungslose Akzeptanz verschafft Ihnen den Raum und die

Freiheit, mit Ihren Schwierigkeiten Frieden zu schließen – umgehend (oder wenigstens innerhalb von fünf Minuten).

Es gibt keine Probleme. Das Wort »Problem« ist nichts anderes als ein Etikett für eine bestimmte Situation. Deshalb gibt es Situationen, die zu Problemen werden können – aber nur wenn wir sie als solche betrachten. Wir können jede beliebige Situation entweder als Problem oder als Chance oder irgendwas anderes einstufen. Das verliehene Etikett formt unsere Wahrnehmung und das Erleben der besagten Situation. Wer gern Stress hat und sich das Leben schwerer machen möchte, als es ohnehin schon ist, muss allen unangenehmen Situationen lediglich den Stempel »Problem« aufdrücken und diese auf die bereits existierenden Schwierigkeiten stapeln. Damit sind Sie dann allerdings zu beschäftigt, um ein 10-Punkte-Leben führen zu können.

Emotionen sind von sich aus weder »gut« noch »schlecht«. Emotionen sind in erster Linie erst einmal Folgendes: unvermeidbar. Wir sind Menschen, und Menschen sind emotionale Wesen. Tut Ihnen jemand unrecht, macht Sie das zunächst vermutlich wütend oder traurig oder Sie sind von der betreffenden Person enttäuscht. Wenn jemand, den Sie lieben, stirbt, sind Sie mit ziemlicher Sicherheit traurig oder gar verzweifelt oder verspüren ein allgemeines Gefühl des Verlusts. All diese Emotionen sind ganz natürlich. Und unser Ziel besteht mitnichten darin, negative Emotionen zu eliminieren, sondern unsere Einstellung ihnen gegenüber zu ändern.

Unsere anfänglichen Emotionen sind nicht das Problem – erst was wir daraus machen, entscheidet darüber, ob sie gut oder schlecht für uns sind. Gut ist es, negative Emotionen nach bestimmten Erfahrungen zu akzeptieren, Frieden mit ihnen zu schließen und dann weiterzumachen. Dem steht jedoch unser Hang zu beurteilen, zu bewerten sowie anhaltend Widerstand zu leisten entgegen. Widersetzen wir uns der Realität, wird emotionaler Schmerz ausgelöst; bewerten wir die Emotion dann aber auch noch als »falsch« und hält der Widerstand an, bleiben wir in der negativen Emotion stecken und verharren damit im Schmerz. Wir wechseln zwischen Bewertung und Widerstand hin und her. Und das verletzt uns emotional.

Bewerten wir Emotionen als »schlecht« oder »falsch«, verstärken wir die Wirkung, die sie auf uns haben. Sind Sie auch schon einmal morgens aufgewacht und waren traurig, obwohl Sie keinen bestimmten Anlass dazu hatten? Und haben Sie dann auch Ihre innere Stimme gehört, die sagte: *Warum fühle ich mich so? Da muss etwas nicht stimmen.* Und bevor Sie es sich versehen, ist aus dem Augenblick der Traurigkeit beinahe ein Nervenzusammenbruch geworden. *Vielleicht bin ich depressiv!* Je mehr wir uns auf ein Gefühl konzentrieren und uns dafür schelten, desto schlechter geht es uns.

Wir sollten negativ aufgeladene Emotionen nicht als Feinde betrachten. Jede Emotion hat ihren Wert. Verlieren wir etwas oder jemanden, das oder der uns am Herzen liegt, sind Traurigkeit und Trauer nicht nur ganz natürliche Reaktionen, diese Gefühle sind auch gesund. Manchmal ist es gut, sich wegen einer getroffenen Entscheidung schlecht zu fühlen, weil das sicherstellt, dass man diese Entscheidung nicht noch einmal treffen wird. Wichtig ist aber, dass Sie die Kontrolle über Ihren emotionalen Zustand behalten, statt zuzulassen, dass die Umstände und Ereignisse, die außerhalb Ihrer Kontrolle liegen, Ihren emotionalen Zustand bestimmen.

Wünschen Sie sich kein perfektes Leben morgen. Nehmen Sie die Perfektion Ihres Lebens heute wahr. Viele Menschen streben nach Perfektion (ich bin einer davon) und messen die Realität dann an der Vision, die sie von der Realität haben. Auch das ist eine Form des Widerstands. Wir konzentrieren uns auf den Mangel, lehnen die eigentliche Realität zugunsten einer als perfekt erachteten Realität ab und erzeugen so emotionalen Schmerz. Sie könnten es genauso gut aber auch so sehen: *Mein Leben ist perfekt, so wie es ist, jetzt.* Als ich Krebs hatte und das schwierigste Jahr meines Lebens durchmachte, wurden die folgenden Sätze zu einem meiner Lieblingsmantras: *Mein Leben ist immer perfekt. Ich bin immer genau dort, wo ich sein muss, um die Lektionen zu lernen, die es mir ermöglichen, alles, was ich mir im Leben wünsche, zu erreichen.* An der Diagnose konnte ich nichts ändern, also beschloss ich, sie zu akzeptieren, meinen Frieden mit ihr zu machen und in der schwierigsten Phase meines Lebens zum glücklichsten und dankbarsten Menschen, den ich mir nur vorstellen konnte, zu werden. Ich beschloss, die Diagnose und die Lektionen, die ihr unweigerlich folgen würden, als Teil eines perfekten Lebens zu betrachten. Und das können Sie auch, wie schwierig Ihre Lebenssituation momentan auch sein mag.

* * *

Wenn ich Menschen die Geschichte von meinem Autounfall erzähle und wie ich die Ereignisse von meinem Krankenhausbett aus akzeptierte, sind sie meist skeptisch oder überrascht, dass ich nicht zumindest wütend auf den betrunkenen Fahrer bin. »Wie konnten Sie ihn nicht dafür hassen, was er Ihnen angetan hat?«, werde ich oft gefragt. Manche Menschen sind sogar wütend *für mich*. Aber ich hasse den Fahrer nicht und verspüre ihm gegenüber auch keine anderen negativen Gefühle. Wenn überhaupt, dann empfand und empfinde ich Empathie.

Ich weiß ja überhaupt nichts über sein Leben. Wer weiß, ob ich in dieser Nacht nicht auch betrunken Auto gefahren wäre, wenn ich in seiner Haut gesteckt hätte? Es ist leicht, vom eigenen Standpunkt aus über andere zu urteilen. Denken Sie doch einmal an eine Person, über die Sie sich ärgern oder geärgert haben. Wenn Sie ihr Leben geführt hätten, über ihren Intellekt verfügten, von ihren Eltern erzogen und von ihren Freunden beeinflusst worden wären – wäre es dann nicht höchstwahrscheinlich, dass Sie genauso denken und handeln würden wie die betreffende Person? Wer so denkt, kann Vorurteil durch Empathie ersetzen, wer so denkt, kann alle Menschen bedingungslos lieben. Sie akzeptieren, wie sie sind, und ihnen dabei gleichzeitig Raum schaffen, sich zur besten Version ihrer selbst zu entwickeln.

Eine weitere Frage, die mir häufig gestellt wird, ist die: *Wie weiß ich, was ich ändern kann und was nicht?* Die einfache Antwort darauf lautet: *Wir können auf keinen Fall ändern, was bereits geschehen ist.* Wir können lediglich unser Verhalten jetzt ändern, was dann wiederum die Zukunft verändern wird. Vergangenheit und gegenwärtige Umstände sind fix. Nur die Zukunft ist formbar.

Sie können nicht rückgängig machen, dass Ihr Keller überflutet wurde. Sie können den Blechschaden an Ihrem Auto nicht rückgängig machen. Sie können nicht zurücknehmen, was Sie einmal gesagt haben. Was geschehen ist, ist geschehen, und Sie können nicht in der Zeit zurückreisen und es ungeschehen machen. Es sei denn natürlich, Sie heißen Marty McFly und fahren einen DeLorean.

Wer die Vergangenheit bedingungslos akzeptiert, befreit sich damit von Groll, Bedauern, Wut, Schuld und jeder anderen negativen Emotion, die der innere Widerstand erzeugt hat. Wenn Sie jedes unbekannte Ereignis, das Ihnen eines Tages widerfahren wird, akzeptieren – also das Leben akzeptieren, bevor es geschieht –, befreien Sie sich damit von Angst, Sorge und jeder anderen völlig unnötigen Form des emotionalen Schmerzes.

Um sich selbst inneren Frieden zu schenken und emotional unbesiegbar zu werden, müssen Sie jeglichen inneren Widerstand gegenüber dem, was geschehen ist oder geschehen wird, aufgeben, wie schmerzhaft das Ereignis auch gewesen sein mochte und wie beängstigend auch immer es sein mag. Das schaffen Sie, indem Sie die Realität, so wie sie ist, voll und ganz akzeptieren. Und hier noch einmal die drei Techniken, die Ihnen dabei helfen:

1. **Die Fünf-Minuten-Regel** Geben Sie sich selbst fünf Minuten (stellen Sie einen Wecker!), in denen Sie Ihre Emotionen ausleben. Treten Sie um sich, schreien Sie, weinen Sie, jammern Sie – was auch immer nötig ist, um Ihren Gefühlen Ausdruck zu verleihen. Sobald jedoch der Wecker klingelt, akzeptieren Sie die Situation, indem Sie die folgenden machtvollen Worte sprechen …

2. **Das »Ich kann es nicht ändern«-Mantra** Denken Sie daran: Was geschehen ist, können Sie nicht ungeschehen machen, ob dies nun fünf Minuten, fünf Monate oder fünf Jahrzehnte her ist. Folglich ist es auch sinnlos, sich zu wünschen, man könne es ändern. Sie können die Vergangenheit nicht ungeschehen machen und ebenso wenig können Sie Unabänderliches in Gegenwart und Zukunft ändern. Und wenn Sie eine Situation nicht ändern können, wird der Widerstand dagegen nur noch mehr unnötigen emotionalen Schmerz erzeugen. Es steht in unserer Macht, diesen Schmerz zu beenden beziehungsweise ihn gar nicht erst entstehen zu lassen.

Vielleicht müssen Sie die ersten beiden Schritte einige Male wiederholen, um Ihre emotionalen Muster zu durchbrechen.

3. **Das Leben akzeptieren, bevor es geschieht** Akzeptanz zu entwickeln fällt uns viel leichter, wenn wir die beiden oben genannten Schritte schon für einige Zeit praktiziert haben. Nun, da Sie wissen, dass jeglicher emotionaler Schmerz selbst erzeugt und freiwillig gewählt ist, können Sie ihm durch den bewussten Entschluss vorbeugen, dass Sie sich

> ab sofort dem, was Sie nicht ändern können, nicht mehr widersetzen werden. Wir müssen nicht emotional leiden, um dann zurückzublicken und festzustellen, dass dies völlig unnötig war. Warten Sie nicht auf die Rückschau, finden Sie jetzt Frieden. Akzeptieren Sie das Leben, bevor es geschieht.

Im nächsten Kapitel werden wir eine völlig neue Art und Weise des Zielesetzens erforschen, mit dem Sie Ihren Versagensängsten für immer den Garaus machen. Doch vorher möchte ich, dass Sie noch ein paar Minuten lang der Vorstellung, emotional unbesiegbar zu sein, nachspüren. Was bereitet Ihnen emotionalen Schmerz? Wie würde die Akzeptanz dessen, was Ihnen je widerfahren ist oder je widerfahren wird, Ihr Leben verändern? Wie viel mehr Energie hätten Sie, wenn Ihnen weder Stress noch Wut noch Traurigkeit noch irgendeine andere anhaltende negativ aufgeladene Emotion im Weg stehen würde?

Machen Sie Nägel mit Köpfen und probieren Sie es aus. Was ist *Ihr* Rollstuhl? Welchem unabänderlichen Umstand in Ihrer Gegenwart oder Vergangenheit widersetzen Sie sich, wodurch Sie sich selbst emotionalen Schmerz bereiten?

Atmen Sie nun tief durch und treffen Sie die bewusste Entscheidung, diesen Umstand bedingungslos zu akzeptieren, Ihren Frieden mit ihm zu machen und dadurch emotional unbesiegbar zu werden.

5

EIN NEUES DENKMUSTER VOLLER MÖGLICHKEITEN

IHR ZIEL IST NICHT DAS ZIEL

» Der Hauptgrund dafür, sich ein Ziel zu setzen, besteht in dem, was wir tun, um es zu erreichen. Das ist immer viel wertvoller als das Ziel selbst.
– JIM ROHN

Wir alle haben Träume, große Visionen davon, wie unser Leben aussehen könnte. Wenn wir an diese Visionen denken, fühlen wir uns gut. Wir stellen uns vor, was alles möglich wäre. Manchmal wagen wir uns sogar ein Stück aufs Terrain des Zielesetzens und Pläneschmiedens vor, das uns unseren Visionen näherbringt. Dennoch setzen sich die wenigsten wirklich bedeutsame Ziele, und noch kleiner ist die Zahl derer, die ihre Ziele auch erreichen. Das kann man sehr schön beispielsweise an den guten Vorsätzen für das neue Jahr sehen: Kaum ist der Januar vorbei, haben auch sie sich in Luft aufgelöst.

Die traurige Wahrheit ist, dass das Leben der meisten Menschen nie an diese großen Visionen heranreicht. Die eine Million will sich auf dem Konto einfach nicht blicken lassen. Die Traumfrau oder der Traummann will einfach nicht durch die Tür spazieren. Der Traumjob weigert sich beharrlich, uns in den Schoß zu fallen. Da sitzen wir dann und wünschen uns auf ewig Dinge, die wir außerhalb unserer Reichweite glauben. Und je mehr Zeit vergeht und je älter wir werden, desto schlimmer fühlt sich das an.

Aber da muss es doch noch einen anderen Weg geben!

Was wenn Sie nach einem Denkmuster vorgehen würden, das Misserfolg ausschließt? Was wenn Sie wüssten, dass Sie jedes Ziel, das Sie sich setzen, erreichen werden?

Würde dieses Denkmuster etwas an der Art und Weise ändern, wie Sie sich Ihren Zielen nähern? Würden Sie sich höhere Ziele setzen? Mehr Risiken eingehen? Motivierter sein?

Aus meiner Sicht ist unsere derzeitige Beziehung zu Zielen etwas seltsam. Die Art und Weise, wie wir uns unseren Zielen annähern, führt zu einer von zwei Möglichkeiten: Entweder erreichen wir, was wir wollen, und fühlen uns gut oder wir scheitern und fühlen uns schlecht. Nach dem ganzen Zielesetzen und Pläneschmieden, nach dem Ausknobeln der kleinen Schritte, die uns (hoffentlich) zum gewünschten Ergebnis führen, nachdem wir all die kleinen Schritte bis zum Schluss gegangen sind, stehen am Ende die Chancen, Erfolg zu haben (oder auch nicht), nur fifty-fifty. In meinen Ohren klingt das nicht gerade motivierend.

Im Gegenteil: Ich finde, es ist ausgesprochen demotivierend. Es klingt nach einer Vorgehensweise, die dafür sorgt, dass wir entweder unsere Ziele klein halten, damit wir sie auf jeden Fall erreichen, oder es gar nicht erst versuchen, damit sich der gefürchtete Misserfolg auf gar keinen Fall einstellt. So viel Zeit und Mühe zu investieren ohne irgendeine Erfolgsgarantie ist doch Zeitverschwendung, oder etwa nicht? Sobald das Erreichen unserer Ziele unwahrscheinlich anmutet, scheinbar zu viel Arbeit erfordert oder zu lange dauert, ist es viel leichter, sich aufs bequeme Sofa plumpsen zu lassen und nach der Fernbedienung für den Fernseher zu greifen – wieder einmal.

Ich beobachte immer wieder, wie diese Vorgehensweise die Menschen einschränkt. Bevor ich das Misserfolg-Erfolg-Denkmuster durchschaut habe, habe ich das Zielesetzen von derselben einschränkenden Warte aus gesehen. Mir war es damals zwar nicht bewusst, aber ich habe meine Ziele klein gehalten, um Misserfolge zu vermeiden – bis mir klar wurde, dass ich dasselbe Recht habe zu bekommen, was ich mir wünsche, wie jeder andere Mensch auf diesem Planeten auch. Sie eingeschlossen. Dafür müssen wir unsere Ziele jedoch aus einem anderen Blickwinkel betrachten. Dank einer meiner Mentoren habe ich diesbezüglich gefunden, was ich gesucht habe: eine völlig neue Art, sich seinen Zielen zu nähern, eine Art, die die Möglichkeit des Scheiterns ausschließt.

Im Laufe dieses Kapitels werden Sie sich mit Ihrer neuen Beziehung zu Zielen anfreunden, einer Beziehung, in der Erfolg unausweichlich ist. Zunächst werden wir den wahren Zweck eines Ziels neu definieren, damit Sie hinsichtlich dessen, was für Sie möglich ist, in größeren Zusammenhängen denken. Anschließend werde ich Ihnen zeigen, wie Sie die lähmende Angst besiegen, die wir alle überwinden müssen: die Angst vor dem Scheitern.

DER WAHRE ZWECK DES ZIELS

Jeder Mensch will seine Ziele erreichen und seine Träume verwirklichen. Wahrscheinlich ist das auch der Grund, warum Sie dieses Buch lesen. Wir wissen weiterhin, dass es in unserer Natur liegt, uns dabei immer den leichtesten Weg zu suchen. Die Frucht am tief hängenden Zweig ist zwar nicht unbedingt die schönste, aber die, nach der die meisten von uns greifen. Bevor wir uns für ein Ziel anstrengen, wollen wir irgendeine Art von Erfolgsgarantie. Die Mitglieder im Club der Optimisten folgen in der Regel dem Credo »Alles ist möglich« – trotzdem aber verfolgen wir das, was möglich ist, nur selten und konzentrieren uns stattdessen auf das, was wir für *wahrscheinlich* halten.

Wann haben Sie das letzte Mal ein Ziel verfolgt, an dessen Erreichbarkeit Sie im Grunde nicht geglaubt haben? Sie haben das wahrscheinlich für Zeit- und Energieverschwendung gehalten und der Mühe nicht wert, deswegen möglicherweise Misserfolg und Bloßstellung zu ernten. Denn wer macht das schon – Ziele verfolgen, die zu erreichen eher unwahrscheinlich ist? Das ist doch zwecklos, oder? Nun, wer glaubt, das Wertvollste am Zielesetzen sei das Erreichen des Ziels, sollte auf jeden Fall nach der Frucht am tief hängenden Ast greifen. Allerdings besteht der wahre Zweck eines Ziels gar nicht im Erreichen desselben, und das greifbare Ergebnis ist auch nicht der eigentliche Nutzen, den wir aus dem Zielesetzen ziehen können. Bei unserer neuen Art zu denken kommt es gar nicht darauf an, ob Sie Ihr Ziel erreichen oder nicht.

Das klingt paradox, aber haben Sie noch einen Augenblick Geduld mit mir.

Der wahre Zweck eines jeden Ziels besteht darin, sich zu der Art von Mensch zu entwickeln, der sich beständig bedeutende Ziele setzen und diese auch erreichen kann. Anders ausgedrückt: Sinn und Zweck eines Ziels ist es, sich die Qualitäten und Eigenschaften eines *Goal Achievers*, eines »Zielerreichers«, zuzulegen. Diese Herangehensweise wird Ihnen für den Rest Ihres Lebens dienlich sein. Schließlich werden Sie jedes Ihrer Ziele nutzen, um das Mindset und die Verhaltensweisen eines Miracle-Experten zu entwickeln. Und das schaffen Sie, indem Sie auf jedes Ihrer Ziele die Wunderformel anwenden, wieder und wieder, wodurch Ihr langfristiger Erfolg unausweichlich werden wird. Jedes einzelne Ziel ist schlicht eine Gelegenheit, sich zu entwickeln und zu testen, was möglich ist. Und je öfter Sie das tun, desto besser werden Sie darin.

Ich möchte an dieser Stelle gern etwas aus Kapitel 2 wiederholen, nämlich das, was mein Mentor Dan Casetta mir über

Ziele beigebracht hat. Er wiederum hatte es von einem seiner Mentoren, Jim Rohn, und ich fasse es mit meinen eigenen Worten folgendermaßen zusammen: *Der Zweck dabei, sich ein Ziel zu setzen, besteht nicht darin, dieses Ziel zu erreichen. Der wahre Zweck besteht darin, sich dabei zu der Art von Mensch zu entwickeln, der seine Ziele erreichen kann, unabhängig davon, ob er nun ein bestimmtes Ziel erreicht hat oder nicht. Einige Ziele erreichen wir, andere nicht; wichtig dabei ist lediglich, wer wir im Laufe dieses Prozesses – indem wir bis zum Schluss alles geben – unabhängig vom Endergebnis werden. Das nämlich verhilft uns zu dem Mindset und Verhaltensweisen, die uns befähigen, in Zukunft immer höhere Ziele zu erreichen.*

Wohin Ziele uns führen können

Vielleicht kennen Sie Lewis Howes. Ich habe ihn vor Jahren für meinen Podcast *Achieve Your Goals* interviewt, und er trat auch in dem Dokumentarfilm *The Miracle Morning* auf. Seine Geschichte ist einfach faszinierend und das beste Beispiel für die These, dass das Ziel nicht das Ziel ist.

Früher war Lewis' oberstes Ziel im Leben, Profisportler zu werden, und dieses Ziel hat er auch erreicht: Er spielte eine Saison lang in der Arena-Football-Liga – bis er sich verletzte. Diese Verletzung brachte nicht nur seine Karriere zum Stillstand, sondern beinahe auch sein gesamtes Leben.

Da er keinerlei Rücklagen gebildet hatte, war er jetzt pleite und geriet ernsthaft ins Schwimmen. Er hatte keine Ahnung, was er nun aus seinem Leben machen sollte, denn ein anderes Ziel als den Profisport hatte es für ihn nicht gegeben. Dass er etwas finden musste, war ihm klar, und so wandte er sich an einige Influencer, die er befragte und von denen er lernte. Einer riet ihm, es mit dem damals relativ neuen Portal LinkedIn zu probieren, mit dem er sich daraufhin so lange beschäftigte, bis sein Profil so professionell war, dass andere ihn bei ihren Profilen um Rat baten. Er folgte einfach so lange seiner Leidenschaft und Neugier, bis die Welt erkannte, welch wertvollen Beitrag er für sie leistete. Und schließlich führten eben jene Leidenschaft und Neugier ihn zum Podcasten.

Heute, mehrere Jahre später, ist Lewis einer der bekanntesten Podcaster der Welt. Sein Top-100-Podcast *The School of Greatness* kann sich über 40 Millionen Downloads rühmen. Er ist Autor eines *New York Times*-Bestsellers und wurde vom Weißen Haus und Präsident Barack Obama zu einem der 100 erfolgreichsten US-Unternehmer unter 30 gekürt. Seine Medienpräsenz ist nicht minder beeindruckend: Neben Auftritten in der *Ellen DeGeneres Show* sowie in der Sendung *Today* erschienen auch Features über ihn im Wirtschaftsmagazin *Forbes* und in der *New York Times*, um nur einige wenige zu nennen.

Lewis' Mission ist es, das Konzept der »Greatness«, der Größe, rund um den Globus zu verbreiten und Menschen zu bewegen ihr Leben zu ändern; ihnen dabei zu helfen, ihre Fähigkeiten und Talente zu entdecken und ihren eigenen einzigartigen Beitrag zur Welt zu leisten. Mindset und Arbeitsethos, die Lewis auf dem Weg zu seinem Ziel, ein Profisportler zu werden, entwickelte, waren der Schlüssel dazu, noch viel höhere Ziele zu erreichen, die weit außerhalb seines Vorstellungsbereichs lagen. Lewis führt nicht das Leben, das er sich anfänglich gewünscht hatte - sein früheres Ziel war nicht wirklich das Ziel. Doch die Lektionen, die er beim Verfolgen dieses Ziels lernte, machten aus ihm einen echten Miracle-Experten. Und jetzt hilft sein Wunder anderen dabei, ihre eigenen Wunder zu vollbringen.

NIE WIEDER VERSAGENSANGST!

Wenn Sie den wahren Zweck eines Ziels erst einmal erkannt haben, erkennen Sie auch, dass Sie sich vor dem Versagen oder Scheitern nicht fürchten müssen – weil Sie nicht scheitern können. Denn wer Sie werden ist immer wichtiger als was Sie tun, wobei ironischerweise das, was Sie tun, darüber bestimmt, wer Sie werden. Solange Sie bei jedem einzelnen Ziel den Grundsatzentscheidungen unerschütterlicher Glaube und unermüdlicher Einsatz folgen, unabhängig vom Endergebnis, werden Sie immer lernen, wachsen und sich und Ihre Fähigkeiten weiterentwickeln. Und die Früchte dessen werden Sie mit Ihren zukünftigen Zielen, auch denen, die Sie sich jetzt noch gar nicht gesetzt haben, ernten.

Ich möchte hinzufügen, dass Sie das allerdings nicht aus der Verantwortung lässt, wenn Sie auf dem Weg zu Ihrem Ziel auf ein Hindernis stoßen sollten. Ich sage nicht, dass es in Ordnung ist aufzugeben, wenn Sie die Wahrscheinlichkeit, dass Sie Ihr Ziel erreichen, schwinden sehen. Sie erinnern sich doch bestimmt noch daran, wie meine Push-Period-Story in Kapitel 2 endete: Ich habe mein Verkaufsziel erst in allerletzter Sekunde erreicht. Was fast allen meinen Kollegen, die die Wunderformel anwendeten, ähnlich ging. Sie vollbrachten ihr Wunder in der letzten Woche, am letzten Tag, ja, manchmal sogar in der letzten Stunde. Woran das liegt, weiß ich nicht genau, aber es scheint einer gewissen Regelhaftigkeit zu unterliegen. Das Universum scheint zu testen, wie sehr wir der Anstrengung, unser Ziel zu erreichen, verpflichtet sind. Die meisten Menschen geben irgendwann auf dem Weg zum Ziel auf, aber nur die, die ihren unerschütterlichen Glauben und unermüdlichen Einsatz bis zum allerletzten Moment aufrechterhalten, werden für diese Anstrengung auch mit einem Wunder belohnt. Diese letzten Augenblicke scheinen entscheidend zu sein und haben mich bezüglich dessen, was ich in meinem Leben erreichen kann, auf eine neue Ebene gebracht. Sein Ziel nicht zu erreichen, wenn man bis zum Schluss alles gegeben hat, unterscheidet sich signifikant vom Aufgeben, wenn es einmal nicht nach Plan läuft. In Wahrheit erreicht niemand *alle* seine Ziele – noch nicht einmal Miracle-Experten.

Auf einem Poster im Zimmer meines Sohnes steht ein berühmtes Zitat von Michael Jordan: »Ich habe in meiner gesamten Karriere den Ball mehr als 9000 Mal nicht in den Korb gebracht. Ich habe fast 300 Spiele verloren. 26 Mal hat man mir den spielentscheidenden Wurf anvertraut – zu Unrecht. Ich habe in meinem Leben wieder und wieder versagt. Und das ist der Grund, warum ich Erfolg habe.«

Denn der Misserfolg, das Scheitern, ist ein grundlegender Teil des Lernprozesses. Daran wachsen wir. Wenn Sie Ziele aus dieser Perspektive betrachten, werden Sie nie scheitern, selbst wenn Sie das einzelne anvisierte Ziel einmal verfehlen. Wenn Sie unerschütterlich an Ihr Ziel geglaubt und sich unermüdlich dafür eingesetzt haben und es trotzdem nicht erreichen, haben Sie sich dennoch in den Fähigkeiten und Eigenschaften eines Miracle-Experten geschult, Fähigkeiten wie Zuversicht, Selbstdisziplin, Arbeitsethos und Resilienz, die Sie auf Ihrem weiteren Weg zum Erfolg bringen werden.

NUR DAS WACHSTUM HAT BESTAND

Normalerweise verwende ich gern Beispiele und Geschichten aus dem echten Leben, um Lektionen zu illustrieren, doch in diesem Fall eignet sich das folgende hypothetische Szenario meiner Meinung nach am besten, um zu verdeutlichen, was es mit diesem neuen Denkmuster auf sich hat. Stellen wir uns also zwei Kollegen vor, John und Mary. Sie sind beide Anfang 40, arbeiten für mittelgroße Unternehmen und beziehen ein mittleres Gehalt. Beide träumen davon, Millionär zu werden.

Eines sonnigen Nachmittags kauft sich John in einem Kiosk neben ein paar Snacks auch einen Lottoschein. Und das Glück ist ihm hold: Er hat sechs Richtige, und augenblicklich wird aus dem ängstlichen Büroangestellten ein millionenschwerer Privatier. Am nächsten Morgen kündigt er in der Firma, sucht sich ein großes Haus und bucht eine sechsmonatige Luxusreise quer durch Europa. Für John ist das Leben schön.

Mary hat ihren Job, in dem seit Jahren auch hinsichtlich des Gehalts nichts passiert ist, ebenfalls satt, kauft sich aber keinen Lottoschein, sondern versucht, mittels Gründung eines eigenen Beratungsunternehmens ihrer Karriere zum Durchbruch zu verhelfen. Sie ist mit Leib und Seele dabei, ganz zu schweigen von ihren Ersparnissen. Doch wie viele neu gegründete Unternehmen geht auch ihres innerhalb eines Jahres ein. Und so hält Mary einen Augenblick inne und überlegt, ob sie es noch einmal versuchen oder sich doch wieder einen Bürojob suchen soll, den sie zwar hasst, der ihr aber immerhin ein regelmäßiges Einkommen garantiert.

In dem Jahr, in dem Mary sich selbstständig zu machen versucht, kehrt John von seinem ausgedehnten Urlaub zurück und zieht in seine neue Villa ein – allein. Er kauft sich mehrere neue Autos, sieht tagsüber für gewöhnlich fern und geht abends meist in Restaurants und Bars. Die meiste Zeit über ist er einfach nur gelangweilt, hofft aber darauf, dass der nächste Kauf oder der nächste Abend, an dem er einen drauf macht, das ändern wird.

Nach reiflicher Überlegung beschließt Mary, nicht wieder einen Job anzunehmen, den sie hasst. Stattdessen macht sie sich ihren unerschütterlichen Glauben zunutze und versucht es noch einmal mit der Gründung eines Unternehmens. Dieses nimmt nun dank der Lektionen aus ihrem ersten, gescheiterten Versuch rasch Fahrt auf und beginnt, allmählich Geld abzuwerfen. Am Ende dauert es zwar fast zehn Jahre, doch schließlich hat Mary es geschafft und kann auf einen höchst erfreulichen Kontostand von rund einer Million blicken. Und dabei bleibt es nicht, denn unermüdlich treibt Mary ihr Geschäft weiter voran. Aufgeben kommt für sie nie infrage, auch dann nicht, wenn sich einmal Hindernisse zeigen. Mary hat sich mit der Zeit zu einer echten Miracle-Expertin entwickelt.

Für John lief es in den genannten zehn Jahren leider nicht ganz so gut: Ihn führt sein ausschweifender Lebensstil schließlich in die Insolvenz. Er war zwar viel schneller und leichter an die Million gekommen als Mary, hatte seinen Wohlstand aber nicht zu wahren gewusst. Er hatte weder seinen Gewinn respektiert noch die Fähigkeiten und Eigenschaften entwickelt, die er zum Vermehren oder zumindest Wahren seines Vermögens gebraucht hätte.

Obwohl John und Mary erfunden sind, kommen ihre Geschichten Tag für Tag genau so oder ähnlich vor. Die meisten Menschen sind ungeduldig und wollen sofortige Ergebnisse. Allerdings ist *sofort* keine Zeitspanne, in der sich das entwickeln könnte, was wir zum Erzielen lohnender Ergebnisse brauchen. In so kurzer Zeit kann man die Qualitäten, die zum Erreichen und Erhalten des Erfolgs nötig sind, einfach nicht entfalten. Deshalb verlieren Menschen, die rasch Erfolg haben, sei es nun der Lotteriegewinner oder der Künstler, der über Nacht zum Star wird, ihr Vermögen oder ihre Berühmtheit oft so schnell wieder.

DAS DENKMUSTER DEHNT SICH AUS

Die Fähigkeit des Menschen – und zwar sowohl der gesamten Spezies als auch des Individuums –, die Grenzen dessen, was möglich ist, zu erweitern, ist ganz erstaunlich. Schon viele

Male ist aus dem, was früher als Fantasie galt, Realität geworden, eine Realität, mit der wir unser Selbstverständnis erweitert und völlig neue Möglichkeiten für die Zukunft geschaffen haben.

Für Säuglinge beispielsweise ist das Gehen noch keine Möglichkeit. Schließlich aber tun wir unseren ersten, zögerlichen Schritt, und das Gehen wird zur Norm. Dann fangen wir an zu rennen, zu hüpfen und zu springen. Diese Meilensteine entfalten sich für die meisten Menschen ganz natürlich und werden im Laufe des Heranwachsens immer häufiger geschafft. Auf diese Weise dehnt sich unsere Identität immer mehr aus und nimmt allmählich Form an.

In der Schule durchlaufen wir dann einen ganz ähnlichen Prozess. In der Grundschule ist der Gedanke an die nächste Schule nur ein Traum – die Kids dort sind so cool und schon so erwachsen! Doch ehe man es sich versieht, ist man selbst auf der höheren Schule und cool und erwachsen. Natürlich noch nicht so cool und erwachsen wie die, die kurz vor dem Abschluss stehen. Die sind schon älter, haben vielleicht sogar schon einen Führerschein, und einige von ihnen denken möglicherweise über die Uni nach.

Ich kann mich noch genau daran erinnern, wie ich meine älteren Mitschüler an der Yosemite High School damals gesehen habe. Die erschienen mir nicht nur viel reifer, als ich es war, sie schienen außerdem den Bogen raus zu haben.

Wenn ich heute daran denke, dass meine »viel reiferen« älteren Mitschüler, die anscheinend »den Bogen raus hatten«, auch nur unreife, unsichere und orientierungslose Teenager waren, wie ich es gegen Ende meiner High-School-Zeit werden sollte, wird mir immer wieder bewusst, dass wir alle das Potenzial besitzen, uns zu den Menschen zu entwickeln, die wir bewundern. Die Zukunft, die Sie im Augenblick noch für eine Fantasie halten, ist nichts anderes als eine zukünftige Realität, die Sie bloß noch nicht erschaffen haben.

Eines der anschaulichsten Beispiele dafür, dass wir unser neues Denkmuster konstant erweitern können, ist unser Einkommen. Für Kinder mit ein paar wohlgehüteten Cent im Sparschwein ist die Vorstellung, mit einem Schlag zehn Euro zu verdienen, absolut absurd. Dann aber erledigen sie kleinere Aufgaben wie Autowaschen oder Rasenmähen, und aus dem Kleingeld werden plötzlich Scheine. Zehn Euro erscheinen nun gar nicht mehr absurd, und so lautet das nächste Ziel, 100 Euro zu verdienen. Daraus werden dann 1000 und daraus wiederum 10000 Euro und so weiter.

Als ich 19 war, gab ich meinen Traumjob als Radiomoderator auf, bei dem ich mit Musikspielen und Konzertkartenverlosen magere zehn Dollar die Stunde verdiente, um es mit einem Provisionsjob, dem Verkaufen von Cutco-Besteck, zu versuchen. Allein in meiner ersten Woche dort verdiente ich auf diese Weise mehr als 3000 Dollar, wofür ich bei dem Radiosender über 300 Stunden hätte arbeiten müssen. Wie Sie sich vorstellen können, erweiterte dieses Erlebnis – in einer Woche das zu verdienen, wofür ich früher fast vier Monate gebraucht hätte – mein Denkmuster hinsichtlich der Möglichkeiten meiner finanziellen Zukunft erheblich.

Die Arbeit an einem meiner letzten Bücher, *Miracle Morning für Millionäre. Das Erfolgsgeheimnis: Was die Reichen vor 8 Uhr tun*, bescherte mir die einzigartige Gelegenheit, Dutzende von Selfmade-Millionären zu interviewen. Ein gemeinsamer Nenner war, dass sich die finanziellen Möglichkeiten dieser Menschen mit der Zeit immer mehr ausdehnten und das auch heute noch tun.

Für die meisten war es früher unvorstellbar, 100000 Dollar in nur einem Jahr zu verdienen. Als sie dieses sechsstellige Einkommen jedoch erreicht hatten, wurde es für sie zur Norm, und so steckten sie sich höhere Ziele. Häufig folgte dann ein stetiges Wachstum, ein innerliches (Glauben) ebenso wie ein äußerliches (Einkommen), von 100000 über 200000 zu

300 000 Dollar und so fort. Und jedes neue Einkommensniveau stellte ein neues Denkmuster voller Möglichkeiten dar. Interessant ist auch die Tatsache, dass sie für dieses höhere Einkommen nicht zwangsläufig mehr arbeiten mussten – meist sogar eher weniger. Sie wurden kenntnisreicher, erfahrener, effizienter und effektiver und verdienten entsprechend mehr Geld. Ihr Wohlstand war das Ergebnis dessen, wozu sie sich entwickelt hatten.

DAS DENKMUSTER UPGRADEN

Wie viele Gedanken uns täglich durch den Kopf gehen, ist umstritten. Ich habe gelesen, dass es zwischen 50 000 und 60 000 sein sollen. Doch ob diese Zahl nun stimmt oder nicht – ich denke, wir sind uns einig, dass da eine ganz schöne Menge Gedanken herumflitzen.

Es kommt auch gar nicht auf die exakte Zahl an. Wichtiger ist die Erkenntnis, dass sich der Großteil unserer Gedanken Tag für Tag wiederholt. Was kritisch wird, wenn man bedenkt, dass unsere Gedanken unsere Identität erschaffen. Mit anderen Worten: Was wir beständig über uns selbst denken, wird allmählich zu unserer Realität. Wir sind genauso fähig oder unfähig, wie wir denken, dass wir es sind. Die Möglichkeiten für unser Leben sind genauso eingeschränkt oder grenzenlos, wie wir denken, dass sie es sind. Es liegt alles in unserer Wahrnehmung. Schon beim Aufstehen wird unser Geist von gewohnheitsmäßigen Gedanken geflutet, die sich meist an unserem Tagesablauf orientieren. Wir denken daran, was wir tun müssen, bevor wir das Haus verlassen. Den ganzen Tag denken wir daran, was wir alles erledigen müssen. Und schließlich denken wir daran, was wir tun müssen, wenn wir nach Hause kommen und bevor wir uns ins Bett legen. Wir gönnen uns nur wenig oder gar keine Zeit, uns eine großartige Zukunft vorzustellen und uns klar zu werden, wer wir sein müssen, um diese Zukunft Wirklichkeit werden zu lassen. Und so bleibt unser Leben stets dasselbe, weil wir der- oder dieselbe bleiben.

Wenn wir aber beständig dasselbe denken, sind wir auch immer auf dieselben Möglichkeiten beziehungsweise das Fehlen dieser Möglichkeiten beschränkt. Die Realität, die wir jetzt leben, wurde und wird durch die Gedanken erzeugt, von denen wir unseren Geist erfüllen lassen. Um also Ihr Leben zu verbessern, müssen Sie zuerst das verbessern, worüber Sie gewohnheitsmäßig nachdenken. Und der effektivste Weg, das zu tun, ist, *schriftliche* Aussagen festzuhalten (damit wir uns nicht auf unsere Erinnerung allein verlassen müssen), die so konzipiert sind, dass sie unser Denken auf das richten, was uns am meisten am Herzen liegt, was für uns möglich ist, wer wir werden müssen und was wir tun müssen, um aus dem Möglichen das *Unausweichliche* zu machen. Darüber werden Sie in Kapitel 9 mehr erfahren.

Alle Miracle-Experten beginnen damit, sich vorzustellen, sie seien besser als sie es jemals zuvor gewesen sind. Wenn Sie das tun, wird Ihnen klar werden, dass das, was Sie in der Vergangenheit getan oder nicht getan haben, keine Rolle mehr spielt. Ihre Gedanken sind es, die wichtig sind; wenn Sie die Kontrolle über sie erlangen und die Verantwortung für sie übernehmen, werden Sie auch erkennen, dass Sie jederzeit bedeutende Ergebnisse erzielen und Ihr Leben verbessern können. Wenn Sie dann noch dranbleiben, werden Ihre Chancen auf größeren Erfolg immer greifbarer.

DAS JAHR, DAS ALLES VERÄNDERTE

Bevor ich Cutco verließ, setzte ich mir noch ein letztes Ziel – für mich ein Quantensprung: die Verkäufe meines bislang besten Jahres zu *verdoppeln*. In diesem Zusammenhang sind schon 25 oder 50 Prozent ziemlich einschüchternd, und so waren die geplanten 100 Prozent regelrecht erschreckend. Ich hatte die vergangenen sieben Jahre in meiner späten Teenagerzeit und den frühen Zwanzigern damit verbracht, auf die 100 000-Dollar-Marke in einem einzigen Jahr hinzuarbeiten. Dieses Ziel habe ich tatsächlich zweimal erreicht und mich damit unter die Top 10 der Firma katapultiert – einmal auf Platz 5 und einmal auf Platz 6. Als Belohnung durfte ich auf Geschäftskosten nach Cancún, Mexiko, und Banff, Kanada, reisen.

Im Jahr 2004, ich war damals 25, wollte ich meinen Traum, Autor zu werden und als Redner Vorträge zu halten, weiterverfolgen. Doch da wurde mir plötzlich etwas schmerzhaft bewusst: Ich hatte mein Potenzial als Cutco-Außendienstmitarbeiter nie voll ausgeschöpft. Ich hatte mich für die 100 000 Dollar immer nur zeitweilig angestrengt und diesbezüglich nie wirklich alles gegeben, zumindest nicht ein ganzes Jahr lang. Und so setzte ich mir 200 000 Dollar zum Ziel – ein Meilenstein, den bislang nur eine Handvoll Mitarbeiter geschafft hatte –, wobei mein primäres Ziel darin bestand, die Fähigkeiten und Eigenschaften zu entwickeln, die mir auch alles andere, was ich erreichen wollte, ermöglichten. Dieses Ziel wurde zu meiner *Mission.*

Das war in diesem Jahr allerdings nicht mein einziges Ziel – tatsächlich hatte ich damals mehr bedeutende Ziele, sowohl hinsichtlich der Qualität als auch hinsichtlich der Quantität, als jemals zuvor. Unter anderem wollte ich mein erstes Buch schreiben und veröffentlichen, zwölf Vorträge an High Schools und Unis halten, an fünf Tagen in der Woche Sport machen, dazu noch an drei Tagen in der Woche klettern gehen, der Frau begegnen, die ich schließlich heiraten würde, und 10 000 Dollar für wohltätige Zwecke spenden. Und wie gesagt: Das ist noch nicht einmal die ganze Liste. Ich hatte mir damals Ziele für jeden Bereich meines Lebens gesetzt.

Erst einmal zu spezifizieren, welches dieser Ziele mein wichtigstes war, und dieses dann zu meiner Mission zu machen hatte einen enormen Einfluss auf die Art und Weise, wie ich dabei vorging, sowohl dieses Ziel als auch die anderen anzugehen (an *Ihrer* Mission werden wir im nächsten Kapitel arbeiten). Herauszufinden, welches meiner Ziele oberste Priorität hatte – die 200 000 Dollar –, setzte automatisch auch Prioritäten bei meinem Zeitmanagement. Einfach ausgedrückt bedeutete das, dass ich erst Zeit in die anderen Ziele investierte, nachdem ich die Schritte unternommen hatte, die das Erfüllen meiner Mission praktisch unausweichlich machten.

Um meine Verkäufe zu verdoppeln, verdoppelte ich zunächst die Anzahl meiner täglichen Anrufe. Darüber hinaus betrachtete ich das Ergebnis dieser Anrufe sowie die Verkaufspräsentationen, die darauf folgten, mit absoluter emotionaler Neutralität. Ich hielt mich einfach weiter an mein Vorgehen, das mich unausweichlich zum gewünschten Ergebnis führen würde. Außerdem bildete und führte ich ein Team aus Kollegen an, die sich das gleiche Ziel gesetzt hatten. Einmal in der Woche telefonierten wir miteinander und sprachen über Gewinne, Rückschläge und wertvolle Lektionen. Das Team stand zwar eigentlich nicht an erster Stelle auf meiner Liste, unterstützte mich aber in meiner Mission. Beim Betreten dieses unbekannten Terrains schenkte es mir nicht nur neue Ideen, sondern auch immer wieder neue Energie, wenn sich Selbstzweifel einschleichen wollten.

Keine zwölf Monate später kamen meine Verkaufszahlen für dieses Jahr per Mail rein: Sie betrugen knapp über 205 000 Dollar. Beinahe ungläubig starrte ich die Zahl an. Ich stellte mich ans Fußende meines Bettes und ließ mich dann wie in Zeitlupe rücklings darauf fallen. Es fühlte sich an, als fiele ich auf eine Wolke (wenn Sie möchten, können Sie sich zu diesem Bild auch noch sanfte und doch schwülstige Musik vorstellen). Mein Puls raste, während mein Gehirn die Botschaft zu verarbeiten versuchte, dass ich etwas für höchst unwahrscheinlich Gehaltenes geschafft hatte. Es dauerte tatsächlich ein paar Minuten, bis die neue Realität die alte verdrängt hatte. Und plötzlich wurde mir klar, dass wir alle die Fähigkeit besitzen, unsere Ängste zu überwinden und das zu erreichen, wofür uns anzustrengen wir bereit sind.

Und ich war nicht der Einzige. Insgesamt erreichten fünf aus meinem Team dieses Ziel ebenfalls, ein Novum in der Firmenhistorie. Aber das ist immer noch nicht das Ende der Geschichte. Wenn wir uns mit aller Macht auf ein Ziel konzentrieren und es mit unerschütterlichem Glauben sowie mit unermüdlichem Einsatz verfolgen, erreichen wir interessanterweise nämlich auch andere Ziele, an denen wir anscheinend gar nicht gearbeitet hatten – schlicht deshalb, weil sie zu unserer neuen Identität passen.

In diesem Jahr schrieb und veröffentlichte ich außerdem mein erstes Buch, *Taking Life Head On: How to Love the Life You Have While You Create the Life of Your Dreams*, startete meine Karriere als bezahlter Redner, verringerte meinen Körperfettanteil auf 5,7 Prozent (ich weiß nicht einmal, ob das überhaupt gesund ist), begegnete der Frau meiner Träume (mit der ich mittlerweile zwei Kinder habe), trieb fünfmal in der Woche Sport, kletterte dreimal pro Woche, begann mit Yoga und spendete mehr Geld für wohltätige Zwecke als jemals zuvor. In diesem Jahr änderte sich tatsächlich mein ganzes Leben, weil ich mein Denkmuster geändert hatte – sowohl hinsichtlich, wozu ich fähig war, als auch, wofür ich mich anstrengte. Kurzum: Nachdem ich jahrelang akzeptiert hatte, weniger als mein Bestes zu geben, schöpfte ich jetzt endlich mein volles Potenzial aus und entwickelte mich zu einer besseren Version meiner selbst. Ich halte dieses Jahr für eines der besten meines Lebens, weil ich endlich zu der Person wurde, die schon immer in mir gesteckt hatte. Das war ungeheuer aufregend – und das kann es auch für Sie sein.

Während wir uns allmählich dem nächsten Kapitel nähern, möchte ich Sie bitten, dieses neue Denkmuster im Kontext

Ihres eigenen Lebens zu betrachten. Haben Sie auch schon einmal zu früh aufgegeben oder gar nicht erst angefangen, weil Sie den Erfolg Ihres Unternehmens für unwahrscheinlich hielten? Und haben Sie sich auch schon einmal über diese Zweifel – oder diese Logik – hinweggesetzt und sich selbst überrascht? Eine solche Geschichte kann sicher jeder von uns erzählen. Ich habe schon oft wirklich hart gearbeitet und mein Ziel erreicht. Ich habe aber auch weniger hart gearbeitet und das Ziel trotzdem erreicht. Und ich habe hart gearbeitet und das Ziel nicht erreicht, ebenso wie ich (Sie werden es schon ahnen) weniger hart gearbeitet und das Ziel auch nicht erreicht habe. Was ich damit sagen will: Unsere Anstrengung ist nicht immer gleich Erfolg in Form von greifbaren Ergebnissen. Sie mündet aber *immer* darin, dass wir uns zu dem Menschen entwickeln, der wir sein wollen.

Sie haben nun den wahren Zweck eines Ziels in Angriff genommen und Ihr Denkmuster für neue Möglichkeiten geöffnet. Im nächsten Kapitel tauchen wir noch tiefer in die Materie ein, und Sie lernen, wie Sie bestimmen, was Ihnen am wichtigsten ist. Sie werden herausfinden, welches Ihrer Ziele Ihre Mission sein wird – Ihr wichtigstes Ziel, das den größten Einfluss auf Ihre Entwicklung zum Miracle-Experten haben wird.

6

IHRE MISSION

WAS HAT FÜR SIE OBERSTE PRIORITÄT?

» Ihr Arbeitsleben teilt sich in zwei deutlich voneinander getrennte Bereiche: in das, was am wichtigsten ist, und in alles andere. Sie werden Ersteres bis zum Äußersten treiben und mit dem Rest zufrieden sein müssen. Das erfordert der berufliche Erfolg.
– Gary Keller

Wie fühlt sich dieses neue Denkmuster voller Möglichkeiten an? Jetzt, da Sie den wahren Zweck eines Ziels kennen, können Sie sich wirklich große Ziele setzen, Ziele, die Ihnen wirklich wichtig sind. Sie müssen keine Angst vor dem Scheitern mehr haben, weil Sie nicht mehr scheitern *können*. Sie können nur lernen, wachsen und besser als jemals zuvor werden. Je weiter Sie sich vom Zentrum Ihrer Komfortzone entfernen, desto mehr werden Sie lernen, desto schneller werden Sie wachsen und desto früher werden Sie die Qualitäten eines Miracle-Experten verkörpern. Eine ganze Welt der unbegrenzten Unausweichlichkeiten steht Ihnen nun offen.

Vielleicht erlauben Sie es sich schon, ein wenig Tagträumen nachzuhängen – davon, wie Ihr Leben aussehen und sich anfühlen wird, wenn Sie es im Zeichen des neuen Denkmusters führen. Wenn Sie Ihr Einkommen erhöhen und dauerhafte finanzielle Sicherheit erlangen. Wenn Sie mehr Sport treiben und sich körperlich in Bestform bringen. Wenn Sie endlich beginnen, die Dinge auf der scheinbar vergessenen Liste Ihrer größten Träume abzuhaken. Wäre das Leben dann nicht einfach toll? Vor allem dann, wenn sich Ihre größten Träume alle auf einmal verwirklichen würden?

Moment – alle auf einmal? Hätten Sie das für möglich gehalten? Werfen wir einen näheren Blick darauf.

PRIORITÄTEN SETZEN

In den letzten 20 Jahren habe ich mit den verschiedensten Menschen aus allen sozialen Schichten gearbeitet, bin dabei aber oft auf ein Hindernis gestoßen, das ihnen allen gemein war: Die meisten Menschen versuchen, an zu vielen Zielen gleichzeitig zu arbeiten, und sind sich im Unklaren darüber, welches ihrer Ziele oberste Priorität hat. Wir haben Ziele betreffend unsere Gesundheit, Familie, Finanzen, Arbeit, Beziehung – die Liste könnte beliebig fortgesetzt werden. Doch wissen Sie, was passiert, wenn wir unsere Ziele nicht nach ihrer Priorität anordnen? Wir wuseln herum, machen hier und da vielleicht winzige Fortschritte, verfehlen aber fast immer das Ziel und/oder überfordern uns selbst.

Man kann diese Art des Zielesetzens mit dem Multitasking vergleichen. Wie leicht tappen wir alle immer wieder in die Falle, uns zu viel vorzunehmen. Darauf sind wir kulturell konditioniert: unsere Gehirnaktivitäten aufzuteilen, um verschiedene Aufgaben anscheinend gleichzeitig auszuführen. Bei der Arbeit mal eben kurz auf Facebook nachsehen. Beim Autofahren telefonieren. Beim Spielen mit den Kindern SMS und WhatsApp-Nachrichten lesen. Wir scheinen wahre Multitasking-Meister geworden zu sein! Doch macht uns das wirklich effizienter?

Die einfache Antwort auf diese Frage lautet: nein. Einer Stanford-Studie aus dem Jahr 2009 zufolge sind Menschen, die häufig multitasken und sich dabei mehrerer verschiedener Medien bedienen, tatsächlich weniger effektiv. Sie haben größere Schwierigkeiten, unwichtige Informationen auszusondern und zwischen zwei Aufgaben hin und her zu wechseln. Auch ihr Gedächtnis ist nicht so gut wie das der Menschen, die ihrer Arbeit mit ungeteilter Aufmerksamkeit nachgehen.* Das Multitasking verlangsamt das Vorankommen – ebenso wie das gleichzeitige Verfolgen mehrerer Ziele.

Angenommen, Sie setzen sich fünf verschiedene Ziele gleichzeitig. Nach wenigen Monaten machen Sie bei einigen Zielen vielleicht einen Fortschritt von fünf bis sieben Prozent, bei anderen sind es vielleicht nur zwei bis drei Prozent, und bei wieder anderen machen Sie gar keinen Fortschritt. Nach wenigen weiteren Monaten wiederholt sich das Ganze, sodass Sie nach etwa sechs Monaten kaum an der Oberfläche der jeweiligen Ziele gekratzt haben. Zu diesem Zeitpunkt haben Sie aber wahrscheinlich schon Ihren gesamten anfänglichen Elan eingebüßt und sind in Versuchung, sich fünf neue aufregende, frische und unverbrauchte Ziele zu setzen. Wenn Sie die dann genauso angehen wie die letzten, werden Sie sich irgendwann vorkommen wie in *Und täglich grüßt das Murmeltier*: gefangen in einem ewig wiederkehrenden Kreislauf verfehlter Ziele und unverwirklichten Potenzials. Ein solches Vorgehen hält Sie außerdem davon ab, die Fähigkeiten des Prioritätensetzens, Konzentrierens und über längere Zeit Konzentriertbleibens zu entwickeln; diese Fähigkeiten sind zum Erreichen bedeutsamer Ziele und Vollbringen greif- und sichtbarer Wunder jedoch entscheidend.

---

* Eyal Ophir, Clifford Nass und Anthony D. Wagner, »Cognitive Control in Media Multitaskers«, *Proceedings of the National Academy of Sciences of the United States of America* 106, Nr. 37 (2009): 15583–87, https://doi.org/10.1073/pnas.0903620106.

Je mehr Ziele gleicher Priorität wir uns setzen, desto weniger wahrscheinlicher ist es, dass wir das erreichen, was für uns am wichtigsten ist. Ist unsere oberste Priorität (Singular!) nicht glasklar, siegt die menschliche Natur: Wir gehen den Weg des geringsten Widerstands und beschäftigen uns mit dem, was die unbedeutendsten Konsequenzen hat. Wir schreiben eine Mail, wo es effektiver wäre anzurufen. Wir schauen Netflix, statt ein Buch über Persönlichkeitsentwicklung zu lesen. Wir lassen zu, dass dieses scheinbare Beschäftigtsein uns von unserem grenzenlosen Potenzial ablenkt.

Damit muss Schluss sein. Wir müssen lernen, uns auf das für uns Essenzielle zu konzentrieren, um mehr von dem zu erleben, was wirklich zählt. Für den Rest dieses Kapitels und den Rest des Buchs werden Sie sich also auf *ein* Ziel konzentrieren – Ihr wichtigstes Ziel, das Ziel, das den größten Einfluss auf Ihre Lebensqualität haben wird. Mir ist bewusst, dass das etwas beunruhigend klingen mag. »Aber Hal«, höre ich Sie sagen, »mir ist vieles wichtig. Ich habe viele Ziele, die ich gern erreichen würde. Wie soll ich da nur eins auswählen?« Ich weiß. Und ich weiß auch, dass dies unserer ganzen Multitasking-Kultur widerspricht. Ich will aber unbedingt, dass Sie sich zu einem Miracle-Experten entwickeln, und dafür ist es nun einmal am effektivsten, den Fokus auf eine einzelne Sache zu richten.

Vor Kurzem hat der Priceline.com-Gründer und Milliardär Jeff Hoffman bei einem der »Quantum Leap Mastermind«-Retreats, die mein Geschäftspartner Jon Berghoff und ich mitveranstalten, einen Vortrag gehalten. Von den vielen Schätzen, die ich von der Veranstaltung mitgenommen habe, ist dieser Satz für mich der kostbarste: »Du kannst keine Goldmedaille in mehr als einer Disziplin gewinnen.« Lassen wir das einen Augenblick sacken. Die meisten Olympioniken konzentrieren sich ihr ganzes Sportleben lang darauf, der oder die Beste in einer Sache zu werden. Und vergessen wir auch nicht, was wir im letzten Kapitel gelernt haben: Wenn wir *ein* Ziel zu unserer

Mission machen und uns dieser Mission verschreiben, wird auch das Erreichen unserer anderen Ziele wahrscheinlicher, weil wir in Übereinstimmung mit unserer obersten Priorität leben.

Ob Sie das derzeit tun, wird sich in diesem Kapitel herausstellen. (Wahrscheinlich nicht, aber keine Sorge, damit sind Sie nicht allein.) Anschließend wagen Sie den Sprung und verschreiben sich *einer* Mission – am besten noch im Lauf dieses Kapitels, dann ist alles noch frisch –, bevor ich Ihnen einige Sicherheitsnetze vorstelle, die garantieren, dass Sie Ihre Mission erfüllen werden. Damit sind Sie dann bestens auf Ihre erste Challenge »Die Wunderformel: In 30 Tagen zum Erfolg« in Kapitel 10 vorbereitet.

Also: Tief durchatmen. Und los geht's!

WAS IST IHNEN AM WICHTIGSTEN?

Manchmal heißt es, der schnellste Weg, sich seiner obersten Priorität bewusst zu werden, sei die Konfrontation mit der eigenen Sterblichkeit oder der Sterblichkeit eines nahestehenden Menschen. Als ich mit 37 die Krebsdiagnose bekam, dachte ich, meine Prioritäten (ja, damals hatte ich mehrere) seien Nummer 1: Familie, Nummer 2: Gesundheit, Nummer 3: Freunde, Nummer 4: finanzielle Sicherheit, Nummer 5: Produktivität/Leistung und Nummer 6: Spaß im Leben – in dieser Reihenfolge. Als man mir dann jedoch mitteilte, dass die Chance, in den kommenden Monaten zu sterben, bei 70 bis 80 Prozent lag, musste ich erkennen, was vielleicht auch auf Sie zutrifft: Hinsichtlich meiner Prioritäten täuschte ich mich.

Auf die Frage nach dem für mich Wichtigsten auf der Welt hätte ich ohne zu zögern geantwortet: »Meine Familie.« Und das hätte ich auch so gemeint. Ich liebte nichts und niemanden mehr als meine Frau und unsere beiden Kinder. Sie waren mein ganzes Universum. Und ich glaubte tatsächlich, all meine anderen Prioritäten reihten sich hinter ihnen ein. Alles, was ich tat, tat ich nur für sie.

Was aber war dann das Problem? Wo war der Bruch? Den zu erkennen war beim Durchblättern meines Terminkalenders nicht schwer. Denn wie ich meine Zeit verbrachte, erzählte eine ganz andere Geschichte: Ich war häufig auf Geschäftsreisen, hatte in der Regel eine 60plus-Stunden-Arbeitswoche und widmete mich am Wochenende gern auch mal meinem neuesten tollen Projekt. Hatte meine Familie für mich wirklich oberste Priorität, schob ich sie für die angeblich weniger wichtigen Dinge nur allzu oft beiseite! Meine Taten passten einfach nicht zu meinen Worten beziehungsweise zu meinem Glauben.

Nachdem ich lange darüber nachgedacht hatte und ernsthaft in mich gegangen war, offenbarte sich, dass es in Wahrheit Produktivität und Leistung waren, die ich über alles andere stellte. Beinahe meine gesamte Zeit und Energie steckte ich in die Fertigstellung eines Projekts und in das Sichern des nächsten. Statt mich auf die Gute-Nacht-Geschichte für meine Kinder zu konzentrieren, kreisten meine Gedanken ums Geschäft. Statt meiner Frau zuzuhören, wenn sie von ihrem Tag erzählte, nickte ich nur ab und zu, während ich meine Mails durchsah und auf die, die ich für dringlich hielt, antwortete. Ich war nie auf eine einzelne Sache konzentriert – insbesondere nicht auf meine Familie. Doch dafür hatte ich gute Gründe. Dachte ich jedenfalls. Ich schätzte die finanzielle Sicherheit für mich und meine Familie. Ich wollte, dass die Menschen, die mir mehr bedeuteten als alles andere, genug zu essen, Kleidung und ein Dach über dem Kopf hatten. Als ich diesem Gedanken weiter nachging, musste ich mir jedoch eingestehen, dass meine Konzentration auf die finanzielle Sicherheit nicht der Liebe für meine Familie entsprang. Sie entsprang der Angst. Die unterschwellige Verlagerung meiner Prioritäten hatte absolut nichts mit meiner Familie zu tun.

In den Jahren nach der Finanzkrise 2008 verlor ich plötzlich die Kontrolle über meine Finanzen: Über die Hälfte meiner Klienten brach mir weg, da sie die Auswirkungen der Krise am eigenen Leib spürten und es sich nicht mehr leisten konnten, mit mir zu arbeiten. Ich wiederum konnte so meine Hypothek nicht abbezahlen und verlor das Haus durch Zwangsvollstreckung. Zudem war ich fortan nicht mehr kreditwürdig. So stand es also damals, und das erschreckte mich zutiefst. Keine meiner Ideen, das Geschäft wieder anzukurbeln, funktionierte, immer tiefer trieb mich diese Abwärtsspirale in die Schulden hinein. Wie ich aus diesem schwarzen Loch wieder herauskommen sollte, war mir absolut schleierhaft. Und obwohl ich es schließlich schaffte und allmählich wieder nach vorne blickte, musste ich doch Jahre später erkennen, dass mir die Angst, erneut alles zu verlieren, noch immer in den Knochen steckte – und mich antrieb.

Jede Mail von jedem Kunden hatte Vorrang. Jeder einzelne Vortrag wurde zum Rettungsanker. Natürlich wollte ich für meine Familie sorgen, doch mehr noch hatte ich Angst davor, eine solche Krise noch einmal durchmachen zu müssen, und mit ihr die Depression, das Gefühl, die Kontrolle über das eigene Leben verloren zu haben.

Um diese Angst zu bekämpfen, hatte ich die Produktivität zu meiner obersten Priorität gemacht, ob nun bewusst oder unbewusst. Und nach unzähligen Gesprächen mit Menschen, die sich meine Vorträge angehört haben, weiß ich jetzt, dass es vielen nicht anders geht. Ob man es Produktivität, Erfolg, Leistung oder Arbeit nennt – im Grunde ist es immer dasselbe, und die meisten Menschen sind buchstäblich süchtig danach. Nicht nur dass wir uns auf minder wichtige Aufgaben konzentrieren, wir schaden damit obendrein noch dem, was uns wirklich wichtig ist.

Nonstop-Arbeit schadet Körper und Geist. Damit sabotieren wir unsere Gesundheit. Und nicht nur das: Wir sabotieren gleichzeitig unsere Familie, unseren Spaß am Leben, unsere spirituelle Entwicklung und sogar unsere Arbeit, weil wir uns kopfüber ins Burn-out stürzen. Wenn wir uns hingegen wirklich nur eine oberste Priorität setzen fällt alles andere automatisch dagegen ab.

Ähnlich verfahren wir auch mit anderen, weniger wichtigen Aufgaben. Wie viel Zeit verbringen Sie mit Netflix, Nachrichten, Internet, Facebook, Computerspielen? All das zieht Zeit von Ihrer obersten Priorität ab. Wenn Sie hin und wieder denken: »Ich habe heute keine Zeit für meine oberste Priorität«, heißt das nicht unbedingt, dass Sie keine Zeit haben, sondern dass Sie diese mit weniger wichtigen Aktivitäten verbringen, die Sie nur deshalb für wichtig halten, weil Sie so viel Zeit in sie investieren. Denken Sie daran: Ihr Terminkalender lügt nicht.

* * *

Erst nach meiner Krebsdiagnose wurde mir bewusst, dass ich zum einen nicht im Einklang mit meiner obersten Priorität lebte und dass zum anderen mein Hauptantrieb die ständige Angst war. Sicher: Nach allem, was ich erlebt hatte, hatte ich dafür auch guten Grund. Allerdings glaube ich nicht, dass Angst ein guter Lebensantrieb ist – für mich jedenfalls war sie es nicht. Also beschloss ich, einige tief greifende Veränderungen durchzuführen, damit meine oberste Priorität – die Familie – auch wirklich an erster Stelle kam. Als ich nach meiner ersten, fünftägigen Chemo nach Hause kam, setzte ich mich vor meinen vier Jahre alten Sohn und sagte: »Hey, Großer! Heute machen wir mal den ganzen Tag lang nur, was du willst. Wir fahren an den See. Oder gehen zum Gokart. Wir können auch bowlen. Alles, was du willst.«

»Echt?«, antwortete er. »Hmm ... Dann spielen wir in meinem Zimmer!«

Vielleicht hatte er mich falsch verstanden. »Nein, Großer, wir können wirklich *alles* tun, was du willst! Also: Du kannst es dir aussuchen. Was willst du machen?«

»Mit dir in meinem Zimmer spielen.«

Seine Antwort war wie eine Offenbarung für mich. Die oberste Priorität meines Sohnes war es, mit mir zu spielen. Und wenn die Familie wirklich das Wichtigste für mich war, dann musste das, was meinem Sohn am wichtigsten war, auch das Wichtigste für mich sein.

Eine Erkenntnis durchfuhr mich wie ein Blitz: Meine Kinder werden sich nicht daran erinnern, wie viele Hypothekenraten ich abbezahlt habe. Es wird ihnen egal sein, wie viele Bücher ich verkauft habe. Und am Ende meines Lebens (das hoffentlich noch ein Weilchen auf sich warten lässt) wird auch mir das egal sein. Wenn ich jedes Mal bis nach der Arbeit wartete, bis ich »Qualitätszeit« mit meinen Kindern verbrachte, mussten sie sich mit einem »Rest-Dad« zufriedengeben. Sie bekamen nicht das Beste, was ich zu bieten hatte. Sie bekamen die müde, abgearbeitete und geistig erschöpfte Version von mir, ebenso wie ich von ihnen. Meine Familie musste endlich wirklich an erster Stelle auf meiner Prioritätenliste stehen.

Als wir an diesem Morgen im Zimmer meines Sohnes verschwanden, nahm ich mir vor, künftig jeden Morgen eine halbe Stunde lang mit ihm zu spielen, bevor er zur Schule musste. Das kostete mich nur etwas Zeit, für ihn aber bedeutete es alles. Und das Schönste daran ist, dass sich unsere Beziehung seitdem enorm vertieft hat.

TERMINKALENDER UND OBERSTE PRIORITÄT IN EINKLANG BRINGEN

Seit damals, seit ich mich von meiner Krebserkrankung erholt habe, konzentriere ich mich intensiv auf meine Familie und versuche, der beste Vater und Ehemann zu sein, der ich nur sein kann. Dafür musste ich einige radikale Veränderungen in meinem Terminkalender vornehmen, doch inzwischen sieht man ihm an, was für mich oberste Priorität hat. Mittlerweile sieht ein typischer Tag in meinem Leben etwa so aus:

Ich stehe immer noch jeden Tag um 4 Uhr 30 auf, um den Miracle Morning und die *Life S.A.V.E.R.S.* zu praktizieren. Für das R (wie »Reading«, Lesen) habe ich die Regel aufgestellt, dass ich mich erst dann einem beruflichen Buch widme, wenn ich vorher mindestens zehn Seiten eines Eltern- oder Eheratgebers gelesen habe. Das allein erinnert mich jeden Tag daran, dass die Familie für mich oberste Priorität hat.

Um 6 Uhr wecke ich meine Kinder. Das hat früher ausschließlich meine Frau getan, weil ich immer »zu beschäftigt« gewesen war. Ich versuche, sie so zu wecken, dass sie ihren Tag mit einem positiven Mindset, einer positiven Einstellung, und einem positiven Gefühl beginnen. Ich schlüpfe zu ihnen ins Bett, um mit ihnen zu kuscheln oder sie zu kitzeln. Dann flüstere ich ihnen etwas Affirmatives zu, etwa: »Guten Morgen, Lieblingssohn/Lieblingstochter ... Du bist wunderbar und klug ... Und während du jetzt aufwachst, fließt jede Menge positive Energie in dich ... Es ist Zeit, aufzustehen und den Tag zum besten deines Lebens zu machen.« Ich sage einfach, was mir in den Sinn kommt. Meist singe ich es sogar, manchmal mit einer lustigen Stimme, um sie zum Lachen zu bringen.

Sind meine Kinder angezogen und haben sie sich die Zähne geputzt, führen wir eine »kinderfreundliche« Version des Miracle Morning durch. Dann spiele ich mit meinem Sohn (seine Lieblingsbeschäftigung); früher waren es Actionfiguren, später dann Brettspiele. Anschließend betätige ich mich als persönlicher Assistent meiner Frau, indem ich ihr helfe, die Lunchpakete zu packen und die Kinder für die Schule fertig zu machen (auch das habe ich früher nie getan, weil ich viel zu beschäftigt damit gewesen war, mich in meinem Büro zu verstecken). Meine Frau und Kinder in den Tag zu begleiten ist heute ausgesprochen wichtig für mich. Ich betrachte das nicht als eine Pflicht, sondern vielmehr als eine Gelegenheit, unsere Verbindung zu vertiefen und einen positiven Einfluss auf meine Kinder auszuüben.

Als Nächstes bringe ich meine Kinder zur Schule, ebenfalls eine Tätigkeit, die ich früher achtlos an meine Frau delegiert habe. Das ist Qualitätszeit, die den Namen wirklich verdient hat: Wir bereiten uns innerlich auf den Tag vor, sprechen miteinander, hören flotte Musik und tanzen (ja – im Auto!). Außerdem höre ich mittlerweile an drei Tagen in der Woche statt um 17 Uhr schon um 14 Uhr mit der Arbeit auf, damit ich die Kinder aus der Schule abholen kann. Zuerst war es schwierig, mir diese Zeit abzuknapsen, aber zum Glück habe ich es geschafft.

Gegen 17 Uhr gibt es das Familienabendessen, bei dem wir das »Dankbarkeitsalphabet« spielen: Wir zählen abwechselnd auf, wofür wir dankbar sind, wobei wir bei A beginnen und jeder dann mit dem nächsten Buchstaben weitermachen muss. Auch am Zubettbringen der Kinder beteilige ich mich. Ich lese ihnen eine Gute-Nacht-Geschichte vor oder erzähle ihnen etwas aus meiner eigenen Kindheit, was, ganz nebenbei, eine wunderbare Möglichkeit ist, einander richtig kennenzulernen und ihnen das zu vermitteln, was ich im Leben bisher gelernt habe. Obendrein stellt es sicher, dass ich meinen Tag so beende, wie ich ihn begonnen habe: mit meiner Familie, meiner obersten Priorität.

Samstags ist der Vater-Kind-Spaßtag dran, bei dem wir weitere Qualitätszeit miteinander verbringen und der meiner Frau endlich auch einmal Zeit für sich selbst schenkt. Zusätzlich legen wir beide äußersten Wert darauf, einen Abend in der Woche zu unserem Ausgehabend zu machen: Wir engagieren einen Babysitter und genießen unsere Qualitätszeit zu zweit.

All diese Veränderungen sind natürlich nicht über Nacht geschehen, sondern Stück für Stück. Und sie durchzusetzen war alles andere als leicht. Ich habe immer noch Angst davor, dass es erneut zu einer Wirtschaftskrise und in der Folge zu einer schwierigen persönlichen finanziellen Situation kommen könnte, die meine Abhängigkeit von der Arbeit wieder verstärken würde. Doch die gute Nachricht ist: Je mehr man im Einklang mit seiner obersten Priorität lebt, desto leichter wird der Prozess und desto natürlicher fühlt er sich an. Das ist ja im Grunde mit allen Veränderungen so. Neulich hat mich jemand zu einer Veranstaltung eingeladen, die wichtig fürs Geschäft sein könnte, aber ich habe ohne zu zögern gesagt: »Nein, danke, diesen Tag verbringe ich mit meinen Kindern.«

Allerdings bin auch ich nicht perfekt. An manchen Tagen muss ich immer noch einen Rückzieher machen und meine Frau bitten einzuspringen. Doch der größte Durchbruch hinsichtlich meiner obersten Priorität – meiner Familie – besteht darin, dass ich nicht mehr bereit bin, »ausreichend« Zeit mit ihr zu verbringen, als sei das nur ein weiterer Punkt auf der To-do-Liste, der abgehakt werden muss. Solange meine Kinder noch Zeit mit mir verbringen wollen – und ich habe mir sagen lassen, das geht schneller vorbei, als einem lieb sein kann –, verbringe ich so viel Zeit mit ihnen, wie nur irgend möglich. Oberste Priorität in meinem Leben hat die Bindung zu und der positive Einfluss auf meine Kinder, und beides lässt sich nicht aus der Ferne bewirken. Je öfter wir zusammen sind, desto tiefer wird diese Bindung und desto mehr Einfluss auf ihre Entwicklung kann ich nehmen. Also setze ich alles daran, dass wir so oft wie möglich zusammen sind.

Ich wünschte, ich wäre der Einzige, der nicht im Einklang mit dem gelebt hat, was ihm am wichtigsten ist, doch den Rückmeldungen auf meine neue (Postkrebs-)Botschaft »What Matters Most« nach zu schließen, bin ich nur einer von Tausenden. Wenn auch Sie zu diesen Menschen gehören, ist es für

Sie im Moment am wichtigsten, den Tatsachen ins Auge zu blicken und Änderungen vorzunehmen. Seien Sie ehrlich zu sich selbst. Falls die Arbeit für Sie oberste Priorität hat, dann sollten Sie auch dazu stehen und sich deswegen nicht schuldig fühlen. Für mich war sie tatsächlich das Wichtigste, bevor ich eine Familie hatte. An manchen Tagen ist das immer noch so, aber diese Tage sind die Ausnahme. Und falls es die Gesundheit ist, die Ihre primäre Aufmerksamkeit erfordert, sollten Sie Taten und Terminkalender darauf ausrichten.

Machen Sie sich auch bewusst, dass sich Ihre oberste Priorität wandeln kann und wahrscheinlich auch wird. Ich bin mir sicher, dass Ihnen heute etwas anderes wichtig ist als zu der Zeit, als Sie 15 waren. Und das wird sich im Laufe Ihres Lebens vermutlich noch öfters ändern. Setzen Sie sich also nicht zu sehr unter Druck herauszufinden, was im Augenblick oberste Priorität für Sie hat. Sie müssen auch keine Angst haben, dass Ihre anderen Ziele unter Ihrer Wahl leiden. Wenn Sie erst einmal wissen, was Ihnen am wichtigsten ist, werden Sie letztlich in allen Bereichen besser vorankommen.

WAS IST IHNEN AM WICHTIGSTEN?

Können Sie diese Frage mit hundertprozentiger Sicherheit beantworten? Ist die Familie das Wichtigste in Ihrem Leben? Sind es die Freunde? Ihre Gesundheit? Ein bestimmtes Ziel? Wenn Sie sich nicht sicher sind, sollten Sie es herausfinden, da die erfolgreichsten, erfülltesten Menschen auf Erden diejenigen sind, die genau wissen, was ihnen am wichtigsten ist, die ihre höchsten Werte und ihre oberste Priorität genau kennen und jeden Tag im Einklang damit leben.

Zum Glück muss es nicht immer ein lebensveränderndes Ereignis sein, das uns klarmacht, was wir am meisten schätzen. Lassen Sie uns hier einen anderen Weg gehen, lassen Sie uns kurz in die Zukunft reisen.

Stellen Sie sich vor, Sie seien ein Miracle-Experte. Sie stehen morgens auf und gehen jeden Tag mit unerschütterlichem Glauben und unermüdlichem Einsatz an. Durch das, was Sie beständig erreichen, fühlen Sie sich versiert und erfüllt. Menschen sehen Sie an und denken: *Wow, bei dem läuft's aber. Was für ein Glückspilz!* Sie sind glücklich und zufrieden, weil Sie im Einklang mit Ihren höchsten Werten leben und Ihre Fähigkeiten voll ausschöpfen. Was sich bei einem Blick auf Ihren Terminkalender bestätigt. Obwohl sich Ihnen überall Chancen bieten, können Sie zu den meisten Nein sagen und nur die ergreifen, die sich ebenfalls im Einklang mit dem befinden, was Ihnen am wichtigsten ist.

Wenn Sie sich so als Miracle-Experten sehen, was ist Ihnen dann am wichtigsten? Familie, Gesundheit, Arbeit, Geld, Spiritualität, Spaß, Engagement für die Gemeinschaft, persönliche Entwicklung? Wie können Sie das herausfinden? Was in Ihrem Terminkalender unterstützt Ihren höchsten Wert und Ihre oberste Priorität?

Mir ist klar, dass ich diesen Punkt ein wenig überstrapaziere, doch andererseits ist das Wissen um Ihre oberste Priorität für Ihre Mission unabdingbar. Wunder, insbesondere die greif- und sichtbaren, lassen sich viel leichter vollbringen, wenn Sie im Einklang mit Ihren höchsten Werten leben. Eine Vielzahl an Prioritäten – ein Widerspruch in sich – hingegen wird Sie schnell überfordern, weil Sie dann nie wissen, worauf Sie Ihre gebündelte Energie richten sollen.

Haben Sie sich Ihre oberste Priorität klargemacht, nehmen Sie sich noch einmal die Liste Ihrer Ziele vor. Sollten Sie eine solche Liste noch nicht haben, legen Sie bitte dieses Buch beiseite und halten schriftlich einige Dinge fest, die Sie in den kommenden Monaten erreichen wollen. Die Liste muss nicht perfekt sein, schreiben Sie einfach auf, was Ihnen als Erstes in den Sinn kommt. Vielleicht wollen Sie Verbesserungen in den folgenden Bereichen erzielen:

- Gesundheit und Fitness
- Familie
- Freunde
- Arbeit
- Finanzen
- Vergnügen und Freizeit
- Persönliche Entwicklung
- Spiritualität
- Engagement für die Gemeinschaft/Wohltätigkeit

Stellen Sie sich nun folgende Frage: **Welches dieser Ziele wird mir dabei helfen, die Fähigkeiten und Eigenschaften zu entwickeln, die ich brauche, um alles, was ich mir im Leben wünsche, zu erreichen?**

Dieses eine Ziel wird Sie aufgrund der Fähigkeiten und Eigenschaften, die es in Ihnen entwickelt, in Richtung der Miracle-Experten-Version Ihrer selbst treiben, Fähigkeiten wie Disziplin, Widerstandskraft, Beharrlichkeit und – am wichtigsten – das Miracle Mindset, basierend auf unerschütterlichem Glauben und unermüdlichem Einsatz. Befindet sich dieses Ziel im Einklang mit den grundlegenden Werten, nach denen Sie leben wollen? Falls nicht, überlegen Sie, ob sich entweder Ziel oder Werte ändern sollten. Sie wollen Ihre gesamte Konzentration und Energie zum Verwirklichen Ihrer neuen Identität nutzen, also sollten oberstes Ziel und oberste Priorität synchron sein. Schrecken Sie dabei nicht vor Zielen zurück, die einschüchternd wirken oder schwer zu erreichen scheinen. Es ist ganz normal, dass einem ein hochgestecktes Ziel erst einmal Angst einjagt. Es sollte ja gerade außerhalb Ihrer Komfortzone liegen. Es wird Sie in ganz neue Sphären katapultieren und sollte daher entsprechend bedeutsam sein.

Würde das Ziel, eine beträchtliche Menge abzunehmen, dafür sorgen, dass Sie die Qualitäten und die Identität eines

Miracle-Experten entwickeln würden? Was ist mit der Gründung eines Unternehmens? Einem beruflichen Wechsel? Dem Schreiben eines Buchs? Dem Laufen eines Marathons? Dem Verdoppeln des Einkommens? Die beiden letztgenannten waren meine Ziele.

Haben Sie das Ziel identifiziert, das Ihnen zu Ihrer neuen Identität verhelfen kann, wird es zu Ihrer *Mission*. Ich benutze das Wort »Mission« hier (und nicht nur hier) absichtlich, weil es die Ernsthaftigkeit und den hohen Anspruch betont. In einem Nachschlagewerk habe ich folgende Definition für »Ziel« gelesen: »etwas, worauf man seine Anstrengungen lenkt«. Es macht Spaß, sich Ziele zu setzen. Man stellt sich all die tollen Dinge vor, die mit dem Erreichen des Ziels verbunden sind. Und erreicht man es nicht, setzt man sich einfach neue Ziele und hat Spaß dabei, sich das Erreichen dieser neuen Ziele vorzustellen. Am Ende ähneln solche Ziele eher Fantasien.

Eine Mission dagegen impliziert einen ganz anderen Grad an Engagement. Einhundert Ziele können niemals so schwer wiegen wie eine einzige Mission. Soldaten haben Missionen. Humanitäre Organisationen haben Missionen. Diese unterscheiden sich erheblich von einem Ziel, da sie meist mit einer größeren Vision verbunden sind. Hier sprachlich zu unterscheiden macht das Ganze für Sie zu einer völlig anderen Erfahrung.

Ziele: Viele Dinge, die wir erreichen *wollen*.

Mission: *Eine* Sache, der wir uns *verpflichten*,
was immer auch geschehen mag.

Sehen Sie sich Ihre Ziele noch einmal an und beantworten Sie dann erneut folgende Frage: **Welches dieser Ziele wird mir dabei helfen, mich zu dem Menschen zu entwickeln, der ich sein muss, um alles, was ich mir im Leben wünsche, zu erreichen?**

Meine Mission ist:

___

___

___

___

___

Wie um Himmels willen soll ich dieses große Ziel erreichen?, fragen Sie sich jetzt vielleicht. Nun, da wir mit dem Identifizieren Ihrer Mission schon einen großen Schritt vorangekommen sind, besteht kein Grund, in Panik zu verfallen. Auf diese Frage gehen wir im Moment zwar noch nicht näher ein, doch ich verspreche Ihnen, dass Sie in Kapitel 8 alle Einzelheiten dazu erfahren werden. Nur so viel sei verraten: Es ist leichter, als Sie denken.

NETZ UND DOPPELTER BODEN

Als ambitionierter Seiltänzer (Sind Sie nicht? Ich auch nicht.) überprüfen Sie als Erstes, ob ein Sicherheitsnetz gespannt ist. Das Gleiche gilt für neue und meist auch beängstigende Situationen außerhalb unserer Komfortzone.

Die erste Hürde auf dem Weg zum Vollbringen von Wundern besteht in dem dafür erforderlichen unerschütterlichen Glauben – dazu mehr im nächsten Kapitel. Je mehr sich Ihre Mission dem Wahrscheinlichen annähert, desto mehr werden Sie »anbeißen« und dabeibleiben. Bevor Sie sich jedoch in Ihre Mission stürzen, möchte ich Ihnen ein paar Strategien an die Hand geben, die Ihre Chancen auf Erfolg erhöhen.

Monatliche Missionen – in 30 Tagen mehr erreichen als andere in zwölf Monaten

Jedes Neujahr ist für Menschen, die sich Ziele setzen, eine aufregende Zeit. Wir blicken auf das, was wir im vergangenen

Jahr erreicht haben, zurück und setzen uns für die kommenden zwölf Monate neue Ziele. Und doch erreichen die meisten diese Ziele nicht. Warum ist das so?

Bei der Lektüre des klugen Buchs *The 12-Week Year* ist mir plötzlich klar geworden, dass ein Jahr eine lange Zeit ist. Eine zu lange Zeit vielleicht? Es ist Ende Januar, und Sie haben Ihre guten Vorsätze für das neue Jahr noch nicht in die Tat umgesetzt? Kein Problem, Sie haben ja noch elf Monate. Und wie sieht's im April aus? Na, da kommen immerhin noch Mai, Juni, Juli, August, September, Oktober, November und Dezember. Massig Zeit – oder?

Das Problem mit derart langfristigen Zielen ist, dass uns durch die längere Zeit etwas sehr Wertvolles verloren geht: das Gefühl der Dringlichkeit. Paart sich der Hang zum Aufschieben mit unangemessenem Optimismus – wenn Sie also stets denken: »Ich habe ja noch so viel Zeit!« –, dann glauben Sie fälschlicherweise, Sie könnten sich den Luxus des Trödelns leisten. Dieser Teufelskreis führt dazu, Gelegenheiten zu verpassen, Ziele nicht zu erreichen und das eigene Potenzial nicht auszuschöpfen.

Was aber wäre, wenn Sie nicht zwölf Monate, sondern nur einen Monat Zeit hätten? Wenn *einmal im Monat* Neujahr wäre? Wenn Sie einmal im Monat auf Ihre Erfolge zurückblickten und sich gegebenenfalls neue Ziele setzen und von vorn beginnen könnten?

Diese Art der monatlichen Missionen – sich alle vier Wochen ein Ziel setzen, das die größere Mission unterstützt – sorgt dafür, dass Sie sich einmal im Monat präzise auf Ihre oberste Priorität konzentrieren. Darüber vermittelt sie Ihnen ein gesundes, beständiges Gefühl der Dringlichkeit, mit dem Sie Ihrer letztendlichen Mission auf den Fersen bleiben: das Miracle Mindset und die Verhaltensweisen eines Miracle-Experten zu entwickeln.

Die richtige Umgebung schaffen

Wir wissen es zwar nicht, doch meist sind wir es selbst, die sich und ihren Zielen Steine in den Weg legen. Wir verkünden, 20 Pfund abnehmen zu wollen, und stocken den Vorratsschrank mit Keksen und Limo auf. Wir sind entschlossen, morgens zu meditieren oder Sport zu treiben, bleiben dann aber am Smartphone hängen und verlieren uns in Mails, Social-Media-Seiten und endlosen To-do-Listen. Wir geben vor, große Ziele und Träume zu haben, planen im Terminkalender aber keinerlei Zeit für sie ein.

Sehen Sie sich einmal genauer in Ihrer Umgebung und in Ihrem Terminkalender um: Gibt es da etwas, das Ihre oberste Priorität torpedieren könnte? Im Idealfall taucht in Ihrem Terminkalender regelmäßig der Eintrag »Zeit für meine Mission« auf, am besten so früh am Tag wie möglich, da dies sicherstellt, dass Sie die wichtigsten Aufgaben als Erstes angehen. Je länger Sie damit warten, desto eher verschieben Sie sie auf den nächsten Tag. Das kennen Sie doch bestimmt auch, oder? Außerdem fallen Ihnen die wichtigen Aufgaben leichter, wenn Sie noch genügend Energie haben und der Kopf noch frei ist. Falls Sie lieber abends nach der Arbeit ins Fitnessstudio gehen, sollten Sie Ihre Sporttasche auf jeden Fall mit zur Arbeit nehmen und sich wenn möglich noch im Büro umziehen. Erleichtern Sie sich das Erreichen Ihres Ziels.

Wenn Sie für Ihr Geschäft mehr Kunden akquirieren wollen, sollten Sie sich eine feste Zeit und einen ruhigen Ort suchen, an dem Sie die nötigen Telefongespräche führen und Termine vereinbaren können. Besteht Ihr Ziel im Erlernen einer Fremdsprache, sollten Sie möglichst viele Bücher in dieser Sprache lesen, entsprechende Radiosender hören und sich mit Muttersprachlern unterhalten. Wir haben uns schon damit beschäftigt, wie wir emotional Raum in uns schaffen, der Platz für Wunder lässt. Ebenso aber muss auch in Ihrer äußeren Umgebung Platz dafür geschaffen werden.

Denken Sie auch darüber nach, mit welchen Menschen Sie sich umgeben. Finden diese immer Ausreden und kommen deshalb nie weit, bieten sie Ihnen wahrscheinlich kaum Motivation. Suchen Sie sich Menschen, die bereits tun, was Sie gern tun würden, oder die zumindest im Einklang mit ihrer obersten Priorität leben, wie auch immer diese lauten mag.

Seit ich meinen Terminkalender auf die Mission Familie abgestimmt habe, läuft er praktisch auf Autopilot. Dadurch konnte ich mich besser auf die Mission, den Krebs zu besiegen, konzentrieren, um ein langes, gesundes Leben mit meiner Familie führen zu können. Auch meine Umgebung habe ich vollkommen auf meine Mission abgestimmt. Jeden Morgen wiederhole ich zehn Minuten lang Affirmationen, die auf das Besiegen der Krankheit abzielen. Anschließend meditiere ich zehn Minuten lang über dasselbe Thema. Dann lese ich zehn Seiten in einem Ratgeber über die Genesung nach Krebserkrankungen und trinke ein Glas selbst gemachtes Biozitronenwasser. Dazu lasse ich mir jede Woche köstliche pflanzliche Biolebensmittel liefern. Ich habe in ein Ozontherapiegerät investiert, das ich dreimal pro Woche benutze, nehme täglich rund 30 Nahrungsergänzungspräparate, die sich bei meiner Art von Krebs als nützlich erwiesen haben, und lasse mir wöchentlich Kaffeeeinläufe geben (und ich kann Ihnen versichern, ein Einsatz könnte kaum unermüdlicher sein, als sich einen Schlauch in den Hintern schieben zu lassen). Ich habe meine gesamte Umgebung bewusst so arrangiert, dass sie meine derzeitige Lebensmission unterstützt. Auch meine »Krebsfrei-Mission« läuft inzwischen auf Autopilot, weshalb ich mich auf eine wieder andere Mission konzentrieren kann. Wenn Sie Terminkalender und Umgebung entsprechend präparieren, werden auch Sie bald in den Genuss dieser Autopilotphase kommen und sich Ihrer nächsten Mission zuwenden können. Und je mehr Sie die Fähigkeiten und Eigenschaften eines Miracle-Experten entwickeln, desto früher und leichter springt der Autopilot an.

Rechenschaft ablegen

Ich weiß, wie leicht man in Versuchung gerät aufzugeben, wenn man sich an etwas versucht, das man noch nie zuvor getan hat. Da ist es gut, sich mit Gleichgesinnten zu umgeben. In einem Team müssen Sie nicht nur Rechenschaft ablegen, Sie werden auch ermuntert und bekommen eine Perspektive, und all das hilft Ihnen beim Erfüllen Ihrer Mission.

Zu Punkt 1, der Rechenschaft. Eine der mächtigsten und am wenigsten genutzten Ressourcen, die uns zur Verfügung stehen, ist die *Integrität*, die ich folgendermaßen definiere: *das tun, was man sich vorgenommen hat, wann man es sich vorgenommen hat, ohne Ausnahmen oder Ausreden*. Wer das beherzigt, hat die Macht, das Leben, das er sich vorstellt, in die Tat umzusetzen, denn wenn wir eine Absicht verkünden und uns immer an unser Wort halten, ist das, was wir uns vorgenommen haben, praktisch schon erledigt. Dieses Prinzip könnte man auch als *unausweichlich* bezeichnen.

Im echten Leben ist es alles andere als leicht, stets die Integrität zu wahren, weil es nun einmal in der menschlichen Natur liegt, nach Ausreden zu suchen. Es ist uns zwar nicht bewusst, aber meist stellen wir Ausreden über die Integrität. Wie jedoch wissen wir, ob wir dazu neigen, nach Ausreden zu suchen oder nicht? Nehmen wir einmal an, es zeichnete sich ab, dass Sie eine Deadline nicht einhalten können. Worauf richten Sie dann Ihre Konzentration und Kreativität? Auf unermüdlichen Einsatz, damit Sie es am Ende doch noch schaffen, oder – vielleicht unbewusst – auf Entschuldigungen, die Sie von Ihrem Vorsatz befreien? Was in der Schulzeit als »Der Hund hat die Hausaufgaben gefressen« angefangen haben mag, ist später wenig mehr als ein etwas eleganterer Versuch, sich der Verantwortung zu entziehen. Sie müssen sich jetzt aber auch nicht in Grund und Boden schämen, wenn Sie sich ertappt fühlen, denn das wird den meisten so gehen. Deshalb ist es sehr wichtig, sich mit Menschen zu umgeben, die sich gleichfalls dem Ausschöpfen ihres vollen Potenzials und dem Erreichen bedeutender Ziele verschrieben haben: Sie sind Ihre Form des Sicherheitsnetzes. Ihnen gegenüber müssen Sie Rechenschaft ablegen, wenn Sie das, was Sie sich vornehmen, nicht tun oder sich herausreden wollen.

Sie schenken Ihnen aber auch Unterstützung und Ermutigung. Denn um ganz ehrlich zu sein: Der Weg zum Ziel ist niemals ein gerader. Er ist mit Höhen und Tiefen, guten und schlechten Tagen gepflastert. Und wenn sich die schlechten Tage einmal häufen und Sie in Versuchung geraten aufzugeben, ist ein vorher aufgebautes unterstützendes Netzwerk die Rettung. Es dient praktisch als ein ganzes Team persönlicher Coaches, die sich um Sie kümmern. Was natürlich keine Einbahnstraße ist: Umgekehrt bringt es auch das Beste in uns zum Vorschein, wenn wir andere unterstützen. Anderen Verantwortlichkeit abzuverlangen macht uns selbst verantwortungsvoller.

Ihr Team an Miracle-Experten (oder wie auch immer Sie sie nennen wollen) bietet Ihnen auch neue Blickwinkel und Strategien, wenn Sie einmal nicht mehr weiter wissen, Blickwinkel und Strategien, die zu neuer Klarheit verhelfen können. Außerdem nimmt das Wissen, nicht allein zu sein, ungeheuer viel Angst. Von einer Gruppe Gleichgesinnter umgeben zu sein, von denen jeder seine ganz eigenen Erfahrungen damit gemacht hat, was funktioniert und was nicht, ist unschätzbar wertvoll.

Wenn Sie solche Gleichgesinnten nicht kennen oder nicht gern in der Gruppe arbeiten, wäre die nächste Alternative, sich einen einzelnen Menschen zu suchen, dem gegenüber Sie Rechenschaft ablegen. Er oder sie erfüllt dieselben Funktionen wie die Gruppe, während Sie sich regelmäßig über Ihr jeweiliges Vorankommen austauschen. Ein solches Team an »Rechenschaftspartnern« bilden beispielsweise zwei meiner *Miracle Morning*-Koautoren, Cameron Herold (*The Miracle Morning for Entrepreneurs*) und Joe Polish *(The Miracle Morning for*

Addiction Recovery). Sie sind täglich in Kontakt, auch über eine App namens CommitTo3, mit der sie jeden Tag die Fortschritte bei ihren drei wichtigsten Zielen prüfen. Wichtig ist auf jeden Fall, dass Sie sich Unterstützung suchen, um Ihre tadellose Integrität aufrechtzuerhalten. Ich würde Ihnen allerdings dringend empfehlen, dass Ihr Rechenschaftspartner *nicht* Ihr Mann/Ihre Frau, ein Familienmitglied oder eine andere nahestehende Person ist, da diese öfter mal ein Auge zudrücken – was Ihnen in dieser Situation nicht hilft. Nehmen Sie sich nun also ein wenig Zeit, um einen passenden Partner zu suchen, denn dieser kann maßgeblich an Ihrem Erfolg beteiligt sein.

Sich einen oder mehrere Miracle-Mentoren suchen

Es ist sehr nützlich, mindestens einen Mentor zu haben, denn jeder von uns betrachtet die Dinge aus nur einem Blickwinkel: dem eigenen. Ihr Mentor könnte ein Mitglied Ihres Miracle-Experten-Teams oder auch Ihr Rechenschaftspartner sein. Ihrem Mentor gegenüber müssen Sie nicht nur Rechenschaft ablegen, er oder sie gewährt Ihnen auch Einblicke in einen größeren Pool an Möglichkeiten. Mentoren bieten Ratschläge und Führung. In manchen Fällen basieren die Ratschläge auf eigener Erfahrung, in anderen kennt Ihr Mentor Sie einfach so gut, dass er Ihnen einen für Sie geeigneten Weg vorschlagen kann, auf den Sie entweder nicht gekommen sind oder den Sie sich nicht zugetraut hätten.

Der in diesem Buch bereits erwähnte Jon Berghoff fällt in die zweite Kategorie von Mentoren. Er hat in den vergangenen 20 Jahren einen ungeheuer positiven Einfluss auf mich ausgeübt, den wohl wichtigsten in meinem bisherigen Leben. Als wir uns begegneten, war er allerdings der Letzte, den ich mir als Mentor vorstellen hätte können.

Zum einen war er jünger als ich, und zum anderen begannen wir unsere Beziehung als bittere Erzrivalen bei Cutco. Er kam anderthalb Jahre nach mir in die Firma und brach bald darauf einen von mir aufgestellten Verkaufsrekord nach dem anderen. Ich weiß noch, wie unangenehm es war, als wir uns zum ersten Mal auf einer Vertreterkonferenz trafen, nur wenige Minuten nachdem er aus meinem letzten Push-Period-Rekord Kleinholz gemacht hatte. Im darauffolgenden Jahr lernten wir uns besser kennen und schließlich wurden wir sehr gute Freunde. Es stellte sich heraus, dass er zu den brillantesten Menschen gehörte, die mir je über den Weg gelaufen waren – ein Grund dafür, warum er es schaffte, jeden anderen Vertriebsmitarbeiter in der Geschichte der Firma, auch die mit jahrzehntelanger Erfahrung, in den Schatten zu stellen.

2001, ich war damals immer noch bei Cutco angestellt, warb mich eine andere Firma für den Teilzeitvertrieb eines ihrer Produkte ab. Ich hielt das für eine gute Möglichkeit, mir ein zweites berufliches Standbein zu schaffen, und rief Jon an, um ihn zu fragen, ob er mitkommen wolle. Seine – überraschende – Antwort änderte den weiteren Verlauf meines Lebens völlig.

»Hal, was soll das?« Jons Stimme war ernst. »Jetzt hör mir mal zu. Du warst tot, und man hat dir gesagt, du würdest nie wieder laufen können. Was ein Irrtum war. Ich weiß, du denkst, das war keine große Sache, du hast das ›halt getan‹. Aber es war nicht normal.« Ich hätte eine Geschichte zu erzählen, sagte Jon, die anderen Menschen dabei helfen könnte, ihre eigenen Schwierigkeiten zu überwinden. »Wenn ich du wäre, würde ich jede freie Minute damit verbringen, ein Buch zu schreiben, statt für irgendeine andere Firma irgendetwas zu verkaufen.« Ich dachte darüber nach, was er gesagt hatte. Er hatte recht. Und dieses Gespräch war der Auslöser für meine Entscheidung, Autor und Redner zu werden.

Als ich Jon kennenlernte, hätte ich mir nie träumen lassen, dass er eines Tages mein Mentor werden würde. Deshalb rate ich den Leuten immer, die Ohren für gute Ratschläge offen zu halten – manchmal kommen sie aus einer absolut unerwarteten Richtung. Je mehr wir von ganz unterschiedlichen Menschen zu lernen versuchen und ihr Feedback schätzen, desto größer sind die Chancen, neue Mentoren und neue Blickwinkel zu finden, die uns unserem 10-Punkte-Leben immer näherbringen.

Die Mission öffentlich machen

Um Ihr unermüdliches Engagement für Ihre Mission zu untermauern und sich ihr verpflichtet zu fühlen, ist es hilfreich, Ihre Mission öffentlich zu machen. Erzählen Sie den Menschen, die Ihnen am nächsten stehen, davon und warum Sie entschlossen sind, es um jeden Preis durchzuziehen. Ich weiß, dass es andere Denkrichtungen gibt, denen zufolge man das Ziel geheim halten und nicht sagen, sondern zeigen sollte, wie ernst es einem ist, doch ich persönlich bin da anderer Meinung. Wenn niemand sonst von Ihrem Vorhaben weiß, ist es viel leichter, sich selbst aus der Verantwortung zu nehmen. Und auch das ist menschlich, aber nicht hilfreich.

Ich selbst habe schon mehrere Male mit dem Öffentlichmachen meiner Mission experimentiert. Ein Beispiel dafür ist das Team Gleichgesinnter, die den Verkaufsrekord von 20000 Dollar ebenfalls brechen wollten. Ein anderes Beispiel war mein Entschluss, einen Ultramarathon (rund 84 Kilometer) für einen wohltätigen Zweck zu laufen. Dazu muss ich jedoch Folgendes erklären. An alle Läufer da draußen: Respekt – aber ich bin keiner von euch. Ich bin zwar nicht besonders stolz darauf, aber ich gehöre dem »Ich hasse Laufen«-Club an, und das schon immer.

Allerdings war genau das der Grund dafür, warum ich mich Mitte 2008 für den Ultramarathon entschied. Das klingt schräg, ich weiß, aber es kam so: Bei einem meiner Miracle Mornings schoss mir ein Gedanke durch den Kopf. *Wer müsste ich wohl werden, um 84 Kilometer an einem Tag zu laufen? Ich kenne diese Person nicht, ich habe sie nie getroffen. Aber ich frage mich, wie sie wohl so wäre.* Wahrscheinlich verdammt viel disziplinierter und leistungsfähiger als ich. Mist – wahrscheinlich schafft dieser Kerl immer alles, was er sich vornimmt. Das wollte ich auch.

Also tat ich zwei Dinge, um mir sowohl Unterstützung als auch Rechenschaftspartner zu sichern. Als Erstes postete ich auf Facebook, dass ich einen Ultramarathon laufen wollte, um Spenden für meine Lieblingswohltätigkeitsorganisation, die Front Row Foundation, zu sammeln. Das sollte mir den Ehrgeiz zum Durchhalten verschaffen – denn wer will schon der Typ sein, der großspurig eine Spendensammelaktion ankündigt und dann den Schwanz einzieht? Als Nächstes besorgte ich mir ein Buch über Marathons für Nichtläufer: *The Non-Runner's Marathon Trainer.*

Zum Glück hatte ich drei Freunde, die den Ultramarathon mit mir gemeinsam laufen wollten: James Hill, Alisha Anderer und Favian Valencia. Wir nannten uns die »Ultrafreunde« und kamen schließlich alle ins Ziel. Für meine Ultrafreunde kann ich zwar nicht sprechen, aber was mich angeht, so hasse ich Laufen noch immer! Doch wissen Sie, was bei diesem Marathon passiert ist? Ich habe den Kerl, der einen Ultramarathon laufen kann, nicht nur *getroffen*, ich bin zu ihm *geworden*. Und seitdem ist mein Leben ein besseres. Wenn Sie sich Menschen gegenüber, die Sie respektieren und deren Respekt Sie schätzen, öffentlich verpflichten, ist Aufgeben schlicht und ergreifend keine Option mehr.

Eine Mission – viele erreichte Ziele

Mein Freund und ehemaliger Cutco-Kollege John Israel (ich weiß, ohne Cutco hätte ich überhaupt keine Freunde) ist ebenfalls ein ausgezeichnetes Beispiel dafür, wie das Verfolgen einer Mission dazu führt, viele bedeutsame

Ziele zu erreichen. John, auch bekannt als »Mr Thank You«, hatte es sich zum Ziel gesetzt, die Dankbarkeit auf Erden um ein Prozent zu erhöhen, eine Dankeskarte nach der anderen. Im ersten Jahr seiner Mission schrieb er fünf Dankeskarten am Tag, an *jedem* Tag. Und zwar an verschiedene Leute – jede Person durfte von ihm insgesamt nur höchstens drei Dankeskarten pro Jahr erhalten. Eine interessante Mission, oder?

Wie John die anderen Ziele in seinem Leben erreichte, ist nicht minder interessant. Sie alle mussten etwas mit seiner Hauptmission, *Dankbarkeit*, zu tun haben und bescherten ihm schließlich enormen Erfolg. Als frischgebackener, dankbarer Papa reiste er durchs Land und scharte gleichgesinnte Miracle-Experten-Papas um sich. Diese Gemeinschaft wuchs und wuchs und sorgte dafür, dass John in diesem Jahr nicht nur 1 825 Dankeskarten schrieb, sondern auch beeindruckende Verkaufszahlen von 445 000 Dollar erzielte. Er verlieh seiner Dankbarkeit Ausdruck und hatte am Ende jede Menge, wofür er dankbar sein konnte. Alle seine Ziele hatten sich im Einklang mit seiner Mission befunden, und das hatte John darin unterstützt, in diesem Jahr alles zu erreichen, was er sich vorgenommen hatte.

DIE ANDEREN ZIELE NICHT AUS DEN AUGEN VERLIEREN

Wir haben uns bislang darauf konzentriert, einem Ihrer Ziele oberste Priorität einzuräumen und es so zu Ihrer Mission zu machen. Das bedeutet aber nicht, dass Sie sich um den Rest Ihres Lebens nicht kümmern müssten. Es bedeutet nur, dass Ihre Mission an erster Stelle steht. Ist das erst einmal geschafft, können Sie auch alles andere angehen.

Sie wissen sicher noch: Das Jahr, in dem ich meine Verkaufszahlen verdoppelt habe, war auch das Jahr, in dem ich fast alle meine anderen Ziele erreicht habe. Ein Ziel zu Ihrer Mission zu machen zwingt Sie dazu, beim Zeitmanagement Prioritäten zu setzen und sich in der Reihenfolge ihrer Bedeutung auf ein Ziel nach dem anderen zu konzentrieren. Das ist viel effizienter und effektiver, als morgens aufzustehen und an dem zu arbeiten, was vermutlich am leichtesten und schnellsten zu erledigen ist. Es kann im Gegenteil viel leichter sein, sich auf ein Ziel zu konzentrieren und dabei gleichzeitig viele andere zu erreichen.

Sie wissen jetzt, worin der wahre Zweck eines Ziels besteht und wie Sie eines Ihrer Ziele zu Ihrer Mission machen. In den folgenden beiden Kapiteln werden wir uns näher mit den beiden Grundsatzentscheidungen beschäftigen, die Sie treffen müssen, um sich zu einem Miracle-Experten zu entwickeln und aus Ihren *möglichen* Zielen zuerst *wahrscheinliche* und schließlich *unausweichliche* zu machen. Wenn Sie sich noch immer nicht vorstellen können, sich ein geradezu beängstigend hohes Ziel zu setzen, werden die nächsten beiden Kapitel besonders interessant für Sie sein.

7 GRUNDSATZENTSCHEIDUNG NUMMER EINS: UNERSCHÜTTERLICHER GLAUBE

SIE MÜSSEN GLAUBEN, BIS …

» Es ist mangelnder Glaube, der Menschen vor Herausforderungen zurückschrecken lässt. Ich aber habe an mich selbst geglaubt.
– Muhammad Ali

Wussten Sie schon …?

27 Verleger lehnten Dr. Seuss' erstes Buch ab. Schließlich aber sollte er über 60 erfolgreiche Titel veröffentlichen und weltweit mehr als 600 Millionen Bücher verkaufen.

Babe Ruth musste in seiner Karriere 1330 Strikeouts hinnehmen. Dafür hat er mehr Home Runs geschlagen wie jeder andere. Er gilt als eine der größten Baseballlegenden.

Vincent van Gogh gelang es zu Lebzeiten nur, ein einziges Bild zu verkaufen, an einen Freund, malte aber weiter. Als er starb, hatte er über 800 Werke geschaffen, von denen heute eines allein Millionen Dollar wert ist.

Das als Drehbuchautor, Schauspieler, Filmproduzent und Regisseur tätige Multitalent Tyler Perry verlor all sein Geld, als sein erstes Stück Schiffbruch erlitt. Er gab nicht auf und stellte das Stück erneut auf die Beine – während er zeitweilig in seinem Auto wohnte. Es dauerte sechs Jahre, aber schließlich wurde das Stück zum Renner, und Tyler Perrys Karriere erlebte einen kometenhaften Aufstieg. Inzwischen hat er Hunderte Millionen Dollar verdient.

Walt Disney wurde bei einer Zeitung gefeuert, weil er »keine guten Ideen« hatte, und gründete anschließend eines der kreativsten Unternehmen, die es je gab.

Elvis Presley bekam nach einem Vorsingen für die Radioshow *Grand Ole Opry* gesagt, dass er doch lieber Lkw-Fahrer bleiben solle. Er ignorierte den Rat – der Rest ist Geschichte.

Michael Jordan flog aus seinem High-School-Basketballteam, bevor er zu den Chicago Bulls ging und zur Basketball-Legende wurde.

Einige dieser Geschichten hatte ich vorher schon gehört, andere begegneten mir erst im Laufe der Recherche zu diesem Buch. Ich finde alle überaus interessant. Dr. Seuss schrieb weiter. Babe Ruth schwang weiter den Baseballschläger. Van Gogh malte weiter. Tyler Perry inszenierte weiter. Walt Disney ließ seiner Fantasie weiter freien Lauf. Elvis Presley sang weiter. Und Michael Jordan warf weiter Körbe. Aber warum? Warum haben sie alle einfach weitergemacht? Viele von ihnen waren erst Jahre später erfolgreich. Manche gingen zwischendurch sogar pleite. Sicher muss jeder von ihnen irgendwann an sich selbst gezweifelt haben – wie wir alle das tun. Doch warum – oder vielleicht sollten wir besser fragen: wie – haben sie durchgehalten, wenn sie wieder und wieder scheiterten?

Auf diese Frage habe ich nur eine Antwort, egal wie oft ich auch darüber nachdenke: Sie alle haben unerschütterlich an sich geglaubt.

Wie Sie bereits wissen, beinhaltet die Wunderformel zwei Grundsatzentscheidungen, die Sie treffen und denen Sie über einen längeren Zeitraum hinweg folgen müssen: unerschütterlicher Glaube und unermüdlicher Einsatz. Diese beiden Grundsatzentscheidungen erhöhen die Wahrscheinlichkeit Ihres Erfolgs radikal. Allerdings garantieren sie ihn weder noch verleihen sie Ihnen magische Fähigkeiten, mit denen Sie das gewünschte Ergebnis einfach anziehen. Nein, die Sache ist viel konkreter.

Wie jeder der oben genannten Miracle-Experten zeigt, ist es der Glaube daran, dass man etwas erreichen kann, der zum Handeln anspornt. Und je mehr wir handeln, desto mehr Chancen auf Erfolg ergeben sich und desto kompetenter und effektiver werden wir dabei. Während Sie sich auf das Ziel, dem Sie sich verpflichtet haben, zusteuern, wird das, was zunächst *möglich* war, *wahrscheinlich* und mit der Zeit schließlich *unausweichlich*. Und für Sie beginnt ein Leben voller Wunder.

Was ich aus den Geschichten gelernt habe – und ich hoffe, Sie auch –, ist, dass uns der Erfolg nie in den Schoß fällt und dass es auf dem Weg zum Erfolg keine Abkürzungen gibt. Die einzige Möglichkeit weiterzumachen ist, weiter daran zu glauben.

Keiner der oben Genannten hätte es je zum Gipfel seiner Karriere geschafft, hätte er seine Vision durch Rückschläge aus den Augen gelassen und hätte er seinen unerschütterlichen Glauben aufgegeben. Es war dieser Glaube, der sie in ihrem unermüdlichen Einsatz antrieb, lang bevor sie mit Erfolg belohnt wurden. Ihr Entschluss zu glauben war klar, kühn und felsenfest. Im Folgenden werden Sie erfahren, wie auch Sie diesen Glauben entwickeln.

DER WEG ZUM UNERSCHÜTTERLICHEN GLAUBEN

Glaube ist etwas schwer Greifbares, unter anderem deshalb, weil er per Definition keines Beweises bedarf. Und so haftet ihm auch etwas nicht ganz Vertrauenswürdiges an. Oft verbinden wir damit auch schlimme Ereignisse, etwa wenn wir sagen: »Glaube daran, dass dieses oder jenes nicht ohne Grund geschehen ist.« oder: »Du musst fest daran glauben, dass es irgendwann wieder besser wird.« Diese Art von Glauben kann uns einen Augenblick lang trösten. Vielleicht.

Doch über diese Art von Glauben spreche ich nicht. Der Glaube hier steht im Kontext dessen, was für Sie möglich ist – Ihrer Fähigkeit, Widrigkeiten zu überwinden und greif- sowie sichtbare Wunder zu vollbringen. Was sich immer noch nicht ganz vertrauenswürdig anhört. Das liegt daran, dass der Glaube erfordert, uns von der eigenen skeptischen Natur loszulösen. In gewissem Sinne ist unerschütterlicher Glaube – 50 Prozent der Wunderformel – tatsächlich etwas nicht Natürliches. Wir werden nicht mit unerschütterlichem Glauben geboren. Unerschütterlicher Glaube ist uns nicht inhärent. Und er ist auch kein Gefühl. Im Gegenteil: Zu unerschütterlichem Glauben müssen wir uns bewusst entschließen und anschließend müssen wir ihn aktiv kultivieren und über längere Zeit aufrechterhalten. Jedes greif- und sichtbare Wunder beginnt mit dem Glauben eines Einzelnen, dass das Vollbringen dieses Wunders eine reelle Möglichkeit ist. Aufrechterhalten wird der Glaube durch unermüdlichen Einsatz, der so lange erfolgt, bis das Wunder Realität geworden ist, wie lange auch immer das dauern mag. Einer der Vorteile, sich für unerschütterlichen Glauben zu entscheiden, besteht darin, dass er die Argumente unseres inneren Skeptikers einfach überrennt und uns Zugang zu einem Mindset verschafft, das den meisten Menschen nie vergönnt sein wird.

Unerschütterlicher Glaube ist die erste Grundsatzentscheidung, die alle Miracle-Experten treffen und im Laufe ihres

Lebens immer wieder treffen. Dadurch, dass sie diese Entscheidung bewusst und wiederholt treffen, wird sie zu ihrem grundlegenden Mindset, zur Brille, durch die alle Herausforderungen und Chancen gesehen werden. Ist vom Miracle Mindset außerordentlich erfolgreicher Menschen die Rede, wird der unerschütterliche Glaube auch anders genannt, etwa außergewöhnlicher Glaube an sich selbst, höchstes Selbstvertrauen oder felsenfeste Überzeugung. Sie können es nennen, wie Sie wollen: Ein Miracle-Experte, der über dieses Mindset nicht verfügt, wird Ihnen wahrscheinlich nie begegnen.

DAS JAHR, IN DEM ICH FAST GESTORBEN WÄRE – SCHON WIEDER

Warum ich in meinem Leben mehr als einmal – oder überhaupt – derart hart auf die Probe gestellt wurde, weiß ich nicht. Jedenfalls habe ich daraus gelernt, dass es immer in unserer Macht steht, unser Mindset selbst zu wählen und wirklich glücklich, dankbar und optimistisch zu sein, auch wenn die Welt um uns herum in Scherben liegt. Durch diese Wahl bleiben wir bei Verstand und können die Welt, unsere Welt, Stück für Stück wieder zusammensetzen.

Das letzte Mal, dass ich die Wunderformel anwendete, war zweifelsohne das schwierigste und zugleich lohnendste Mal. Bei dieser Gelegenheit hat mir die Wunderformel buchstäblich das Leben gerettet. Eines Nachts im Oktober 2016 wachte ich aus dem Tiefschlaf auf und bekam keine Luft mehr. Ich keuchte so laut, dass meine Frau Ursula davon wach wurde.

»Geht's dir gut? Was ist los?«, fragte sie besorgt.

»Ich weiß nicht«, keuchte ich. »Ich krieg so schwer Luft.«

Sie legte mir einige Kissen in den Rücken, die mir so viel Erleichterung verschafften, dass ich versuchen wollte, wieder einzuschlafen. Vorher vereinbarten wir noch, dass ich am nächsten Morgen als Erstes in die Notaufnahme fahren sollte, um mich durchchecken zu lassen, dann schlief ich im Sitzen tatsächlich wieder ein. Der Besuch in der Notaufnahme am nächsten Tag ergab eine Lungenentzündung, gegen die man mir Azithromycin verschrieb; der Arzt hoffte, das Antibiotikum würde helfen. Es half nicht.

Im Laufe der darauffolgenden Wochen wurde es so schlimm, dass ich alle zwei Tage zur Drainage meines linken Lungenflügels, der immer wieder kollabierte, in die Notaufnahme musste. Die Drainage war jedes Mal ausgesprochen schmerzhaft, da man mir dafür eine große Nadel von hinten durch den Brustkorb in die Lunge stecken musste, um die überschüssige Flüssigkeit abzusaugen. Und es war eine Menge überschüssige Flüssigkeit: in der ganzen Zeit insgesamt elf Liter. Doch noch nicht einmal das verschaffte mir anhaltend Erleichterung. Sobald die Flüssigkeit abgesaugt war, füllte sich der Lungenflügel erneut. Ich konnte nachts nicht mehr richtig schlafen, weil ich kaum Luft bekam. Im Krankenhaus wurde ich von einem Spezialisten zum nächsten gereicht, weil man einfach nicht herausfinden konnte, warum der Lungenflügel immer wieder kollabierte. Bis ich dann auf Dr. Berkeley traf.

Dr. Berkeley ordnete eine Reihe von Tests an, die ich alle über mich ergehen ließ. Am nächsten Tag rief mich seine Sprechstundenhilfe an und teilte mir mit einiger Dringlichkeit in der Stimme mit, dass Dr. Berkeley mich so schnell wie möglich sehen wollte. Endlich schien ich ein paar Antworten zu bekommen. Ich sprang ins Auto und fuhr zu Dr. Berkeleys Praxis. Als ich dort auf ihn wartete, war ich erleichtert, dass man nun wohl herausgefunden hatte, was mir fehlte und warum ich seit fast zwei Wochen kaum atmen konnte. Dr. Berkeley trat ins Zimmer, setzte sich mir gegenüber und ließ den Blick noch einmal über die Testergebnisse schweifen. Dann stellte er seine vorläufige Diagnose: »Hal, es könnte eine Form von Krebs sein.«

Krebs? Quatsch! Das kann nicht stimmen, dachte ich. *Ich hab doch keinen Krebs!*

Jahre zuvor hatte ich den Dokumentarfilm *Healing Cancer from Inside Out* gesehen und anschließend Gesundheitsbücher wie *China Study* und *Eating Well for Optimum Health* gelesen. In den sechs Jahren vor meiner Krebsdiagnose hatte ich also das kultiviert, was man einen »Antikrebslebensstil« nennen könnte. Ich hatte mich seit mehr als zehn Jahren überwiegend von pflanzlichen Biolebensmitteln ernährt und nur hin und wieder qualitativ hochwertiges Fleisch von nicht mit Hormonen behandelten Weiderindern verzehrt. Ich trieb regelmäßig Sport. Ich meditierte täglich. Ich war glücklich und hatte minimalen Stress. Abgesehen von einem gelegentlichen Bier trank ich kaum Alkohol. Meine Frau Ursula und ich waren sogar so weit gegangen, alle toxischen Chemikalien aus unserem Haus zu entfernen. Wo man auch hinsah, auf den Regalen nichts als natürliche, chemiefreie Shampoos, Zahnpasten, Deos und Reiniger. Wir waren die Hippies des 21. Jahrhunderts.

Ich holte mir eine zweite Meinung von einem Krankenhaus in der Nähe ein, und dann noch eine dritte vom MD Anderson Cancer Center in Houston, Texas. Dort fand man rasch heraus, dass nicht nur mein linker Lungenflügel immer wieder kollabierte, sondern auch meine beiden Nieren und das Herz kurz vor dem Versagen standen. Eigentlich war ich zwar wegen der Krebsdiagnose gekommen, plötzlich aber fand ich mich auf einer Trage umgeben von Krankenschwestern wieder, die mich so schnell wie möglich in die Notaufnahme bringen sollten. Wieder einmal stand mir eine Drainage bevor, nur dass sich die Flüssigkeit dieses Mal um mein Herz herum angesammelt hatte. Die mit Flüssigkeit gefüllte Blase hatte einen Durchmesser von rund drei Millimetern, und der Arzt in der Notaufnahme sagte mir, dass mein Herz aufhören würde zu schlagen, wenn sich die Blase weiter ausdehnte. Käme es zu einem Herzstillstand, hätte man keine andere Wahl, als am offenen Herzen zu operieren.

Ich konnte all das nicht glauben und hatte furchtbare Angst. Doch es wurde alles noch schlimmer.

Der Arzt erklärte weiter, dass der Chirurg die Flüssigkeit mit einer langen Nadel absaugen müsse, ohne dabei jedoch das Herz zu punktieren – was schwierig war, lag die Flüssigkeitsansammlung doch nur drei Millimeter von meinem Herzen entfernt. Ich musste während der gesamten Prozedur bei vollem Bewusstsein sein und vorher noch eine Verzichtserklärung unterschreiben: Sollte es tatsächlich zu einer Herzpunktion und einem Herzstillstand kommen, würde ich das Krankenhaus nicht verklagen. Ich küsste Ursula, die nun hemmungslos weinte, umarmte meinen Vater und wurde dann von zwei Männern in olivgrünen Kitteln in den Operationssaal gerollt. Dieser war mit Glasscheiben versehen, durch die meine Familie die OP verfolgen konnte.

15 Minuten später war alles vorbei. Keine Herzpunktion. Keine Operation am offenen Herzen. Allerdings hatte die Prüfung, die sich über das gesamte folgende Jahr hinziehen sollte, gerade erst begonnen. Wir wussten immer noch nicht, warum meine Organe kurz vor dem Versagen standen. Und ich konnte einfach nicht verstehen, wie man sich innerhalb nur weniger Tage von dem Bild eines gesunden Menschen in das eines Todgeweihten verwandeln kann.

Die Spezialisten vom MD Anderson konnten zumindest die erste Frage bald beantworten. Ich hatte offenbar eine unglaublich seltene, außergewöhnlich aggressive Art von Krebs, die sogenannte akute lymphoblastische Leukämie, auch bekannt als ALL. Die Erkrankung ist so selten, dass es den ersten beiden Krankenhäusern, in denen ich gewesen war, an der Ausstattung zur Bestätigung der Diagnose mangelte. ALL ist so aggressiv, dass die meisten Menschen, die daran sterben, dies aufgrund einer Fehldiagnose tun. Und die Krankheit schreitet so rasant fort, dass es für die meisten bereits zu spät ist, wenn die richtige Diagnose gestellt wird. Und selbst bei korrekter Diagnosestellung stehen die Chancen alles andere als gut. Die Überlebensrate der an ALL erkrankten Erwachsenen beträgt 20 bis 30 Prozent. (Für alle Halb-volles-halb-leeres-Glas-Fetischisten da draußen: Das bedeutet, dass 70 bis 80 Prozent der ALL-Patienten sterben.) Plötzlich war einer meiner schlimmsten Albträume Wirklichkeit geworden: meine Frau ohne Ehemann und meine Kinder ohne Vater zurücklassen zu müssen. Das war nicht gut. Gar nicht gut.

Weitere Tests am MD Anderson ergaben, dass mein Krebs mit einer seltenen Zellmutation, der sogenannten NUP1, einherging. Die Kombination von ALL und NUP1 ist so selten, dass es dazu bislang keine veröffentlichten Überlebensraten gibt. Also waren die 20 bis 30 Prozent das Beste, was ich erhoffen konnte, wenngleich mir ein Leukämiearzt sagte, meine Überlebenschance könnte auch nur zehn Prozent betragen. Als ich »akute lymphoblastische Leukämie« zusammen mit »NUP1-Mutation« bei Google eingab, wurde ich erst auf Seite 4 fündig. Allerdings fand ich keinen Arzt oder Heilpraktiker, dem es gelungen wäre, diese Art von Krebs erfolgreich zu behandeln.

Ich bete meine Frau regelrecht an und liebe meine beiden kleinen Kinder über alles. Ich hatte eine weltweite *Miracle Morning*-Community anzuführen. Für mich stand mehr auf dem Spiel als jemals zuvor. Der Krebs war der bislang furchterregendste und potenziell zerstörerischste Gegner, dem ich jemals gegenübergestanden war. Einen klar vorgezeichneten Heilungsweg gab es nicht. Was sollte ich tun?

Als Erstes traf ich die bewusste Entscheidung, emotional unbesiegbar zu werden, indem ich bedingungslos akzeptierte, dass ich Krebs hatte. Kein Widerstand. Kein Wünschen, dass es anders wäre, denn das wäre trügerisch und zwecklos und würde meinen emotionalen Schmerz nur verlängern. Statt mich also der Realität zu widersetzen und sie mir anders zu wünschen, entschied ich mich für die bedingungslose Akzeptanz.

Durch sie konnte ich nicht nur meinen Frieden mit meiner Diagnose machen, sie verschaffte mir auch den Raum, den ich brauchte, um meine Gedanken und meine Energie auf das Ergebnis zu richten, das ich wollte, nicht auf jenes, das ich befürchtete. Der Krebs war gewissermaßen mein neuer Rollstuhl. Und wie nach meinem Autounfall beschloss ich auch nach meiner Krebsdiagnose, dass ich beim Kampf gegen die Erkrankung und angesichts einer ungewissen Zukunft der glücklichste und dankbarste Mensch sein wollte, der ich nur sein konnte.

GLAUBE STATT ANGST

Als ich über die Diagnose nachdachte, war klar, dass ich meine Zeit nicht damit verbringen wollte, mich auf die statistische Wahrscheinlichkeit, sterben zu müssen, zu konzentrieren. Das würde nur eine extreme Stressreaktion auslösen, die bei dem Versuch zu genesen nicht gerade hilfreich ist. Ich beschloss, Angst nicht zu meinem Begleiter auf meiner Krebsreise werden zu lassen. Natürlich war ich nicht glücklich über die Diagnose, doch wollte ich andererseits einfach nicht zulassen, dass die Angst dem Krebs dabei half, mich hinwegzuraffen. Ich wollte etwas tun, das meine Überlebenschancen erhöhte, etwas, das aus einem möglichen Überleben zunächst ein wahrscheinliches und dann ein unausweichliches machte.

Ich erinnerte mich an die Wunderformel. Was, wenn nicht sie, das wusste ich aus wiederholter eigener Erfahrung, könnte es fertigbringen, der rechnerischen Wahrscheinlichkeit zu trotzen und erstaunliche Ergebnisse hervorzubringen? Sie hatte mir meinen ersten Schritt ermöglicht, nachdem die Ärzte mir gesagt hatten, ich würde wahrscheinlich nie wieder gehen können. Sie hatte mir dabei geholfen, sämtliche Verkaufsrekorde zu brechen. Sie hatte sich für jeden Einzelnen, dem ich sie beigebracht hatte, als effektiv und verlässlich erwiesen. Sie hatte für die erfolgreichsten Menschen der Geschichte funktioniert. Und so nahm ich all meinen unerschütterlichen Glauben zusammen, um die Angst aus meinem Kopf zu verjagen.

Das bedeutete allerdings nicht, dass ich mich zurücklehnte und lediglich unerschütterlich daran glaubte, zu den maximal 30 Prozent zu gehören, die ALL überlebten. In dem Versuch, die 30 Prozent in 100 Prozent zu verwandeln, erkannte ich zunächst meine Angst an und traf dann die bewusste Entscheidung, unerschütterlich daran zu glauben, dass ich ein langes, gesundes Leben führen würde, komme, was da wolle. Eine andere Option gab es nicht. Zudem verpflichtete ich mich zu unermüdlichem Einsatz, zu tun, was immer nötig war, um am Leben zu bleiben. Ich nutzte den unerschütterlichen Glauben, um mich auf die Möglichkeiten zu konzentrieren, die vor mir lagen, und zu diesen Möglichkeiten gehörte nicht nur das Sterben. Ich beschloss, mich von keiner Statistik einschränken zu lassen. Ich wollte nicht nur den Krebs besiegen, ich wollte auch 100 Jahre alt werden. Ich stellte mir vor, wie ich meinen 100. Geburtstag mit meiner Familie feierte, mit meiner dann 70 Jahre alten Tochter (sie war damals in der ersten Klasse) und meinem dann 67 Jahre alten Sohn (er war damals in der Vorschule). In meiner Vorstellung gab es schlicht *keine andere Option*. Wie ich da hingelangen sollte, war dagegen weniger klar.

* * *

Zu den größten Herausforderungen gehörte die Entscheidung, ob ich mich der von den Ärzten vorgeschlagenen Behandlung unterziehen sollte oder nicht: einer Hyper-CVAD-Chemotherapie. Ich bin im Grunde ein echter Ökofreak. Die Vorstellung, meinem Körper hochtoxische Chemotherapiemedikamente zuzuführen, die den Krebs killen sollen, bevor dieser den Menschen killt, verletzte so ziemlich jede gesundheitsbezogene Philosophie, nach der ich lebte.

Darüber hinaus ist die Hyper-CVAD-Chemotherapie eine der heftigsten Chemotherapien überhaupt. Bei den meisten Chemobehandlungen muss der Patient ein- bis zweimal pro Monat für eine oder zwei Stunden ins Krankenhaus, und zu den Nebenwirkungen gehört, dass der überwiegenden Mehrheit der Patienten furchtbar schlecht wird.

Bei der Hyper-CVAD-Chemotherapie jedoch werden dem Patienten abwechselnd zwei Kombinationen von vier bis fünf Chemomedikamenten – Behandlung A und Behandlung B – verabreicht, jeweils über einen Zeitraum von vier bis fünf Tagen. Insgesamt beläuft sich die stationäre Behandlung auf über 650 Stunden. Die Therapie ist so toxisch, dass sie einen dauerhaften Venenschaden bewirken würde, würden die Medikamente nicht durch einen peripher eingeführten zentralvenösen Katheter gegeben, einen Schlauch in der Vene, der das Medikament zur robusteren Arterie leitet. Die Medikamentendosis muss wegen der Nebenwirkungen möglichst gering gehalten werden, denn einige dieser Nebenwirkungen sind lebensbedrohlich, weswegen es einer konstanten ärztlichen Überwachung bedarf. Bei einem der Medikamente war beispielsweise Leukämie als Nebenwirkung aufgelistet. *Was?* Das Medikament, das man mir in die Venen spritzen wollte, um meine akute lymphoblastische Leukämie zu behandeln, *verursacht* Leukämie?

Das Ziel war, so viele Behandlungszyklen wie möglich (oder nötig) in so kurzer Zeit wie möglich anzusetzen, um wie gesagt den Krebs zu töten, bevor er mich tötete. Dabei hing der Zeitpunkt jedes neuen Zyklus davon ab, wie schnell sich mein Körper vom vorherigen Zyklus erholte. In anderen Worten ausgedrückt: Wie viel Schaden die Chemotherapie in meinem Körper anrichtete, bestimmte darüber, wie schnell er mehr davon bekam.

Jede Chemotherapie wirkt sich verheerend auf den Körper aus, doch diese Chemotherapie ist die verheerendste. Es kommt nicht selten vor, dass der Patient von der Behandlung und nicht vom Krebs stirbt. Verrückt, oder? Da nimmt man ein Medikament, das einem das Leben retten soll, und dabei bringt es einen um. Die einzige Hoffnung besteht darin, dass das Medikament den Krebs abtötet und der Körper des Patienten stark genug ist, um dabei am Leben zu bleiben.

Sicherlich können Sie sich vorstellen, wie belastend die Entscheidung für oder gegen die Therapie für mich war. Die Behandlung an sich war lebensbedrohlich, ich konnte also durchaus an dem, was mich retten sollte, sterben. Obendrein war mir der Gedanke, meinen Körper mit Giften zu überschwemmen, unerträglich. Er widersprach meiner gesamten Seinsweise. Immer wieder dachte ich: *Es muss doch einen anderen, einen besseren Weg geben.*

Kurz darauf überstellte man mich an einen der besten Leukämieexperten der Welt, Dr. Elias Jabbour vom MD Anderson Cancer Center. Bei der ersten Konsultation saß ich verloren und angsterfüllt neben meiner Frau Ursula in seinem Büro. Wir hielten uns an den Händen, erzählten ihm, was uns Sorgen machte, und fragten, ob er uns dabei unterstützen würde, den Krebs rein natürlich zu bekämpfen.

Seine Antwort überrumpelte mich. Er schätze eine solche Absicht zwar, entgegnete Dr. Jabbour, doch war ALL kein Krebs, der mir eine solche Option offenließ. Ich hatte keinen langsam wachsenden Tumor, fuhr er fort; im einen Augenblick war ich noch ganz gesund gewesen, im nächsten stand ich kurz vor einem Lungen-, Herz- und Nierenversagen. Würde die Hyper-CVAD-Chemotherapie nicht schnell zum Einsatz kommen, wäre ich in höchstens einer Woche tot. Ursula brach in Tränen aus. Sie drückte meine Hand so fest, dass es wehtat.

Die Antwort meines Onkologen gefiel mir aus naheliegenden Gründen nicht, sie führte aber auch dazu, dass ich mich fragte, welche Motive er wohl hatte. Ich hatte den Mann gerade eben erst kennengelernt, wusste also nicht, wie er tickte.

Will er mir Angst machen?, meldete sich der Skeptiker in mir zu Wort. Ich bat Dr. Jabbour um 24 Stunden Bedenkzeit; widerstrebend willigte er ein.

An diesem Abend durchforsteten Ursula und ich auf der Suche nach Klarheit das Internet. Ich speziell suchte nach Beweisen, dass man die Krankheit auch ganzheitlich behandeln konnte. Es gab keine. Alles, was wir lasen, bestätigte das, was Dr. Jabbour gesagt hatte. Begann ich nicht umgehend mit der Chemo, gingen meine Überlebenschancen gegen null. Und führte ich die Chemo durch, standen meine Überlebenschancen irgendwo zwischen 10 und 30 Prozent.

In einem allerletzten, verzweifelten Versuch griff ich am nächsten Morgen zum Telefon und rief in der Praxis eines der besten ganzheitlich arbeitenden Onkologen der Welt an, der zufällig in Houston ansässig war. Er hatte Tausende von Krebspatienten geheilt, darunter Prominente wie Suzanne Somers. Ein Hoffnungsschimmer glomm auf.

Als ich der Sprechstundenhilfe sagte, ich hätte akute lymphoblastische Leukämie mit einer NUP1-Mutation, bat sie mich, einen Augenblick zu warten, damit sie dem Arzt die Diagnose weitergeben konnte. Kurz darauf teilte sie mir mit, dass es ihr leidtue, aber dass der Arzt mit dieser speziellen Krebsform keinerlei Erfahrung habe und mir nicht helfen könne.

Wenn einer der besten ganzheitlich arbeitenden Krebsärzte auf der Welt nicht in der Lage war, mir zu helfen, und alles, was ich gelesen hatte, bestätigte, dass der Krebs mich ohne die Hyper-CVAD-Chemotherapie innerhalb weniger Tage töten würde, eine der Nebenwirkungen der Behandlung aber darin bestand, dass ich möglicherweise Leukämie bekam, was zur Hölle sollte ich dann tun? Ich wusste es nicht. Doch als ich da in diesem Hotelzimmer 270 Kilometer von unserem Zuhause und unseren beiden Kindern entfernt lag, trafen Ursula und ich die ungeheuer schwierige Entscheidung, mit der Therapie zu beginnen. Ich rief Dr. Jabbour an, und eine Stunde später saß ich in einem Krankenhausbett und hatte einen peripher eingeführten zentralvenösen Katheter im Arm.

Es sollten noch unzählige Gebete folgen, die anfänglichen jedoch entstammten echter Neugier: *Lieber Gott, ich bin schon einmal gestorben. Warum geschieht mir, was mir jetzt gerade geschieht? Was nur kann ich aus einer weiteren solchen Situation lernen?* Wie sich herausstellen sollte, *eine Menge.*

UNERSCHÜTTERLICHER GLAUBE NÄHRT UNERMÜDLICHEN EINSATZ

In den darauffolgenden zwölf Monaten teilte ich meine Zeit zwischen dem Krankenhaus des MD Anderson Cancer Centers, einer Wohnung daneben, die ich gemietet hatte, um mich von den Behandlungen zu erholen, und gelegentlichen Besuchen zu Hause bei meiner Familie auf. Letztere war rund um die Uhr für mich da. Mein Dad nahm sich eine Auszeit von seinem Job als leitender Angestellter und zog zu mir in die Wohnung neben dem Krankenhaus. Er begleitete mich zu den Behandlungs- und Arztterminen, saß während der Chemo bei mir und brachte mich umgehend in die Notaufnahme, wenn meine Temperatur stieg (Infektionen während einer Chemo können tödlich sein, weil das Immunsystem so geschwächt ist). Meine Mom und meine Schwester fuhren mehrere Male quer durchs Land, um mich im Krankenhaus zu besuchen, und wechselten sich beim Babysitten ab, damit Ursula zu mir kommen konnte. Sie, mein Fels in der Brandung, hatte in meinen Augen die schwerste Aufgabe. Wenn sie mich nicht gerade in Houston besuchte, versuchte sie, unseren Kindern zu Hause im 270 Kilometer entfernten Austin ein Gefühl der Normalität zu vermitteln. Sie wurde buchstäblich über Nacht zur alleinerziehenden Mutter, die obendrein noch mit der Angst fertigwerden musste, mich zu verlieren. Ich kann nicht in Worte fassen, wie dankbar ich meiner Familie und an erster Stelle Ursula bin.

Was mich in dieser ungeheuer schwierigen Zeit weiterhin bei Verstand hielt, war der Entschluss, unerschütterlich zu glauben. Und das angesichts der Tatsache, dass gerade der Glaube sich normalerweise als Erstes in Luft auflöst, wenn man eine Statistik wie die meine liest, wenn die Chancen derart gegen einen stehen. Deshalb ist es so wichtig, sich bewusst dafür zu entscheiden, unerschütterlich zu glauben – trotz der Statistiken, trotz der schlechten Chancen. Diese Entscheidung zu treffen und ihr zu folgen befreit einen davon, nur eine Nummer innerhalb einer Statistik zu sein, und verschafft einem den Platz in der kleinen Gruppe von Menschen, die dem anscheinend Unvermeidlichen ein Schnippchen schlagen. Ganz im Gegensatz zu dem, was viele Menschen denken, bedeutet Glaube nicht unbedingt, dass man den Überzeugungen und Lehren anderer blind folgt. Hier ist der Glaube an sich selbst und an die Verpflichtung zu unermüdlichem Einsatz gemeint – das zu tun, was immer nötig ist, um das gewünschte Ergebnis zu erzielen.

An diesem Punkt kamen meine ganzheitlichen Maßnahmen ins Spiel. Zusätzlich zu der fortschrittlichsten medizinischen Versorgung, die mir Dr. Jabbour und das MD Anderson Cancer Center angedeihen ließen, machte ich mich umgehend auf die Suche nach den effektivsten und bewährtesten Methoden der ganzheitlichen Krebsbehandlung, vom Entgiften des Körpers über den Aufbau des Immunsystems bis zur Schaffung einer krebsfeindlichen Umgebung. Zu Letzterem gehörten der Verzehr überwiegend pflanzlicher Nahrung, das Trinken frischer Biogemüsesäfte und die tägliche Einnahme von über 70 natürlichen Nahrungsergänzungspräparaten. Zudem bekam ich einmal in der Woche Akupunktur, hatte Ozontherapiesitzungen, ließ mir Kaffeeeinläufe geben, legte mich zweimal am Tag auf eine BEMER-Matte, ein Magnetfeldtherapiegerät, nahm CBD-(Cannabidiol-)Öl, meditierte, betete, trieb Sport, rezitierte auf meine Erkrankung bezogene Affirmationen und vieles mehr. Meine Recherche und das Ausüben all dieser Praktiken wurden zu einem Teil meines unermüdlichen Einsatzes.

Unerschütterlicher Glaube in Aktion

Vor einiger Zeit, ich spielte mich gerade mit der Idee für dieses Buch, fragte ich in der *Miracle Morning*-Community, einer Facebook-Gruppe, herum, ob mir jemand von seinen Erfahrungen mit der Wunderformel erzählen wollte. Ich erhielt viele inspirierende Antworten, darunter die folgende. Die Geschichte hat es mir besonders angetan, weil sie so viele Parallelen zu meiner eigenen Krebsreise aufweist. Und sie zeigt mal wieder, dass die Wunderformel für jeden, der sie anwendet, funktioniert.

Rachel Harris erfuhr bei ihrer Krebsdiagnose von der Wunderformel. Sie war 38, und der Darmkrebs – den Ärzten zufolge inoperabel – hatte auch Leber und Lymphknoten befallen. Inzwischen erhielt sie eine palliative Chemotherapie. Als Mutter zweier kleiner Kinder weigerte sie sich, die düstere Prognose zu akzeptieren, und begann stattdessen, die Wunderformel anzuwenden. Oder, wie Rachel es ausdrückt: »Wir leben und atmen die Formel.«

Und nun zum Wunder: Entgegen der ärztlichen Prognose begannen die Tumoren, bereits nach einer Chemobehandlung zu schrumpfen – bis sie operabel waren. Rachel fuhr sowohl in ihrem unerschütterlichen Glauben, dass sie ein langes und glückliches Leben führen würde, als auch in ihrem unermüdlichen Einsatz fort. Sie nahm entscheidende Veränderungen in ihrer Ernährungsweise vor, besorgte sich verschiedene Nahrungsergänzungsmittel, meditierte jeden Morgen, hielt sich fit und forschte weiter nach, wie sie ihren Körper heilen konnte. »Die Wunderformel«, so Rachel, »hat meine Krebsreise bestimmt, und ich werde auch weiterhin nach ihr leben. Es kann gut sein, dass sie mir das Leben gerettet hat!«

Nach dem schwierigsten, schmerzhaftesten und qualvollsten Jahr meines Lebens, in dem ich mehr als 650 Stunden Chemotherapie über mich ergehen lassen musste und viele Nächte in der Notaufnahme um mein Leben kämpfte, bin ich nun unendlich dankbar, von einer neuen Diagnose berichten zu können: Ich bin »in Remission«. Das bedeutet, dass die Ärzte keinerlei Spuren von Krebs mehr in meinem Körper entdecken können. Ja, einige der Nebenwirkungen waren sehr schmerzhaft. Ja, ich hatte Angst davor, zu sterben und meine Frau und meine Kinder zurückzulassen. Und ja, es gab viele Tage, an denen ich an mir selbst zweifelte und versucht war aufzugeben. Ich bin jedoch davon überzeugt, dass ich so viel leichter als andere mit all dem umgehen konnte, weil ich mich immer wieder aktiv dafür entschieden habe, unerschütterlich zu glauben. Selbst die Ärzte waren ein wenig schockiert, als sie sahen, wie positiv und zuversichtlich ich blieb, auch während der schlimmsten Behandlungen.

Und das Wichtigste: Ich habe überlebt und kann nun meiner Verpflichtung folgen, gemeinsam mit meiner Familie ein langes und gesundes Leben zu führen.

WIE SIE ZU UNERSCHÜTTERLICHEM GLAUBEN FINDEN

Es ist nur fair zu sagen, dass ich das letzte Mal, als ich die Wunderformel anwendete, um greif- und sichtbare Wunder zu vollbringen (den Krebs zu besiegen), klar im Vorteil war, weil ich mich zu dieser Zeit mit der Wunderformel schon so gut auskannte. Ich hatte sie selbst bereits viele Male angewendet und dabei zugesehen, wie andere sie anwendeten. Ich weiß, wie sie funktioniert – und vor allem, *dass* sie funktioniert. Und so konnte ich mich einfach an sie halten. Ich konnte aus der Quelle des unerschütterlichen Glaubens in mir schöpfen. So weit sind Sie noch nicht? Keine Sorge! Sie können sich unerschütterlichen Glauben auch *leihen*, und zwar von vielen Seiten.

Wenn Sie den Dokumentarfilm *The Miracle Morning* gesehen haben, dann kennen Sie die Geschichte von Rister Ratemo bereits. Als Rister im Alter von 14 Jahren ihr Augenlicht zu verlieren begann, glaubte sie unerschütterlich daran, dass Gott sie heilen und ihr das Augenlicht zurückgeben würde. Mit diesem unerschütterlichen Glauben nährte sie ihren unermüdlichen Einsatz: Sie flog um die halbe Welt, aus ihrer Heimat Kenia in eine Klinik in den USA, wo sie sich der ersten von sechs Operationen unterzog. Ihr Einsatz war unter anderem deshalb so außergewöhnlich, weil Rister, zu dieser Zeit fast blind, keine andere Wahl hatte, als die Reise allein anzutreten. In der kenianischen Kultur ist es ein Tabu, ein Körperteil von anderen Menschen anzunehmen, und Rister sollte bei der Operation ein Hornhauttransplantat bekommen. Rister fand ihren unerschütterlichen Glauben in Gott und der Religion. Wenn Ihnen Religion oder Spiritualität wichtig sind, können sie Ihnen vielleicht als Quelle Ihres Glaubens dienen.

Es gibt jedoch noch viele andere Quellen, aus denen Sie unerschütterlichen Glauben schöpfen können. Häufig ist ein

Coach oder ein Mentor hilfreich. Ich muss hier immer an den Film *Matrix* denken. Wissen Sie noch, wie Morpheus, gespielt von Laurence Fishburne, Neo, gespielt von Keanu Reeves, immer wieder erzählte, er sei »der Auserwählte«? Und erst als Neo das ebenfalls glaubte, hatte er vollen Zugang zu seinem gesamten Potenzial. In ganz ähnlicher Weise haben Sie Zugang zu Ihrem grenzenlosen Potenzial, wenn Sie nur glauben, dass Sie »auserwählt« sind – das heißt derjenige, der es ebenso wie jeder andere verdient hat, das zu bekommen, was er sich wünscht.

Bevor ich den unerschütterlichen Glauben in mir selbst entdeckte, »lieh« ich ihn mir von meinem ersten Chef bei Cutco, Jesse Levine (demselben Jesse Levine, der mir die Fünf-Minuten-Regel beibrachte). Jesse glaubte unerschütterlich daran, dass ich verschiedene Verkaufsrekorde der Cutco Corporation brechen konnte. Vom ersten Augenblick an glaubte er, dass ich Dinge zustande bringen könnte, die ich noch nie zuvor zustande gebracht hatte.

Das horte sich in meinen Ohren zwar gut an – doch glauben konnte ich ihm am Anfang nicht. Ein Leben voller Unsicherheit und Selbstzweifel hatte seine Spuren hinterlassen. *Jesse denkt, ich kann alles, aber er weiß nicht, dass tief in mir drin die Angst vor dem Versagen sitzt.* Da Jesses Glaube an mich aber so unerschütterlich war, zog ich allmählich in Betracht, dass er vielleicht doch recht hatte. *Vielleicht schaffe ich ja doch alles, was ich mir wirklich vornehme.* Schließlich wurde aus Jesses Glauben an mich mein Glaube an mich selbst, und endlich erkannte ich die mir innewohnende Macht an, mir ein außergewöhnliches Leben zu erschaffen. Manchmal muss man sich den Glauben an sich selbst zunächst von anderen leihen und ihm Zeit lassen aufzuholen.

Falls Sie sich jetzt Sorgen machen, weil Ihnen kein geeigneter Mentor einfällt: Sie können sich unerschütterlichen Glauben auch von einem völlig Fremden leihen. Damit meine ich jemanden, den Sie zwar nicht persönlich kennen, aber bewundern. Das kann beispielsweise ein Sportler sein, der gerade eine Weltmeisterschaft gewonnen hat, oder ein Olympionike wie Michael Phelps, der auf viele Goldmedaillen zurückblicken kann. Vielleicht ist es der Leiter einer bekannten Firma oder ein Selfmade-Millionär, dessen Vorbild Sie nacheifern. Sie können Bücher über diese oder von diesen Menschen lesen, ihren Fortschritt verfolgen, sich Interviews mit ihnen anhören und ihr Mindset studieren. Vielleicht hören oder lesen Sie dabei Sätze wie die folgenden:

»Ich habe diesen Augenblick tausend Mal vor meinem geistigen Auge entstehen lassen.«

»Ich hatte nie den geringsten Zweifel daran, dass wir es schaffen würden.«

»Ich habe zu hart gearbeitet, als dass ich nicht der Beste sein könnte.«

Bei diesem Blick hinter die Kulissen zeigt sich unmissverständlich, dass all diese Gewinner, diese Miracle-Experten, eines gemein haben: unerschütterlichen Glauben. Genau dieses Mindset macht sie zu Miracle-Experten. Sie sind immer bereit dafür noch eins oben drauf zu setzen, weil sie daran glauben, dass sie es schaffen werden. Und geht der Schuss nicht ins Schwarze, glauben sie trotzdem unerschütterlich weiter, weil sie davon überzeugt sind, dass es beim nächsten Mal klappen wird. Sie schrecken nicht vor Chancen zurück, sie greifen danach.

Ich werde nie Reggie Millers ehrfurchtgebietendes Comeback gegen die Knicks vergessen, als er im Halbfinale der NBA Eastern Conference 1995 mithilfe der Wunderformel scheinbar unmögliche *acht Punkte in neun Sekunden* erzielte. Das schien, wie gesagt, noch nicht einmal *möglich*, geschweige denn *wahrscheinlich*. Keinem Spieler zuvor war je ein solches Ergebnis gelungen, und auch danach hat es keiner mehr geschafft. Reggie ist ein weiteres Beispiel für unerschütterlichen

Glauben und unermüdlichen Einsatz bis zum allerletzten Moment. Er glaubte daran, alle Erwartungen sprengen zu können, und tat das dann auch. Unerschütterlicher Glaube ist der Schlüssel zu unserem vollen Potenzial, das in uns schlummert, bis wir es ausschöpfen und uns damit Möglichkeiten eröffnen, die bislang unvorstellbar waren.

Sie können sich unerschütterlichen Glauben auch von den Autoren der Bücher, die Sie lesen, leihen (und natürlich mit diesem hier beginnen). Für mich ist jeder Autor ein Mentor, der mich zwar nicht persönlich betreut, von dem ich aber trotzdem eine Menge lernen kann.

Oder Sie greifen auf die alte Binsenweisheit zurück, dass das, was andere geschafft haben, auch für Sie möglich ist. Und wenn die erfolgreichsten Menschen der Welt, aus welcher sozialen Schicht sie auch kommen mögen, die bewusste Entscheidung getroffen haben, ihr Leben mit unerschütterlichem Glauben zu führen, dann können Sie diese bewusste Entscheidung ebenfalls treffen. Fangen Sie gleich damit an.

SO ERHALTEN SIE IHREN UNERSCHÜTTERLICHEN GLAUBEN AUFRECHT

Haben Sie die Entscheidung getroffen, Ihre Ziele künftig durch die Brille des unerschütterlichen Glaubens zu sehen, müssen Sie diesen Glauben aufrechterhalten, was zugegebenermaßen leichter gesagt ist als getan. Manchmal können uns selbst kleine Hindernisse aus der Bahn werfen. Es muss nicht immer eine Situation auf Leben und Tod sein, die unsere Hoffnung schwinden lässt. Jedes Mal, wenn wir auf unserem Weg auf ein Hindernis stoßen, stellen sich fast automatisch Selbstzweifel ein, mit denen wir alle zu kämpfen haben. In meinem Fall war es die Übelkeit nach der Chemo: Da fühlte ich mich immer so schwach, dass ich aufgeben wollte. Was ich jedoch nicht tat.

Das Instrument, das ich benutzte, um mich auf meinen unerschütterlichen Glauben an meine Ziele und an mich selbst zu konzentrieren, ist das sogenannte *Miracle-Mantra*. Vielleicht erinnern Sie sich daran noch aus Kapitel 2: *Ich glaube unerschütterlich daran, dass ich in der Push Period 20 000 Dollar schaffe, und setze mich unermüdlich dafür ein, bis ich es geschafft habe.* Dieser eine Satz trieb mich an, wenn ich in Versuchung geriet aufzugeben, und er kann auch Ihnen helfen. Ihr Miracle-Mantra ist ein einzelner Satz, der Ihr Engagement für Ihre Mission zusammenfasst und Sie daran erinnert, dass es die beiden Grundsatzentscheidungen – unerschütterlicher Glaube und unermüdlicher Einsatz über einen längeren Zeitraum hinweg – sind, die Wunder geschehen lassen.

Während meiner Krebsbehandlung lautete mein Miracle-Mantra folgendermaßen: *Ich glaube unerschütterlich daran, dass ich den Krebs besiegen und ein langes, gesundes Leben mit meiner Familie führen werde, und setze mich unermüdlich dafür ein, bis ich es geschafft habe.* Durch die Wiederholung des Mantras bestärkte ich mich in dem Entschluss zu kämpfen und mich unermüdlich weiter einzusetzen, insbesondere in den Augenblicken, in denen mir eigentlich nach Aufgeben zumute war.

Sie können den Satz als Vorlage für Ihr eigenes Mantra verwenden: *Ich glaube unerschütterlich daran, dass ich [Ihre Mission], und setze mich unermüdlich dafür ein, bis ich es geschafft habe.* Wenn Sie möchten, fügen Sie noch hinzu: *komme, was da wolle. Eine andere Option gibt es nicht.*

Nehmen Sie sich nun etwas Zeit und formulieren Sie Ihr erstes eigenes Miracle-Mantra:

___

___

___

___

Ihr Miracle-Mantra ist Ihr Kompass. Ihr Polarstern. Ihre Erinnerung. Es sorgt dafür, dass Sie sich auf Ihre Mission konzentrieren, und übertönt die Stimme des Selbstzweifels. Es ist das Megafon Ihrer Integrität. Es stellt Ihre Mission in den Mittelpunkt und erinnert Sie stets an Folgendes: *Ich habe mich ganz meiner Mission verschrieben, komme, was da wolle. Eine andere Option gibt es nicht.*

Nun wissen Sie, wie Sie das Mindset eines Miracle-Experten erlangen und aufrechterhalten. Im nächsten Kapitel wenden wir uns der zweiten Hälfte der Wunderformel zu: dem unermüdlichen Einsatz. Was bringt Sie von dem Glauben, dass Ihr Wunder möglich ist, dazu, es Wirklichkeit werden zu lassen?

8
GRUNDSATZENTSCHEIDUNG NUMMER ZWEI: UNERMÜDLICHER EINSATZ

DAS IST LEICHTER, ALS SIE DENKEN

» In allen Bereichen des Lebens gibt es Anstrengungen und Ergebnisse, und am Grad der Anstrengung wird das Ergebnis gemessen.
– JAMES ALLEN

Ich weiß ja nicht, wie es Ihnen geht, aber ich persönlich habe mich immer für einen ziemlich faulen Menschen gehalten. Schon als Kind fand ich die Vorstellung, hart zu arbeiten, nicht besonders verlockend, also habe ich alles, was nach »harter Arbeit« aussah, sorgfältig gemieden. Ich erinnere mich noch lebhaft daran, dass ich nach großen Familienzusammenkünften in den Ferien immer in meinem Zimmer verschwunden bin und gewartet habe, bis die anderen den gemeinsam hinterlassenen Saustall wieder aufgeräumt hatten. Stand etwas an, das auch nur mäßige Anstrengung erforderte, war ich seltsamerweise nirgends aufzutreiben.

Dabei war es egal, worum genau es sich handelte, ob um Schulaufgaben, Hausarbeit oder kleine Jobs zum Aufbessern des Taschengelds in der Grundschule – ich war ein Meister darin, mit dem geringstmöglichen Aufwand gerade so viel zu erreichen, dass ich keine negativen Konsequenzen wie beispielsweise Hausarrest zu befürchten hatte. So wurde die Faulheit zu einem integralen Bestandteil meiner Identität.

Als ich älter wurde, eignete ich mir Tricks und Abkürzungen an, die mir die Arbeit, die ich zu tun hatte, erleichterten, sodass diese sich nie wie »harte Arbeit« anfühlte. Ich machte ein Spiel daraus, lenkte mich durch Multitasking ab oder delegierte den Job an meine kleine Schwester. Manchmal brachte ich sogar die innere Stärke auf, größere Projekte in Angriff zu nehmen, doch mein Arbeitseifer dauerte nie so lange an, als dass ich mich selbst als diszipliniert betrachten hätte können. Und das war im Grunde auch mein größtes Problem: Ich konnte mir nicht vorstellen, besser zu sein, als ich es bisher gewesen war.

Selbst als ich eine 60plus-Stunden-Arbeitswoche einlegte, um einen Verkaufsrekord zu brechen (im Alter von 19 Jahren), jeden Morgen um 3 Uhr 30 aufstand, um das Buch *Miracle Morning* zu schreiben (im Alter von 28 Jahren) und über 30 Kilometer in der Woche lief, um für meinen ersten (und letzten) Ultramarathon zu trainieren (im Alter von 30 Jahren), war mein verzerrtes Selbstbild immer noch das eines faulen Kerls, der sich selbst ausgetrickst hatte, um innerhalb eines nur winzigen Zeitfensters hart arbeiten zu können. Was ich auch tat, ich sah mich immer noch als das faule Kind, das ich mein Leben lang gewesen war – Dysmorphophobie in Reinkultur. Nach den kurzen Aktivitätsausbrüchen fiel ich wieder in mein altes Muster zurück: mit dem geringstmöglichen Aufwand gerade so viel zu erreichen, dass ich keine negativen Konsequenzen zu befürchten hatte. Das einzig Beständige war meine Unbeständigkeit.

Und trotzdem hatten all die Tricks und Abkürzungen einen enormen Nutzen: Durch sie fand ich heraus, wie ich mich auch als fauler Mensch dazu bringen konnte, bedeutende Ergebnisse zu erzielen und Erfolge zu haben, die ich nie für möglich gehalten hätte, zumindest nicht für mich. Und je mehr ich mich im Laufe der Zeit zu harter Arbeit überlisten konnte, wenn auch immer nur für kurze Perioden, desto mehr wandelte sich meine Identität von der eines faulen zu der eines disziplinierten Menschen. Langsam, aber sicher waren Verbesserungen zu erkennen – sowohl in den Ergebnissen als auch in meiner Beständigkeit.

Wie also wird aus einem bekennenden faulen Menschen ein disziplinierter, hart arbeitender, der zu unermüdlichem Einsatz und somit zum Vollbringen von Wundern fähig ist? Ganz einfach: indem man aus unermüdlichem Einsatz einen Einsatz macht, der sich gar nicht so außergewöhnlich anfühlt.

In diesem Kapitel werden wir näher darauf eingehen, was unermüdlicher Einsatz in allem, was wir tun, bedeutet. Ich zeige Ihnen, wie Sie aktiv werden und Beständigkeit erreichen, auch wenn Ihnen einmal nicht danach ist. Denn nur so kann die Wunderformel funktionieren und Ihnen in allen Bereichen Ihres Lebens Wunder bescheren.

UNERMÜDLICHER EINSATZ ALS STANDARD

Wie ausführlich beschrieben, ist unermüdlicher Einsatz die zweite Grundsatzentscheidung, die Sie treffen müssen, um die Wunderformel anwenden zu können. Wenn Sie erst einmal glauben, dass etwas nicht nur möglich, sondern *für Sie* möglich ist, müssen Sie die notwendigen Schritte unternehmen, die Ihren Erfolg unausweichlich machen. Das Vollbringen von Wundern erfordert aktives Engagement – und anhaltenden Einsatz. Sie müssen bereit sein, die nötige Zeit und Mühe aufzubringen, um bedeutende Ergebnisse zu erzielen, die Ihr Selbstbild verändern. Bevor Sie jetzt allerdings vor Schreck dieses Buch zuklappen, lassen Sie mich Ihnen versichern, dass unermüdlicher Einsatz nicht bedeutet, sich bis zur Entkräftung und zum Burn-out abzuarbeiten. Ganz im Gegenteil.

Unermüdlicher Einsatz besteht aus drei Komponenten:

- ✓ Handlungen, die Sie Ihren idealen Ergebnissen näherbringen
- ✓ Handlungen, für die Sie wahrscheinlich Ihre Komfortzone verlassen müssen
- ✓ Beständiger Einsatz über einen längeren Zeitraum hinweg, unabhängig von den Zwischenergebnissen

Das klingt doch gar nicht so furchtbar, oder? Sehen wir uns die drei Komponenten näher an.

Handlungen, die Sie Ihren idealen Ergebnissen näherbringen, stellen sicher, dass Sie sich nicht fertigmachen, indem Sie Zeit auf Aufgaben und Aktivitäten verschwenden, die nur einen kurzfristigen Nutzen oder eine minimale Wirkung haben. Solche Aufgaben halten Sie nur »beschäftigt« und lenken Sie von dem, was wirklich wichtig ist, ab. Stattdessen sollten Sie Ihren Geist fokussieren und Ihre Handlungen produktiv halten. Solche Aufgaben erschöpfen Sie nicht, sondern verleihen Ihnen im Gegenteil Energie. Und sie bringen messbare Ergebnisse. Zudem sollten sie bedeutsam sein. Mehr dazu im Laufe dieses Kapitels.

Handlungen, für die Sie wahrscheinlich Ihre Komfortzone verlassen müssen, sind die Quelle persönlichen Wachstums. Wenn Sie nur das tun, was Sie immer getan haben, werden Sie nie ein Miracle-Experte. Die eigene Komfortzone zu verlassen ist immer erst einmal anstrengend, doch mit der Zeit wird es sich ganz normal anfühlen, und Sie werden Ihre Produktivität und Ihren Einsatz daran ausrichten.

Beständiger Einsatz über einen längeren Zeitraum hinweg, unabhängig von den Zwischenergebnissen, ist der Stoff, der all das zusammenhält. Wer halbherzig nur den einen oder anderen Schritt unternimmt, landet am Ende nirgendwo. Um die ganze Distanz zu schaffen, muss man über einen längeren Zeitraum hinweg Einsatz zeigen. Die gute Nachricht dabei ist allerdings, dass Beständigkeit die Dinge mit der Zeit einfacher macht. Wenn Sie sich erst einmal einige Wochen lang außerhalb Ihrer Komfortzone befinden, fühlt es sich dort, wo Sie jetzt sind, gar nicht mehr so unkomfortabel an. Sie *erweitern* Ihre Komfortzone also gewissermaßen – und damit auch das, was für Sie möglich ist.

* * *

David Osborn, Co-Autor des *New York* Times-Bestsellers *Wealth Can't Wait* sowie Co-Autor von *Miracle Morning für Millionäre*, sagt oft, reich zu sein sei eine Frage des Willens. Wer die bewusste Entscheidung trifft, erfolgreiche Menschen zu studieren, ihr Mindset (Glaube) annimmt und ihr Verhalten (Einsatz) über einen längeren Zeitraum hinweg kopiert, kann nicht anders, als ähnliche Ergebnisse zu erzielen. Natürlich können Sie »reich sein« durch das Ziel Ihrer Wahl ersetzen (glücklich sein, gesund sein, eine gute Mutter/ein guter Vater sein etc.).

Wenn das stimmt – und ich glaube, für die meisten stimmt es tatsächlich –, warum sind dann nicht alle Menschen reich? Weil dazu unermüdlicher Einsatz gehört und es leichter ist, das zu tun, was man immer schon getan hat, als sich zu etwas Neuem aufzuraffen. Ob Sie sich nun selbst für hart arbeitend und diszipliniert halten oder nicht, die meisten Menschen möchten sich für das, was sie sich wünschen, möglichst wenig anstrengen. Was auch in Ordnung ist, solange man weiß, *welche* Anstrengungen zum gewünschten Ergebnis führen. Das wollen wir mit den folgenden Schritten herausfinden.

SCHRITT 1: Das genaue Vorgehen festlegen

Wenn Sie Ihre Mission bestimmt haben, deren oberstes Ziel es ist, dass Sie sich zu einer besseren Version Ihrer selbst entwickeln, und wenn Sie die Entscheidung getroffen haben, unerschütterlich daran zu glauben, dass Sie Ihre Mission erfüllen werden, müssen Sie sich über Ihr weiteres Vorgehen Gedanken machen. Jedem Ziel oder Ergebnis, das wir uns wünschen, geht eine Vorgehensweise voraus – die spezifischen Handlungen, die nötig sind, um die gewünschten Ergebnisse und letztlich das Leben, das diese Ergebnisse uns schaffen, hervorzubringen.

Welche Aufgaben müssen Sie also vor allen anderen täglich erledigen? Falls Sie sich hier unsicher sind, können Sie etwas recherchieren. Suchen Sie im Internet nach Schritten, die zu dem Ziel, das Sie vor Augen haben, führen, oder suchen Sie nach Büchern zu diesem Thema. Bitten Sie einen Mentor oder Miracle-Experten um Hilfe. Es ist völlig in Ordnung, wenn der erste Schritt Ihres Vorgehens darin besteht herauszufinden, worin dieses Vorgehen überhaupt besteht.

Als ich mir damals bei Cutco die 200 000 Dollar zum Ziel setzte, rief ich als Erstes die Kollegen an, die dieses Ziel bereits erreicht hatten. Ich hatte mir Fragen zu den mentalen und emotionalen Aspekten eines solch hochgesteckten Ziels notiert und bat sie auch, mir zu erzählen, wie ihre Tages- und Wochenpläne zum Erreichen des Ziels ausgesehen hatten. Ich hatte ihr genaues Vorgehen verstehen wollen.

Nachdem ich mit allen gesprochen hatte, fiel mir auf, dass sie eines gemeinsam hatten: *Beständigkeit*. Sie hatten nichts getan, was ich nicht auch tat. Sie besaßen keine speziellen Talente und verfügten auch nicht über spezielle Verkaufstricks. Sie hielten sich schlicht beharrlich an den eingeschlagenen Weg, eine vorher festgelegte Anzahl von Anrufen zu tätigen und Termine für eine vorher festgelegte Anzahl an Verkaufsgesprächen zu vereinbaren. Also das, was alle Außendienstmitarbeiter tun. Was sie von den anderen unterschied, war lediglich, dass sie sich an dieses Vorgehen hielten, unermüdlich, Tag für Tag, Woche für Woche. Während ich ein »Kurzstreckenarbeiter« war, der rasch so viel Geld verdienen wollte, dass er sich ein paar Tage freinehmen und die Früchte seiner Arbeit genießen konnte, hielten die Kollegen, mit denen ich gesprochen hatte, eisern ihren Kurs. Plötzlich ergab der alte Spruch: »Erfolgreiche Menschen tun das regelmäßig, was andere nur gelegentlich tun« jede Menge Sinn.

Nachdem ich das wenig spektakuläre Geheimnis ihres Erfolgs gelüftet hatte, war der Rest reine Routine. Ich rechnete aus, wie viele Termine ich machen musste, um mein Verkaufsziel zu erreichen, und wie viele Anrufe dafür nötig waren. Wenn ich in einem Jahr über 200 000 Dollar für Cutco reinholen wollte, musste ich pro Woche mindestens 200 Anrufe tätigen (40 Anrufe am Tag, fünf Tage die Woche, *jede* Woche), um durchschnittlich 14 Termine zu vereinbaren, bei denen ich etwa zehnmal erfolgreich war und die mir pro Woche rund 4000 Dollar einbrachten.

40 Anrufe am Tag? Das klang nach gar nicht so viel. Das hatte ich schon viele Male zuvor getan – nur eben nicht *beständig*. In den beiden Jahren, in denen ich die 100 000-Dollar-Marke geknackt hatte, hatte ich pro Tag durchschnittlich 20 Anrufe getätigt, jede Woche. Es war also wahrlich kein Hexenwerk: doppelte Anrufe, doppelte Verkäufe, doppelter Gewinn. Für die 40 Anrufe brauchte ich rund zwei Stunden, den Rest der Zeit verbrachte ich damit, zu den Terminen für die vereinbarten Präsentationen aufzutauchen. Auf einmal erschien mir das furchterregende Ziel, das Ziel, das in der über 50-jährigen Geschichte der Firma noch nicht einmal eine Handvoll Außendienstmitarbeiter erreicht hatte, fast zu einfach. Aber so ist das eben mit dem vorher beschlossenen Vorgehen und dem unermüdlichen Einsatz, der gar nicht mehr so unermüdlich erscheint. Häufig flößen uns unsere ganz großen

Ziele Angst ein, aber der Weg dorthin ist leichter, als wir denken. Dazu noch die folgenden Beispiele:

Wer überflüssige Pfunde loswerden will, muss bei seinem Vorgehen Sport und eine ausgewogene Kalorienaufnahme mit einkalkulieren. Vielleicht muss man dafür auch herausfinden, welche Nahrungsmittel besonders geeignet sind und wann man sie verzehren sollte.

Wer sich finanzielle Unabhängigkeit wünscht, muss sich einen Prozess erarbeiten, bei dem er erheblich mehr Geld verdient und spart, als er ausgeben muss.

Wer sich einen Marathon zum Ziel gesetzt hat, muss sich vorher einen Trainingsplan aufstellen (und sich dann auch daran halten), bei dem eine bestimmte Anzahl von gelaufenen Kilometern pro Tag oder Woche festgelegt ist.

Wer ein Buch veröffentlichen will, muss beständig schreiben. Für dieses Buch beispielsweise hatte ich mir 1 000 Wörter pro Tag zum Ziel gesetzt, ob mir nun danach war oder nicht (und glauben Sie mir, mir war bei Weitem nicht immer danach).

Wie Sie sehen, muss das genaue Vorgehen mitnichten aufwendig und kompliziert sein; im Gegenteil: je einfacher, desto besser. Sie müssen sich nur überlegen, welche Art des Vorgehens zum Erfolg führt, sich anschließend daran halten und Ihren Terminkalender daran anpassen. Das ist alles – nicht mehr und nicht weniger. Sobald Sie Ihre festgelegten Aufgaben für den Tag erledigt haben – die nämlich, die den Erfolg Ihrer Mission unausweichlich machen –, können Sie an Ihren anderen Zielen weiterarbeiten.

Fragen Sie sich also einfach: *Welche Tätigkeiten machen meinen Erfolg unausweichlich, vorausgesetzt, ich führe sie konsequent aus?*

SCHRITT 2: Ergebnisse frei von Emotionen betrachten

Eines ist sicher: Beim Annähern an Ihr Ziel wird es auch schlechte Tage geben. Vielleicht sogar schlechte Wochen. Doch leider lassen sie sich auch mit diesem Wissen nicht leichter ertragen. Es ist nun einmal eine Tatsache, dass der Mensch ein emotionales Wesen ist. Und als emotionales Wesen betrachtet er die Dinge um sich herum durch die Brille der Emotionalität. Diese Emotionalität allerdings behindert uns bei unserem Vorgehen. Die meisten Menschen empfinden Rückschläge als frustrierend, auslaugend und entmutigend. Das muss nicht sein. Wenn Sie unbeirrt weiter nach Ihrem Ziel streben und die Zwischenergebnisse nicht mehr emotional betrachten, werden Sie Ihr Ziel schließlich erreichen – weil Sie unterwegs nicht aufgeben. Dazu wieder einige Beispiele:

1. Einer meiner Freunde hatte es sich zum Ziel gesetzt abzunehmen und legte dafür fest, so vorzugehen: Er wollte seine Kalorienaufnahme einschränken, sich überwiegend pflanzlich ernähren und regelmäßig Sport treiben. Eines Tages rief er mich an: »Hal, ich probiere gerade deine Strategie des festgelegten Vorgehens aus. Ich habe in den vergangenen drei Wochen an vier Tagen in der Woche jeweils 30 Minuten lang Sport gemacht, aber noch kein Gramm abgenommen. Im Gegenteil: Ich habe sogar ein Pfund zugenommen und keine Ahnung, warum. Das frustriert mich.« Ich riet ihm, seinen Körperfettanteil zu messen, weil er möglicherweise an Muskelmasse zugenommen hatte, was das Ergebnis auf der Waage erklären würde. Und genau das war auch passiert. Nach drei Monaten war sein Körperfettanteil von 24 auf 14 Prozent gesunken – weil er unbeirrt an seinem

Vorgehen festgehalten hatte. Hätte er aufgegeben, als die Waage nicht das gewünschte Gewicht angezeigt hatte, wäre er heute nicht so fit und gesund, wie er es ist.

2. Vor ein paar Jahren hatte ich einen Klienten, der eines der Spitzenteams an Außendienstmitarbeitern seiner Firma leitete. Es war sogar eines der besten Teams in den ganzen Vereinigten Staaten. Mein Klient war ein Superstar und an Erfolge gewöhnt. Sein Ziel damals war es gewesen, sein Team in einem Jahr zu Verkäufen im Wert von 1,3 Millionen Dollar zu führen. Ich erinnere mich am besten an eines unserer Coachinggespräche, bei dem mein Klient ungeheuer niedergeschlagen war, weil sein Team in den vorhergehenden Wochen nicht die gewünschten Ergebnisse erzielt hatte. Er kam immer wieder auf seinen Jahres-Businessplan zurück, insbesondere auf die wöchentlichen Verkaufsprognosen, die er zu Beginn des Jahres aufgestellt hatte. Er konnte einfach nicht verstehen, warum die Ergebnisse den Prognosen nicht entsprachen, tat doch jeder genau das, was er tun sollte.

   Ich versuchte, ihm klarzumachen, dass eine solche emotionale Sichtweise das ganze Vorgehen gefährden könnte. Er hatte keine Kontrolle über die Zwischenergebnisse seiner Mitarbeiter, zumindest keine direkte. Er konnte sie zwar *beeinflussen*, aber nicht *kontrollieren*. Es stand nicht in seiner Macht, wie viele Leute, die angerufen wurden, auch ans Telefon gingen, oder in welcher Stimmung die potenziellen Kunden waren. Er konnte nicht bestimmen, wer einen Termin mit seinen Mitarbeitern vereinbarte und wer nicht oder wer zu diesem Termin auftauchte oder nicht. Auch wer nun etwas kaufte oder den jeweiligen Mitarbeiter weiterempfahl, lag außerhalb seines Einflussbereichs. Und dennoch hing er emotional an all dem und vielem mehr. Als er erkannte, dass er lediglich sicherstellen musste, dass sein

Team die ausgemachten Anrufe tätigte – nur darüber hatte er wirklich Kontrolle –, sah er seinen ganzen Job mit anderen Augen. Er ließ sich in seiner Stimmung und seiner Motivation nicht mehr von den Zwischenergebnissen seines Teams beeinflussen. Und als er diesen Entschluss einmal gefasst hatte, war er auch nicht mehr so auf die täglichen und wöchentlichen Ergebnisse fixiert. Er akzeptierte jedes mögliche Ergebnis im Voraus (erinnern Sie sich noch an den Satz: »Ich kann es nicht ändern«?) und konzentrierte sich auf das Gesamtbild sowie auf seinen Glauben daran, dass sich die Ergebnisse am Ende ausgleichen würden – vorausgesetzt, er blieb bei seinem Vorgehen und hielt seine Mitarbeiter zu den festgelegten Anrufen an. Ich konnte förmlich spüren, wie der Stress im Laufe unseres Gesprächs von ihm abfiel, als ihm klar wurde, dass er sich auf das genaue Vorgehen und nur darauf allein konzentrieren musste.

3. Zum Schluss noch einmal ein persönliches Beispiel. Als das Buch *Miracle Morning* erschien, hatte ich kaum die Mittel, es zu bewerben. Ich hatte weder eine vertriebliche Plattform dafür noch eine lange Liste an Leuten, denen ich eine entsprechende Werbemail schreiben konnte. Und ich kannte auch niemanden, der über diese Dinge verfügte. Also musste ich mich fragen, wie ich am besten weiter verfahren sollte. Ich unterhielt mich mit anderen Autoren, stellte Onlinerecherchen an und beschloss schließlich, dass das für mich beste Vorgehen wohl darin bestand, Interviews in Podcasts zu geben. Ich vermutete, dass Menschen, die sich Podcast-Interviews anhören, auch Menschen sind, die an ihrer persönlichen Entwicklung arbeiten. Darüber hinaus ist diese Werbestrategie sehr kosteneffektiv, weil man in ein Podcast-Interview nichts anderes als seine Zeit investieren muss.

   Inzwischen sind über 300 solcher Podcast-Interviews zusammengekommen, plus mehr als 200 eigener *Achieve*

Your Goals-Podcasts. Ich musste allerdings 18 Monate lang Interviews geben, um dasselbe Verkaufsergebnis wie im ersten Monat nach Erscheinen des Buchs zu erzielen. In diesen 18 Monaten war das Verhältnis von finanziellem Gewinn zu investierter Zeit und der erbrachten Anstrengung alles andere als günstig. Zwischen Dezember 2012 und Juni 2014 verkaufte ich so wenige Bücher, dass man kurzfristig nicht sagen konnte, der Aufwand hätte sich gelohnt. Hätte ich diese Entwicklung emotional betrachtet, hätte ich den Durchbruch am Ende nicht geschafft. Doch ich glaubte an das Buch und daran, dass es Leben verändern konnte, also blieb ich bei meinem Vorgehen und konzentrierte mich aufs Gesamtbild. Das zahlte sich letztlich aus. Nach derzeitigem Stand hat sich *Miracle Morning* über eine Million Mal verkauft – die Hälfte davon in den USA und die andere Hälfte in über 100 Ländern rund um den Globus. Damit ist wieder einmal bewiesen, dass es zwar länger dauern kann, bis wir unser Ziel erreichen, wir mit unerschütterlichem Glauben und unermüdlichem Einsatz über einen längeren Zeitraum hinweg aber durchaus Wunder vollbringen können.

SCHRITT 3: Das genaue Vorgehen im Terminkalender festhalten

Wir alle wissen, wie das ist. Da kauft man sich tolle neue Sportklamotten oder bestellt sich einen Haufen Bücher zu einem Thema, über das man gern mehr erfahren will – und sieht dann zu, wie die Sachen in der Zimmerecke verstauben. Immer kommt irgendetwas dazwischen: kranke Kinder, fordernde Chefs, das LEBEN!

Dagegen hilft nur eins: das genaue Vorgehen im Terminkalender festhalten. Sie müssen die Maßnahmen, die Sie zu Ihrem Ziel führen sollen, wie andere wichtige Termine auch behandeln, sonst verlieren Sie sie nur allzu leicht aus den Augen, und es ändert sich gar nichts.

Nehmen Sie also jetzt Ihren analogen oder digitalen Kalender zur Hand und tragen Sie für jeden Tag ein, welche Aufgaben Sie festgelegt haben und wann Sie sie erledigen wollen. Wenn Sie sich beispielsweise vorgenommen haben, Ihren Doktor zu machen, sollten Sie die einzelnen Vorlesungen und Seminare des jeweiligen Semesters eintragen und Zeit zum Lernen sowie für Hausarbeiten und Referate blockieren. Bei einem digitalen Kalender (den ich nur wärmstens empfehlen kann) lassen sich wiederkehrende Termine viel rascher eintragen. Anschließend müssen Sie sich nur noch an Ihren Kalender halten. Wenn Sie mehr Zeit mit Ihren Kindern verbringen wollen, sollten Sie auch das im Kalender festhalten, ebenso wie Zeit für sich selbst. Sorgen Sie dafür, dass dieses Mal nichts dazwischenkommt. Stellen Sie sich gewissermaßen schützend vor die Termine, die Ihre Mission betreffen, denn nur so wird Ihre vorerst nur mögliche Mission wahrscheinlich und schließlich unausweichlich.

Ich weiß, dass das jetzt vielleicht ein wenig übertrieben klingt und dass Sie sich möglicherweise etwas gegängelt fühlen. Doch meiner Erfahrung nach fallen die Dinge, die nicht wichtig genug für den Terminkalender sind, meist unter den Tisch oder werden zumindest nicht konsequent ausgeführt.

Vielleicht fühlen Sie sich jetzt angesichts eines ohnehin schon übervollen Kalenders aber auch überfordert. Sehen Sie sich in diesem Fall Ihren Terminkalender einmal genauer an. Können Sie irgendwo effizienter sein oder Aktivitäten mit niedriger Priorität durch solche, die mit Ihrer Mission verbunden sind, ersetzen? Sehen Sie beispielsweise eine Stunde weniger fern und widmen sich stattdessen Ihrer Mission. Sie können auch eine Stunde früher aufstehen. Sie kommen leichter an Ihr Ziel, wenn Sie nicht nur spezifizieren, *was* Sie zum Erfüllen Ihrer Mission tun müssen und *wann* Sie es tun müssen, sondern wenn Sie diesen Aufgaben obendrein einen festen Platz in Ihrem Tagesablauf einräumen.

SCHRITT 4: Den Erfolg durch das Ablegen von Rechenschaft absichern

Sie kennen sich selbst besser als jeder andere. Wie also, glauben Sie, können Sie sich zu einem bestimmten Vorgehen und zum Festhalten an diesem Vorgehen motivieren? Sind Sie jemand mit großer Eigenverantwortlichkeit, der durchzieht, was er sich vorgenommen hat, ob er nun jemandem darüber Rechenschaft ablegen muss oder nicht? Falls das der Fall ist, kommen Sie mit der Wunderformel bestens allein zurecht. Viele Menschen aber stürzen sich am Anfang in ein Vorhaben und lassen mittendrin dann plötzlich in ihrem Eifer nach.

Tatsache ist, dass es nicht leicht ist, so lange an einem Vorhaben festzuhalten, dass man am Ende auch wirklich bedeutende Ergebnisse erzielt. Wäre es das, würde jeder es tun, und dieses Buch wäre überflüssig. Selbstdisziplin ist alles andere als weitverbreitet. Würde jeder es allein schaffen, würden wir alle jedes unserer Ziele erreichen. Darum ging es zwar schon ausführlich in Kapitel 6, man kann es aber trotzdem nicht oft genug sagen: Am hilfreichsten in diesem Zusammenhang ist, sich zur Rechenschaft gegenüber einem Gleichgesinnten zu verpflichten. Dadurch bleibt man auch sich selbst gegenüber ehrlich und auf seine Ziele fokussiert.

Zum Rechenschaftablegen gehört, jemandem oder etwas gegenüber oder für etwas verantwortlich zu sein, was sich in vielen verschiedenen Formen äußern kann. Bei einigen Menschen funktionieren Deadlines am besten. Andere fühlen sich durch das Vermeiden negativer Konsequenzen angespornt, und wieder andere finden ihre Motivation in der Belohnung. Finden Sie heraus, was für Sie am besten funktioniert, und ergreifen Sie die entsprechenden Maßnahmen. Oftmals ist ein Rechenschaftspartner der Schlüssel zum Erfolg, am besten dann, wenn man sich dabei zu gegenseitiger Rechenschaft verpflichtet.

Wenn Sie jemanden beim Verfolgen Ihres Ziels um Hilfe bitten, ist dies weder ein Anzeichen von Schwäche noch macht es Sie ineffektiv. Es ist im Gegenteil sogar sehr klug. Nennen Sie mir einen Geschäftsführer eines großen Unternehmens, der keine Rechenschaftsverpflichtung hätte, sei es gegenüber Aktionären, Mitarbeitern, einem Vorstand oder einem Coach für Führungskräfte. Eine solche Form der Rechenschaft festigt das Engagement. Fällt es Ihnen nicht auch leichter, sich ins Fitnessstudio aufzuraffen, wenn Sie wissen, dass dort Ihr Trainer auf Sie wartet? Können Sie den inneren Schweinehund nicht auch besser überwinden, wenn Sie sich mit einem Freund zum Laufen verabredet haben? Welches Ziel Sie sich auch immer gesetzt haben, Sie können auf jeden Fall einen Rechenschaftspartner finden, einen Mentor um Gespräche bitten, Ihr eigenes Rechenschaftsteam aufstellen (selbst mit gutem Beispiel vorangehen zu müssen spornt ungemein an) oder einen Coach anheuern. Es muss nur jemand sein, der streng und konsequent ist und dem Ihr Erfolg am Herzen liegt.

SCHRITT 5: Zwischenbilanz ziehen und das Vorgehen gegebenenfalls korrigieren

Sie sollten sich von Zwischenergebnissen zwar nicht runterziehen lassen, doch kommen Sie ganz ohne Zwischenbilanz wiederum auch nicht aus. Wenn sich der Zeiger an der Waage nach zwei Monaten immer noch nicht bewegt hat, sollten Sie Ernährungsweise und Trainingsplan noch einmal unter die Lupe nehmen. Werden Verkaufsziele beständig nicht erreicht, müssen vielleicht die Kundengewinnungs- oder Marketingaktivitäten korrigiert werden. Wenn Sie seit Langem kein einziges Wort für Ihr Buch geschrieben haben, sollten Sie überlegen, ob die Zeit, die Sie dafür in Ihrem Terminkalender reserviert haben, wirklich die richtige ist.

Ich empfehle Ihnen, wöchentlich oder monatlich Zwischenbilanz zu ziehen, damit Sie sehen können, ob Ihr Vorgehen aufgrund der bisher erzielten Ergebnisse möglicherweise der Korrektur bedarf. Es ist wichtig, dass Ihr Vorgehen so klar und einfach wie möglich ist, weil es Ihnen dann leichter fällt, sich daran zu halten. Steht dem irgendetwas im Wege, ist die Zwischenbilanz ein guter Zeitpunkt, um nötige Änderungen vorzunehmen.

SIE HABEN EIN WUNDER VOLLBRACHT – UND JETZT?

Sie wissen ja, dass es bei der Wunderformel nicht darum geht, ein Wunder zu vollbringen und dann weiterzumachen wie bisher. Wir wollen zu Miracle-Experten werden, die in allen Bereichen ihres Lebens wieder und wieder greif- und sichtbare Wunder vollbringen. Und dazu ist es zwingend notwendig, dass Sie mit zunehmendem Erfolg Ihre Ziele beständig höher stecken und weiterentwickeln.

Nutzen Sie das, was Sie während einer Mission gelernt und verinnerlicht haben, dazu, Sie zu Ihrer nächsten Mission anzuspornen. Nachdem ich meine Mission, mehr Zeit mit meiner Familie zu verbringen, erfüllt hatte, war meine nächste Mission, für den Rest meines Lebens krebsfrei zu bleiben. Als auch sie auf Autopilot lief, wandte ich mich der Mission, dieses Buch zu schreiben, zu. Jede weitere Mission, der Sie sich verpflichten, wird Ihre Fähigkeiten als Miracle-Experte weiterentwickeln, bis schließlich kein Wunder mehr außerhalb Ihrer Reichweite liegt.

Unermüdlicher Einsatz in Aktion

Mein absoluter Lieblingsmusiker ist Jeremy Reisig, auch bekannt als »brotha James«. Mit seinem einzigartigen Talent schenkt er der Welt ungeheuer viel Positivität, wir sollen uns durch seine Musik gut fühlen. Er ist meines Wissens tatsächlich der einzige Musiker, der positive Affirmationen mit knackiger Musik kombiniert, sodass jede Zeile, die man hört, das Unterbewusstsein auf Glück und Erfolg programmiert.

Zu Beginn seiner musikalischen Laufbahn ging Jeremy mit einer Funkband auf Tour. Er spielte mehrere Instrumente und rappte, wollte aber auch im Hintergrund mitsingen. Immer wieder jedoch bekam er von den Bandmitgliedern gesagt, seine Stimme sei dafür nicht gut genug.

2013, nachdem er vier Jahre lang mit der Band unterwegs gewesen war, beschloss Jeremy, Gesangsunterricht zu nehmen und ein Songwriter zu werden. Sein Traum war es immer noch, eines Tages der Leadsänger einer Band zu werden. Er hatte schon einige Leute gefragt, ob sie bei diesem Bandprojekt mitmachen wollten, doch auch sie hatten seine Stimme für nicht gut genug gehalten. Autsch.

Mit dem unerschütterlichen Vorsatz, aus seinem Traum Wirklichkeit werden zu lassen, suchte er sich zwei verschiedene Gesangslehrer. Er übte fast jeden Tag 15 bis 30 Minuten lang und glaubte weiter daran, dass er sein Ziel eines Tages erreichen würde. Wohlgemerkt: Sein unermüdlicher Einsatz bestand in lediglich 15 bis 30 Minuten Üben pro Tag – das hört sich zunächst gar nicht so außergewöhnlich an. Was es jedoch außergewöhnlich machte, war die Konsequenz, mit der Jeremy übte, bis er im März 2014 endlich seinen ersten eigenen Auftritt hatte. Und Mitte 2015 sollte sich sein Einsatz buchstäblich auszahlen: mit seinem ersten *bezahlten* Gig.

Heute lebt brotha James seinen Traum, indem er als inspirierender Musiker durchs Land reist. Er nimmt immer noch Gesangsunterricht und übt an fünf Tagen in der Woche immer noch für 15 bis 30 Minuten. Er drückt es so aus: »Wiederholt man das Kleine wieder und wieder, wird daraus schließlich was Großes.« Und sein

Einsatz zahlt sich immer noch aus. Seine anfänglich schlechte Stimme wurde erst gut und dann ausgezeichnet, mittlerweile wird er häufig mit dem berühmten Sänger Jason Mraz verglichen. Jeremy verbessert sich stetig weiter und bringt seine Musik immer mehr Menschen näher. Allein im letzten Jahr hatte brotha James über 150 verschiedene Gigs. Er ist das beste Beispiel dafür, dass unermüdlicher Einsatz Erfolg früher oder später unausweichlich macht.

SO ÜBERWINDEN SIE DEN INNEREN SCHWEINEHUND

Sehr häufig werde ich sowohl von meinen Klienten als auch von meinen Lesern gefragt: »Wie kann ich mich motivieren, das zu tun, was ich tun sollte?« Meist schwingt bei der Frage Frust oder Hilflosigkeit mit.

Schon als Kind ist es uns nicht leichtgefallen, das zu tun, was wir tun sollten. Wir wissen zwar, dass uns mehr Gemüse zu essen gesünder macht, dass es klug ist, nicht über seine Verhältnisse zu leben, und dass immer wieder Pausen einzulegen Stress minimiert. Aber tun wir es auch? Nein! Und dasselbe gilt für die Ziele, die wir uns setzen: Auch da müssen wir immer wieder der Versuchung widerstehen, Dinge aufzuschieben. Und warum müssen wir dieser Versuchung widerstehen? Weil die, die nur tun, wonach ihnen ist … tatsächlich nicht viel tun.

Für viele ist das Aufschieben zur Lebenseinstellung geworden, sie schieben unbequeme, unerprobte oder unbekannte Tätigkeiten gewohnheitsmäßig auf. Leider sind das aber genau die Tätigkeiten, die aus dem, was wir sind, das, was wir sein wollen, machen. Wie also können wir uns dazu motivieren, das zu tun, was wir tun sollten, wonach uns aber in der Regel nicht ist? Da hilft es schon, das Wesen des Aufschiebens zu verstehen. Warum schieben wir Dinge auf? Auf diese Frage könnten Sie sicher tausend verschiedene Antworten aus dem Ärmel schütteln, doch im Grunde gibt es nur eine: *Sie assoziieren die Tätigkeit, die Sie aufschieben, mit Schmerz, Angst oder Unbehagen.* Das ist alles.

Um sich nun darüber hinwegzusetzen, müssen Sie erkennen, dass dieser Schmerz, diese Angst und dieses Unbehagen nur imaginär sind, also lediglich in Ihrem Kopf existieren. Schmerz, Angst und Unbehagen treten komplett in den Hintergrund, sobald Sie die Dinge dann tatsächlich tun. Sicher, über das Tun nachzudenken ist beängstigend. Und je mehr Sie darüber nachdenken, desto länger schieben Sie das, was zu tun ist, auf. Wenn Sie es dann aber tun, ist es einfach nur befreiend. Es befreit Sie von Ihrer Angst, es ist fast nie so schmerzhaft, wie Sie es sich vorgestellt haben, und bald ist auch das, was vorher Unbehagen ausgelöst hat, sicher in Ihrer Komfortzone untergebracht.

Um die nötige Motivation zu finden, um die Dinge zu tun, die Sie für gewöhnlich aufschieben, müssen Sie sich *bewegen*. Sie müssen den ersten Schritt tun. Und dieser Schritt, diese Bewegung wird Sie motivieren weiterzugehen. Doch um den ersten Schritt kommen Sie nicht herum.

Sollten Sie beispielsweise Gefahr laufen, den Besuch im Fitnessstudio aufzuschieben, dann packen Sie einfach Ihre Sporttasche und starten Sie rechtzeitig los, um zur festgelegten Zeit bereit fürs Training zu sein. Denken Sie nicht darüber nach, tun Sie es einfach. Wenn Sie diesen ersten Minischritt getan haben, stehen die Chancen besser, dass Sie auch zum besagten Fitnessstudio schauen (zum selben Fitnessstudio, für das Sie schon seit Monaten die Gebühren zahlen). Drinnen hören Sie die wummernde Musik und sehen die schwitzenden Menschen unter den Gewichten und auf den Laufbändern … und ich gehe jede Wette ein, dass Sie dann nicht umkehren und wieder nach Hause fahren. Nein, Sie schließen sich ihnen an – und sind unendlich stolz auf sich. Sie erkennen, dass die Entscheidung, etwas aufzuschieben, nichts anderes ist als das: eine Entscheidung, die Sie auch anders treffen können, jetzt, da Sie wissen, warum Sie etwas aufschieben.

Beim Überwinden des inneren Schweinehunds geht es schlicht darum, den ersten, scheinbar so unbedeutenden Schritt in Richtung Ihres Ziels zu tun. Fangen Sie an, sich zu bewegen, hat der Schweinehund schon keine guten Karten mehr. Nun kommt es darauf an, dass Sie sich weiter in dieselbe Richtung bewegen. Wenn Sie das täglich Ihrem festgelegten Vorgehen entsprechend tun, wird der innere Schweinehund schon sehr bald Geschichte sein.

* * *

Ich hab es Ihnen doch gesagt: Unermüdlicher Einsatz ist gar nicht so außergewöhnlich, wie er zunächst scheinen mag. Sie müssen sich dafür lediglich auf ein einfaches und wiederholbares Vorgehen festlegen, das Sie in Ihrem Terminkalender verankern, ein gerüttelt Maß an emotionaler Distanz (das heißt inneren Frieden mit Ihren wie auch immer gearteten Zwischenergebnissen), einen oder mehrere Rechenschaftspartner und vielleicht die eine oder andere Feinjustierung. Dabei kann das Vorgehen so simpel oder so komplex sein, wie es eben sein muss. Denken Sie daran, wie weit brotha James mit seiner Singstimme gekommen ist, und dafür hat er nur 15 bis 30 Minuten am Tag geübt. Ich verdiente mein erstes sechsstelliges Jahreseinkommen mit 40 Telefonanrufen pro Tag, die insgesamt nur zwei Stunden dauerten. Vielleicht glauben Sie mir jetzt nicht, aber ich sage Ihnen, dass Sie sich bald schon darauf freuen werden, wie Sie jeden Tag die Dinge angehen! Sie werden das große, angsteinflößende Ziel mit Vergnügen in Angriff nehmen, wenn Sie erst einmal wissen, wie Sie es in Angriff nehmen können.

Sie wissen jetzt, wie Sie die Wunderformel anwenden. Im nächsten Kapitel beschäftigen wir uns damit, wie Sie das wiederholt tun, damit Sie in jedem Bereich Ihres Lebens wieder und wieder Wunder vollbringen.

9 IMMER WEITER WUNDER WIRKEN

WIEDER UND WIEDER AUSSERGEWÖHNLICHES VOLLBRINGEN

» Wunder geschehen nur für den, der an sie glaubt.
– PAULO COELHO

Es ist eine aufregende Sache, greif- und sichtbare Wunder vollbringen zu können. Wer wäre nicht begeistert, sich fortan das Leben seiner Träume erschaffen zu können? Vielleicht wünschen Sie sich finanzielle Sicherheit oder Freiheit. Vielleicht sind Sie bereit für eine ganz besondere Beziehung oder wollen an der bereits existierenden arbeiten. Vielleicht suchen Sie die berufliche Aufgabe, die Sie wirklich erfüllt. Oder Sie wollen gesünder und fitter werden. Vielleicht wollen Sie aber auch einfach nur glücklich sein. Das alles ist, wie gesagt, eine tolle Sache – etwas ganz anderes ist es, all das nicht nur möglich, sondern unausweichlich zu machen.

Ist Ihr ultimatives Ziel, die Fähigkeiten und Eigenschaften eines Miracle-Experten zu entwickeln, damit auch Sie immer wieder willentlich Wunder vollbringen können, müssen Sie wie ein Miracle-Experte denken und handeln. Und zwar *die meiste Zeit über*.

Sie müssen angstbasiertes Denken durch glaubensbasiertes Denken ersetzen. Sie müssen bereit sein, jegliche Einschränkungen aus der Vergangenheit loszulassen, und sich selbst als jemanden betrachten, der es genauso verdient hat, das zu bekommen, was er sich wünscht, wie jeder andere Mensch auf der Welt auch. Darüber haben wir zwar schon ein paar Mal gesprochen, aber jetzt helfe ich Ihnen dabei dies auch auf intellektueller *und* emotionaler Ebene zu vollziehen, sodass Sie Ihr neues Ich sehen und fühlen können. Das macht es für Sie viel einfacher, im Einklang mit der Person und der Zukunft zu leben, die zu werden und die zu erschaffen Sie sich verpflichtet haben.

Earl Nightingale, der Autor einer Reihe von äußerst erfolgreichen Motivationsbüchern, hat einmal gesagt: »Wir werden das, worüber wir nachdenken.« Buddha sagte: »Wir sind, was wir denken. Unser Sein entsteht mit unseren Gedanken. Mit unseren Gedanken erschaffen wir die Welt.« Und auch ich habe Sie immer wieder daran erinnert, dass es das Mindset, unsere Einstellung und Denkweise, ist, das für das Formen unserer Identität und unserer Realität verantwortlich ist. Wie viel Zeit aber investieren Sie in das strategische Gestalten Ihres Mindsets? In diesem Kapitel wird es darum gehen, wie Sie Ihren Geist mit den Gedanken und Verhaltensweisen neu programmieren, die Sie im Miracle-Experten-Modus halten. Zum Glück gibt es dafür eine ganz bestimmte Strategie, die diesbezüglich hervorragend funktioniert.

DIE STRATEGIE ZUM ANWENDEN DER WUNDERFORMEL

Wenn Sie mein Buch *Miracle Morning* gelesen haben, kennen Sie die *Life S.A.V.E.R.S.* bereits. Das Akronym steht für sechs der zeitlosesten Praktiken zur persönlichen Entwicklung in der Geschichte der Menschheit, die universell anwendbar und wissenschaftlich bewiesen sind (und alle nicht von mir stammen): »Silence« (Stille), »Affirmations« (Affirmationen), »Visualization« (Visualisierung), »Exercise« (Bewegung), »Reading« (Lesen) und »Scribing« (Schreiben). Ich empfehle, diese Praktiken täglich durchzuführen, am besten morgens gleich nach dem Aufstehen, um Mindset und Fokus für den Rest des Tages zu optimieren.

Obwohl jede dieser sechs Praktiken das persönliche Wachstum fördert, werde ich in Interviews oft gefragt, ob ich einen »Lieblings«-*Life S.A.V.E.R.* habe. Die politisch korrekte Antwort darauf würde wahrscheinlich lauten: »Natürlich nicht, sie sind alle gleich wichtig.«, aber, ganz unter uns: Ich bin immer mehr für Ehrlichkeit als für politische Korrektheit (was nicht immer gut ankommt).

Also, ja, ich habe einen »Lieblings«-*Life S.A.V.E.R.*, den, der meiner Erfahrung nach am effektivsten ist: das A, die Affirmationen. Aber (und das ist wieder einmal ein großes Aber) nicht so, wie Sie jetzt vielleicht denken.

Affirmationen haftet oft etwas Anrüchiges an. Bestenfalls gelten sie als unwirksam, schlimmstenfalls als das Instrument der Leichtgläubigen und Dummen. Sie scheinen in dieselbe Kategorie zu fallen wie das Moodboard: Wer sich nur Bilder an die Wand klebt und sich zurücklehnt, um darauf zu warten, dass sich die Realität auf magische Weise ändert, dann wird das aller Wahrscheinlichkeit nach nicht funktionieren. In ganz ähnlicher Weise können Sie sich auch nicht einfach in Ihr neues Ich »hineinreden«. Das heißt – Sie können schon, nur nicht so, wie viele Selbsthilfegurus Ihnen glauben machen wollen.

Früher hielt auch ich Affirmationen für unwirksam und das Instrument der Leichtgläubigen und Dummen. Für mich waren sie Wohlfühlstatements ohne jeden Bezug zur Realität, die lediglich dafür sorgten, dass es den Leuten, die sie aufsagten, vorübergehend besser ging. Menschen wie ich aber, also ergebnisorientiert und nicht so vernebelt, brauchten keine schönen

Sätze, um ihre Unsicherheiten zu kaschieren. Ich konnte mir nicht auch nur annähernd vorstellen, dass Affirmationen tatsächlich Ergebnisse hervorbringen.

Als ich mit Anfang 20 begann, mich näher mit Persönlichkeitsentwicklung zu beschäftigen, begegneten mir die Affirmationen erneut – dieses Mal als legitimes Werkzeug zur persönlichen Wandlung. Man erzählte mir, ich könne mein Leben alleine dadurch verändern, indem ich bestimmte Phrasen wieder und wieder aufsagte, so lange, bis ich sie schließlich glaubte. Für jemanden, der sich selbst für faul hielt, klang das ausgesprochen verlockend: *Dafür muss man ja gar nichts tun*, dachte ich. Ich war dabei.

Allerdings nicht lange. Schon bald darauf lief ich mit meinen Affirmationen gegen die gleiche Wand, die auch den meisten anderen im Weg steht. Benutzte ich die Formeln, die von den Selbsthilfepionieren im Allgemeinen vorgeschlagen werden, passierte – gar nichts. Das tolle Leben, das ich da herunterleierte – nichts. Wieder und wieder »Ich bin Millionär« zu sagen brachte mir keinen einzigen Cent aufs Konto. Überhaupt fühlten sich die »Ich bin«-Statements, die bekräftigten, dass ich war, was ich eben nicht war, reichlich unauthentisch an.

Eines Tages jedoch hatte ich eine Eingebung. Ich erkannte, dass der Fehler nicht in den Affirmationen selbst lag. Die waren Missverständnissen, falschen Lehren und Missbrauch unterworfen. Im Grunde waren es zwei Fehler, auf die sich diese Missverständnisse zurückführen ließen; als ich das erst einmal durchschaut hatte, konnte ich meine Herangehensweise an Affirmationen fundamental ändern und selbst Affirmationen formulieren, die praktisch und umsetzbar waren und beständig greif- sowie sichtbare Wunder hervorbrachten.

Auf den folgenden Seiten erfahren Sie, wie Sie Schritt für Schritt selbst Wunderformel-Affirmationen gestalten können, die in der Realität wurzeln und so konzipiert sind, dass sie die Anwendung der Wunderformel beschleunigen. Lassen Sie uns vorher jedoch einen Blick auf die beiden genannten Fehler und die Probleme, die sie mit sich bringen, werfen.

1: Unwahre Aussagen geben uns das Gefühl, nicht authentisch zu sein

Fast jeder möchte sich in bestimmten Bereichen seines Lebens verbessern oder wünscht sich ein insgesamt besseres Leben. Wir wünschen uns Geld, Liebe, Gesundheit und vielleicht, dass der Tag 25 Stunden hat. Auf (beinahe!) alle diese Dinge haben wir mittels unerschütterlichen Glaubens und unermüdlichen Einsatzes Zugriff – durch Selbstbetrug jedoch nicht. Und leider liegt ein solcher Selbstbetrug den meisten Affirmationen der Selbsthilfepioniere zugrunde.

Ihnen zufolge sollen wir Phrasen wie die folgenden wiederholen:

Ich bin erfolgreich.
Ich bin ein Geldmagnet.
Ich habe ein perfektes Äußeres.
Ich führe eine verantwortungs- und liebevolle Beziehung.

Sind diese Aussagen allerdings nicht wahr, dann wissen wir das tief in uns drin. Und wiederholen wir sie, lügen wir uns fortgesetzt selbst an. Unser Unterbewusstsein stemmt sich gegen diese Lügen, was den inneren Konflikt verschärft und uns möglicherweise noch mehr runterzieht. Eine 2009 in der Zeitschrift *Psychological Science* veröffentlichte Studie ergab, dass sich Probanden mit mangelndem Selbstwertgefühl nach dem Wiederholen von Aussagen wie »Ich bin ein liebenswerter Mensch« noch schlechter fühlten.* Man muss sich das mal

---

* Joanne V. Wood, W.Q. Elaine Perunovic und John W. Lee, »Positive Self Statements: Power for Some, Peril for Others«, *Psychological Science* 20, Nr. 7 (2009): 860–66, https://doi.org/10.1111/j.1467-9280.2009.02370.x.

auf der Zunge zergehen lassen: Angenommen, Sie glauben, Sie seien *nicht* liebenswert (ob das nun stimmt oder nicht, sei dahingestellt). Dann häuft die Wiederholung eines Satzes wie des oben genannten noch das Prädikat »Lügner« auf Ihr ohnehin schon negatives Selbstbild.

Diese Art von Affirmationen nagen potenziell noch mehr an Ihrem Selbstvertrauen, was sich natürlich mehr als kontraproduktiv auf Ihre Verwandlung in einen Miracle-Experten auswirkt. Hohle Aussagen dieses Schlags mögen für den Augenblick Stress und Angst mindern, sie halten Sie letztlich aber vom Erreichen Ihrer sehnlichsten Ziele ab. Die Wahrheit – Ihre Wahrheit – wird immer obsiegen.

2: Eine passive Formulierung hindert uns daran, tätig zu werden

Eine der größten Hürden auf dem Weg zu einem besseren Leben ist die Frage: *Was soll ich als Erstes/Nächstes tun?* Wir fühlen uns durch die Unsicherheit, in welcher Reihenfolge die Maßnahmen ergriffen werden sollten, wie gelähmt. Und so kommt es zum Stillstand und schließlich zum Aufgeben. Dieses mangelnde Tätigwerden wird durch die passive Formulierung vieler Affirmationen noch unterstützt. Sie beschönigen die Tatsache, dass Sie schon etwas tun müssen, wenn sich etwas ändern soll. Wie das magische Moodboard implizieren auch sie, dass Sie einfach *anziehen*, was Sie sich wünschen, ohne dafür einen Finger rühren zu müssen.

Das Geld wird Ihnen nur so zuströmen. Hinter der nächsten Straßenecke wartet die Liebe Ihres Lebens. Schön wäre das schon: Dann könnten wir nämlich alle vom Sofa aus Wunder vollbringen! Da bin ich auch gern dabei. Aber so funktioniert das Leben nicht. In den meisten Gärten hinterm Haus wächst eben kein Geldbaum. Und ich weiß ja nicht, wie's Ihnen geht, aber wenn hinter der nächsten Straßenecke jemand auf mich warten würde, würde ich eher die Polizei rufen. Auch bei dieser Art von Affirmationen handelt es sich um Lügen. Wir müssen etwas tun, und zwar etwas sehr Spezifisches, wenn wir unsere Ziele erreichen wollen. Vergessen Sie nicht: Jedem Ergebnis, das Sie sich in Ihrem Leben wünschen, geht eine bestimmte Vorgehensweise voraus. Sie müssen dieses Vorgehen festlegen und ihm folgen. Bauen Sie das in Ihre Affirmationen ein, und es wird sich etwas tun!

Bevor Sie nun lernen, selbst effektive Affirmationen zu formulieren, hier noch einige meiner Lieblingszitate zur Nützlichkeit derselben.

» Die Wiederholung von Affirmationen führt zum Glauben. Und ist aus diesem Glauben schließlich eine tiefe Überzeugung geworden, geschieht etwas.
- Muhammad Ali

» Jeder Gedanke, der dem Unterbewusstsein oft genug und überzeugend genug übermittelt wird, wird von diesem schließlich akzeptiert.
- Robert Collier,
Autor und Verleger von Selbsthilfebüchern

» Affirmationen sind Aussagen, die über die Realität der Gegenwart hinausgehen und durch die Worte, die im Jetzt benutzt werden, in die Erschaffung der Zukunft übergehen.
- Louise L. Hay,
Autorin, Verlegerin und Gründerin des Hay-House-Verlags

» Sie müssen erst in Ihrem Kopf siegen, bevor Sie im Leben siegen.
– JOHN ADDISON,
LEADERSHIP SPEAKER UND AUTOR

IN FÜNF EINFACHEN SCHRITTEN ZU WUNDERFORMEL-AFFIRMATIONEN

Wie Sie jetzt wissen, ist es wichtig, dass Ihre Affirmationen in der Wahrheit wurzeln und die spezifischen Handlungen beinhalten, die notwendig sind, damit Sie das Wunder, das Sie sich wünschen, vollbringen können. Wenn Sie Ihr Gehirn auf eine neue Realität vorbereiten, müssen Sie es auch auf das, was Sie in dieser neuen Realität tun werden, vorbereiten.

Affirmationen in Aktion

Miranda Mart, Mitglied der *Miracle Morning*-Community auf Facebook, ist ein wunderbares Beispiel dafür, wie Affirmationen das Leben verändern können.
Miranda las das Buch *Miracle Morning* vor drei Jahren. Sie hatte gerade eine Scheidung hinter sich und war alleinerziehende Mutter zweier kleiner Kinder. Sie hatte außerdem vor, eine neue Karriere zu beginnen und auf eigene Faust eine Agentur in einer Branche zu gründen, in der sie keinerlei Erfahrung hatte. Sie litt an Depressionen, hatte soziale Ängste und Rechnungen in Höhe von 150 000 Dollar, die sie ganz allein begleichen musste. Ihr kam das Leben wie eine Reihe von unüberwindlichen Hindernissen vor, die einfach kein Ende nehmen wollten. Dann machte sie das Miracle-Morning-Programm zu ihrer obersten Priorität. Sie las das Buch alle drei Monate erneut, sagte Affirmationen auf, übte sich in Visualisie-

rungen und schrieb jeden Tag. Die Affirmationen teilte sie in drei verschiedene Kategorien ein. Und je besser sie die Affirmationen beherrschte, desto besser gelang es ihr, ihre Gedanken zu kontrollieren. Plötzlich hatten die Dämonen keine Macht mehr über sie.
Nachdem sie dank ihrer täglichen Übungen in ihrer Firma unter mehr als 1 000 Kollegen in eine Spitzenposition aufgestiegen war, verwirklichte sie sich ihren Traum und gründete die Agentur, die ihr vorschwebte. Doch damit nicht genug: Sie fuhr mit ihren Affirmationen fort und leitet nun sechs weitere Agenturen und hat ihr Einkommen vervierfacht. Sie schreibt ihren außergewöhnlichen Erfolg dem Miracle Morning und speziell den Affirmationen zu.

Achten Sie auch darauf, dass Ihre Affirmationen in keinem Widerspruch zu Ihrem derzeitigen Glaubenssystem stehen. Sie sollten sich mit ihm im Einklang befinden, es weiterentwickeln und ausdehnen und gleichzeitig Ihren Ängsten die Kraft nehmen. Sie sollten Ihren Geist so sanft an neue Möglichkeiten gewöhnen, dass Ihr Gehirn allmählich von ihnen überzeugt ist und sie akzeptiert; das bedeutet, dass Sie sich der in der Wahrheit wurzelnden Logik sowie Ihres festgelegten Vorgehens bedienen müssen, um sich der Verwirklichung Ihrer Ziele anzunähern.

Durch die Wunderformel-Affirmationen nehmen Sie eine höhere Identität an: Die Affirmationen bestimmen, artikulieren und verstärken die Überzeugungen und Verhaltensweisen, die sich im Einklang mit Ihrem Miracle Mindset befinden. Sie sind darauf ausgerichtet, Ihr Unterbewusstsein auf unerschütterlichen Glauben zu programmieren, und lenken gleichzeitig Ihr Bewusstsein auf den unermüdlichen Einsatz, den Sie brauchen, um greif- und sichtbare Ergebnisse zu erzielen.

Zusammenfassend lässt sich also sagen:

- Die Wunderformel-Affirmationen programmieren Ihr **Unterbewusstsein** neu, indem sie innere Konflikte, die Sie zurückhalten, minimieren oder eliminieren. Gleichzeitig verleihen sie Ihnen aktiv den unerschütterlichen Glauben, den Sie brauchen, um Ihre Wünsche zu verwirklichen.
- Die Wunderformel-Affirmationen lenken Ihr **Bewusstsein** auf die für Ihre Mission wichtigen Tätigkeiten und helfen Ihnen bei Ihrem unermüdlichen Einsatz, mit dem Sie aus zunächst möglichen erst wahrscheinliche und dann unausweichliche Ziele machen.

Und nun erfahren Sie Schritt für Schritt, wie Sie praktische, ergebnisorientierte Wunderformel-Affirmationen formulieren und anwenden, die Ihren Geist auf das Vollbringen greif- und sichtbarer Wunder vorbereiten.

SCHRITT 1: Machen Sie Ihr Miracle-Mantra zu Ihrer Affirmation

Sie erinnern sich bestimmt noch an das Miracle-Mantra aus Kapitel 7, einen einzelnen Satz, der Ihre Verpflichtung zu Ihrer Mission und zu unerschütterlichem Glauben sowie unermüdlichem Einsatz über einen längeren Zeitraum hinweg zusammenfasst.

Sie können dieses Mantra nun für sich genommen als Werkzeug nutzen, es aber auch in Ihre Affirmationen einbauen. Je öfter Sie etwas wiederholen, desto mehr wird es Ihnen in Fleisch und Blut übergehen.

TÄTIGKEIT: Nehmen Sie Ihr Tagebuch oder Ihr Smartphone zur Hand oder öffnen Sie Ihr Textverarbeitungsprogramm und formulieren Sie Ihre erste Wunderformel-Affirmation auf der Basis Ihres Miracle-Mantras.

BEISPIELAFFIRMATION: *Ich glaube unerschütterlich daran, dass ich [Ihre Mission], und setze mich unermüdlich dafür ein,* *bis ich es geschafft habe, komme, was da wolle. Eine andere Option gibt es nicht.*

SCHRITT 2: Formulieren Sie, warum Ihre Mission so wichtig ist
Ihre Mission muss zwar keine weltbewegende sein, kann es aber. Sie kann so groß oder so klein, so einfach oder so komplex sein, wie Sie wollen. Wichtig ist lediglich, dass sie *Ihnen* wichtig ist. Diese Bedeutsamkeit – Ihr *Warum* – wird Ihnen als Ansporn dienen, weshalb Sie sich auch jeden Tag an sie erinnern müssen. Und dazu wiederum sind Ihre Affirmationen da.

Das Warum kann das fehlende Bindeglied zwischen dem Wollen und dem Erreichen sein. Oder, wie mein guter Freund Jon Vroman häufig sagt: »Hat das Warum ein Herz, bekommt das Wie Beine.« Häufig setzen wir uns Ziele, weil wir etwas erreichen oder verbessern wollen. Und wenn das schwierig wird, ist es das Warum (oder das fehlende Warum), das uns Halt gibt (oder auch nicht). Schwächelt das Warum oder – schlimmer – kennen wir es nicht einmal genau, geraten wir in Versuchung aufzugeben. Ist es hingegen ein bedeutsames Warum – bedeutet uns das Erreichen des Ziels mehr als alles andere auf der Welt –, stellen wir uns jeder Herausforderung und tun alles, was nötig ist, bis wir es geschafft haben, komme, was da wolle.

TÄTIGKEIT: Formulieren Sie, warum Ihre Mission so wichtig für Sie ist. Dies ist der Grund dafür, warum Sie sich Ihrer Mission verpflichtet haben und ihr bis zu ihrer Erfüllung verpflichtet bleiben. Das Warum ist der große Nutzen, den Sie sowohl aus dem Verfolgen als auch aus dem Erreichen Ihrer Mission ziehen. Er könnte etwas Ideelles wie Ihre persönliche Entwicklung oder etwas Materielles wie ein monetärer Vorteil, eine wiederhergestellte Beziehung oder verlorene Pfunde sein.

BEISPIELAFFIRMATION: *Ich bin meiner Mission verpflichtet, weil [Ihr Warum, der große Nutzen, den Sie aus dem Verfolgen und/oder Erreichen Ihrer Mission ziehen].*

SCHRITT 3: Festigen Sie Ihren unermüdlichen Einsatz

Sorgen Sie dafür, dass das Erreichen Ihrer Mission unausweichlich wird, indem Sie an Ihrem vorher festgelegten Vorgehen festhalten und die Zwischenergebnisse mit emotionaler Distanz betrachten. Mit diesem Schritt dämpfen Sie die weitverbreitete Sorge, wie um alles in der Welt Sie das schaffen sollen. Zudem liefert er Ihrem Gehirn den logischen Grund, den es braucht, um an die Erreichbarkeit des Ziels zu glauben, und bestärkt Sie in Ihrem unermüdlichen Einsatz. Betrachten Sie diesen Schritt als Brücke vom Wunsch zur Erfüllung.

TÄTIGKEIT: Halten Sie Ihr Vorgehen schriftlich fest: welche für Ihre Mission notwendigen Maßnahmen Sie ergreifen wollen und *wann* Sie sie ergreifen wollen. Bleiben Sie dabei möglichst klar und deutlich. Im Idealfall ist es nur eine Maßnahme, die Sie beständig ergreifen, damit Sie sich nicht überfordern.

BEISPIELAFFIRMATION: *Um das Erreichen meiner Mission unausweichlich zu machen, halte ich mich am [Datum] um [Uhrzeit] an folgendes festgelegtes Vorgehen [Vorgehen] und betrachte die Zwischenergebnisse mit emotionaler Distanz.*

SCHRITT 4: Halten Sie Ihren berechtigten Anspruch fest

Vergessen Sie nicht: Miracle-Experten verfügen über das Miracle Mindset, dank dem sie alles erreichen *können*, was sie sich wünschen, alles erreichen *werden*, wofür sie sich einsetzen, und alles *verdienen*, wofür sie hart arbeiten. Wenn Sie die Eigenschaften eines Miracle-Experten entwickeln wollen, müssen Sie auch das Gefühl des Verdienthabens entwickeln, da dies Ihren unerschütterlichen Glauben nährt und dieser wiederum Ihren unermüdlichen Einsatz. Ihre Wunderformel-Affirmationen bestärken Sie auch in Ihrem berechtigten Anspruch – der Vorstellung, dass Sie das, was Sie sich wünschen, verdient haben.

TÄTIGKEIT: Erinnern Sie sich selbst an die universelle Wahrheit, dass Sie alles, was Sie sich wünschen und wofür Sie hart arbeiten, ebenso verdient haben wie jeder andere Mensch auf der Welt.

BEISPIELAFFIRMATION: *Ich setze mich unermüdlich für meine Mission ein und lebe jeden Tag als Miracle-Experte, weil ich weiß, dass ich alles, was ich mir wünsche und wofür ich hart arbeite, ebenso verdient habe wie jeder andere Mensch auf der Welt.*

Sie können die Beispielaffirmation genauso verwenden oder sie nach Belieben modifizieren. Da jeder anders auf bestimmte Wörter oder Phrasen reagiert, je nachdem, welche Resonanz sie jeweils auslösen, ist die Sprache, derer Sie sich für Ihre Affirmationen bedienen, sehr wichtig. Sie sollten sie ansprechend finden. Dies gilt auch für die vorherigen Schritte. Wenn es sich für Sie beispielsweise seltsam anhört, sich selbst als Miracle-Experten zu bezeichnen, ist das völlig in Ordnung – obwohl sich jede neue Selbstbezeichnung erst einmal seltsam anhört. Vielleicht ist Ihnen die Formulierung: »und lebe jeden Tag als beste Version meiner selbst« lieber. Sie können »alles, was ich mir wünsche« auch durch »das Leben meiner Träume« ersetzen. Benutzen Sie die Sprache, die zu Ihnen passt.

SCHRITT 5: Sagen Sie Ihre Wunderformel-Affirmationen auf – mit Gefühl und JEDEN EINZELNEN TAG

Leider halten sich nicht allzu viele Menschen an diesen Schritt, obwohl er der wahrscheinlich wichtigste ist. Sie verwenden relativ viel Zeit darauf, die Affirmationen so zu formulieren, dass neue Identität, Mission und Vorgehen in den Worten enthalten sind, und sagen sie dann nicht regelmäßig auf – wie die guten Vorsätze für das neue Jahr, die sich spätestens Ende Januar in Luft aufgelöst haben. So tickt der Mensch nun einmal: Hat sich die ursprüngliche Aufregung gelegt oder der Zauber des Neuen »abgenutzt«, richten wir unsere Aufmerksamkeit in der Regel auf etwas noch Neueres und noch Aufregenderes.

Der Schlüssel zum Vollbringen von Wundern ist jedoch die Beständigkeit. Sie müssen dranbleiben – und zwar so lange, bis Sie dort sind, wo Sie im Leben sein wollen. Und der beste Weg dorthin ist das tägliche Wiederholen Ihrer Wunderformel-Affirmationen. Noch besser ist es, wenn Sie die Affirmationen mit Gefühl und Überzeugung rezitieren. Dies hilft Ihrem Gehirn dabei, Ihre vorhandene emotionale Verfassung mit der gewünschten in Übereinstimmung zu bringen. Das ist allerdings etwas ganz anderes, als sich selbst zu belügen; Sie zeigen Ihrem Gehirn lediglich, wie Sie sich in Zukunft öfter fühlen wollen. Sie verinnerlichen den gewünschten emotionalen Zustand gewissermaßen.

Denn etwas *intellektuell* zu verstehen bedeutet noch lange nicht, es auch *gefühlsmäßig* zu begreifen – doch erst dann haben wir es wirklich verstanden. Dem logischen Nachvollziehen sollte das emotionale folgen. Dazu ein Beispiel: Ihre bessere Hälfte beschwert sich bei Ihnen über etwas, das sie oder ihn ärgert. Sie hören dann zwar, was er oder sie sagt, und verstehen es auch, wirklich begreifen können Sie es jedoch nicht. Erst wenn der oder die Betreffende anfängt zu weinen und Sie seinen oder ihren Schmerz sehen und hören, können Sie ihn auch emotional nachempfinden.

Rezitieren Sie Ihre Affirmationen also immer so, dass Sie die Wahrheit in ihnen fühlen. Wenn Sie Ihre Verpflichtung, jeden Tag als Miracle-Experte zu leben, mit unerschütterlichem Glauben und unermüdlichem Einsatz, durch Affirmationen bekräftigen wollen, atmen Sie tief durch und spüren Sie, wie Sie mit jedem Einatmen von Ihrer neuen Identität gewissermaßen durchflutet werden. Stellen Sie sich vor, wie sie aussehen, sich anhören und sich anfühlen wird. Auf diese Weise werden Sie Ihre neue Identität sowohl intellektuell als auch emotional begreifen.

TÄTIGKEIT: »Beständigkeit« lautet das Zauberwort der Wunderformel, und diese beginnt mit dem täglichen Rezitieren der Affirmationen, um Ihr Miracle Mindset aufrechtzuerhalten und zu erweitern, während es gleichzeitig Ihre Aufmerksamkeit auf Ihr Vorgehen lenkt. Ich empfehle eine festgelegte, immer gleiche Zeit zum Aufsagen der Affirmationen. Das kann immer abends vor dem Schlafengehen, morgens nach dem Zähneputzen oder im Lauf des Miracle Mornings sein, Ihrem allmorgendlichen Programm zur persönlichen Entwicklung – Hauptsache, die Affirmationen haben einen festen Platz in Ihrem Tagesablauf. Denken Sie auch daran, die Affirmationen nicht einfach »herunterzuleiern«, sondern wirklich zu fühlen, was Sie da sagen. Bleiben Sie anschließend so lange wie möglich in diesem Gefühl. Ich beispielsweise meditiere gern direkt nach den Affirmationen und nutze die Zeit, um Mindset und Emotionen, die die Affirmationen hervorgerufen haben, vollständig in mich aufzunehmen. Dies vertieft die Auswirkungen der Wunderformel-Affirmationen auf Ihr Leben.

Die Wunderformel-Affirmationen auf einen Blick

1. Ich glaube unerschütterlich daran, dass ich [Ihre Mission], und setze mich unermüdlich dafür ein, bis ich es geschafft habe, komme, was da wolle. Eine andere Option gibt es nicht.
2. Ich bin meiner Mission verpflichtet, weil [Ihr Warum, der große Nutzen, den Sie aus dem Verfolgen und/oder Erreichen Ihrer Mission ziehen].
3. Um das Erreichen meiner Mission unausweichlich zu machen, halte ich mich am [Datum] um [Uhrzeit] an folgendes festgelegtes Vorgehen [Vorgehen] und betrachte die Zwischenergebnisse mit emotionaler Distanz.
4. Ich setze mich unermüdlich für meine Mission ein und lebe jeden Tag als Miracle-Experte, weil ich weiß, dass ich alles, was ich mir wünsche und wofür ich hart arbeite, ebenso verdient habe wie jeder andere Mensch auf der Welt.

PERSÖNLICHES BEISPIEL: Im Folgenden finden Sie ein Beispiel für eine meiner derzeitigen Wunderformel-Affirmationen. Wie Sie sehen werden, weicht die Formulierung hin und wieder leicht von den genannten Beispielaffirmationen ab, da es wie gesagt sehr wichtig ist, dass die Worte in dem, der sie rezitiert, Resonanz erzeugen. Ich entwickle meine Affirmationen konstant weiter, da ich ja auch immer weiter lerne, wachse und neue Perspektiven gewinne.

1. Ich glaube unerschütterlich daran, dass ich krebsfrei bleibe und ein langes, gesundes Leben führen werde (um meinen 100. Geburtstag mit der dann 70 Jahre alten Sophie und

dem dann 67 Jahre alten Halsten zu feiern), und setze mich unermüdlich Tag für Tag für den Rest meines Lebens dafür ein, komme, was da wolle. Eine andere Option gibt es nicht.

2. Ich bin meiner Mission verpflichtet, weil am Leben zu bleiben, um einen positiven Einfluss auf Sophie und Halsten auszuüben und dieses Leben mit Ursula zu verbringen, mir mehr bedeutet als alles andere auf der Welt.

3. Um sicherzustellen, dass ich ein langes, gesundes Leben über meinen 100. Geburtstag hinaus führen werde, halte ich mich täglich an meine ganzheitlichen Antikrebsmaßnahmen in Kombination mit meiner schulmedizinischen Behandlung, um die lebensrettenden Nutzen beider zu maximieren.

4. Ich setze mich unermüdlich für meine Mission ein und lebe jeden Tag als Miracle-Experte, weil ich weiß, dass ich es ebenso verdient habe wie jeder andere Mensch auf der Welt, ein langes, gesundes Leben über meinen 100. Geburtstag hinaus an der Seite meiner Familie zu führen.

DIE AFFIRMATIONEN WEITERENTWICKELN

Entwickeln Sie Ihre Affirmationen nach Bedarf weiter, damit sie mit Ihrer neuen Identität und Ihren sich verändernden Zielen Schritt halten können. Ihre Affirmationen sollten ebenso wachsen wie Sie selbst. Und wenn Sie dann greif- und sichtbare Wunder vollbracht haben, brauchen Sie für Ihre neuen Ziele und Missionen neue Affirmationen. Mit der Zeit wird Ihnen das Formulieren von Affirmationen immer leichter fallen. Sie haben dann so viel Erfahrung, dass Sie wissen, was Sie schreiben sollen, was für Sie am besten funktioniert und wie Sie Ihre Affirmationen nutzen, um jedem neuen Ziel unerschütterlichen Glauben und unermüdlichen Einsatz entgegenzubringen.

Tatsache ist, dass wir alle uns in mannigfaltigen Bereichen neu programmieren müssen. Wir haben viele Jahre lang mit einschränkenden Glaubenssätzen, inneren Konflikten und Ängsten gelebt, und sie alle gilt es zu überwinden. Ich empfehle Ihnen, Affirmationen für jeden Bereich Ihres Lebens zu schreiben, die auch spezifische Ziele beinhalten und sich je nach aktuellem Fokus ändern können. An manchen Tagen spreche ich alle meine Affirmationen, an anderen nur die, die mir am dringlichsten erscheinen. Wenn ich gerade an einer bestimmten Mission arbeite, sage ich die jeweilige Affirmation so lange auf, bis diese Mission erfüllt ist. Und dies sind die Bereiche meines Lebens, für die ich Affirmationen und Ziele habe:

Gesundheit und Fitness (was auch beinhaltet, krebsfrei zu bleiben)

- Meine Mission und mein Ziel
- Meine Frau
- Meine Kinder
- Die erweiterte Familie
- Meine Freunde
- Einkommen und finanzielle Freiheit
- Persönliche Entwicklung
- Spiritualität
- Sozialer Beitrag

Es gibt unendlich viele Möglichkeiten, Affirmationen zu formulieren und zu strukturieren; ich persönlich verwende für die verschiedenen Zwecke zahlreiche Variationen. Die Beispielaffirmationen, die Sie gerade kennengelernt haben, sind eigens auf die Anwendung der Wunderformel zugeschnitten. In ihrer schlichtesten Form erinnern Sie Affirmationen lediglich an das, was Ihnen am wichtigsten ist: an ein wichtiges Ziel, eine tägliche Handlung, ein motivierendes Gefühl, ein fundamentales Mindset, einen Wert, eine Absicht oder etwas anderes, das Sie nicht aus den Augen verlieren wollen. Vielleicht kennen Sie den Satz: Das, worauf wir uns konzentrieren, entwickelt sich weiter. Die Affirmationen stellen sicher, dass Sie allzeit auf die Bereiche, die Ihnen am wichtigsten sind, konzentriert sind und sich in diesen Bereichen weiterentwickeln.

Eine meiner Affirmationen lautet beispielsweise: »Ich tue heute etwas, worüber sich meine Frau unglaublich freuen wird.« Durch das tägliche Aufsagen dieses Satzes werde ich immer wieder daran erinnert, aktiv zu werden und mindestens eine Sache zu tun, die das Leben meiner Frau an jedem einzelnen Tag schöner macht. Meist ist es etwas Schlichtes wie das Geschirr zu waschen, ihr Blumen zu schenken, ihr zu sagen, wie sehr ich sie liebe, sie ausschlafen zu lassen oder ihr etwas abzunehmen, das ihr das Leben erleichtert. Manchmal ist es auch etwas Größeres wie das Planen eines Urlaubs oder mit den Kindern einen Ausflug zu machen, damit sie den Tag einmal ganz für sich hat. Doch was auch immer es ist – meine täglichen Affirmationen erinnern mich stets daran, es auch wirklich zu tun. Denn wie heißt es so schön? Happy wife, happy life!

* * *

Ihre Ziele und Ihre Mission ändern sich zwar im Laufe der Zeit, Ihre Identität als Miracle-Experte sollte es allerdings nicht – zumindest dann nicht, wenn Sie weiter Wunder vollbringen wollen. Sie werden sich immer wieder für unerschütterlichen Glauben und unermüdlichen Einsatz entscheiden müssen, Sie werden immer wieder den inneren Konflikt überwinden und sich daran erinnern müssen, wozu Sie tatsächlich fähig sind. Sie werden sich immer wieder klarmachen müssen, warum Ihre Ziele Ihnen so viel bedeuten. Und dabei werden die Affirmationen, wie sie eben beschrieben wurden, Sie unterstützen. Sie kostet das lediglich ein paar Minuten konzentrierte Aufmerksamkeit pro Tag.

Sie wissen nun, wie Sie Wunderformel-Affirmationen formulieren und anwenden können. Jetzt ist es an der Zeit, das bisher in diesem Buch Gelernte auszuprobieren. Mit dem nächsten Kapitel lade ich Sie zu Ihrer ersten 30-Tage-Wunderformel-Challenge ein, oder, wie mein erster Coach zu sagen pflegte: Jetzt wird's ernst!

Hinweis: Falls Sie Fragen haben oder Hilfe beim Formulieren Ihrer Wunderformel-Affirmationen brauchen, können Sie sich jederzeit unter www.mytmmcommunity.com an die *Miracle Morning*-Community wenden. Die Community umfasst mehr als 150 000 Gleichgesinnte, die die genannten Affirmationen bereits täglich praktizieren und sich gegenseitig unterstützen. Sie werden sich sehr freuen, auch Ihnen helfen zu können.

10

DIE 30-TAGE-WUNDER-FORMEL-CHALLENGE

ZEIT FÜR IHRE ERSTE MISSION

» Seien Sie unbequem. Fühlen Sie sich wohl damit, unbequem zu sein. Das ist zwar nicht immer leicht, aber nur ein kleiner Preis dafür, einen Traum zu leben.
– Peter McWilliams

Stellen Sie sich vor, Sie hätten das Ende Ihres Lebens erreicht, und dies sei Ihr letzter Tag auf Erden. Es gibt nichts mehr für Sie zu tun – kein Wachstum, keine persönliche Entwicklung, keine Ziele. Sie haben bereits alles getan, was es in Ihrem Leben zu tun gab.

Lassen Sie uns dieser Vorstellung nun noch ein wenig weiter folgen. Plötzlich betritt die Person, die Sie hätten werden können, den Raum, die Version Ihrer selbst, die stets ihr volles Potenzial ausgeschöpft hat. Es kommt Ihnen so vor, als würden Sie die Person schon Ihr Leben lang kennen, Sie fühlen sich wohl in ihrer Gesellschaft. Sie plaudern ein wenig miteinander, damit Sie diese 10-Punkte-Version Ihrer selbst noch etwas besser kennenlernen können: ihr Mindset, das, was sie erreicht hat, welchen Beitrag sie zur Gesellschaft geleistet hat, wie erfüllt sie ist. Sie hat das Leben voll ausgekostet, hat alles gegeben, hat den Lohn dafür geerntet und verlässt das derzeitige Dasein nun so glücklich, wie man nur sein kann.

Wenn Sie jetzt den aktuellen Stand Ihres Lebens betrachten: Würden diese beiden Versionen Ihrer selbst einander dann ähneln, oder wären Welten zwischen ihnen?

Die Frage ist nicht leicht, ich weiß, aber wenn Sie sie ehrlich beantworten, ist sie ein ausgezeichneter Gradmesser dafür, wie erfüllend und produktiv Ihr Leben momentan ist und sein könnte. Es gibt beinahe nichts Traurigeres, als in dem Wissen durch das Leben zu gehen, dass man nicht alles erreicht, was man erreichen könnte. Und doch geht es vielen Menschen so. Selbst wenn Sie in einem oder mehreren Bereichen Ihres Lebens bereits sehr erfolgreich sind, ist es recht wahrscheinlich, dass Sie Ihr Potenzial in anderen Bereichen noch nicht ganz ausschöpfen.

Dieses letzte Kapitel gibt Ihnen Gelegenheit, alles, was Sie in diesem Buch gelernt haben, praktisch anzuwenden, damit Sie sich der 10-Punkte-Version Ihrer selbst weiter annähern können. Innerhalb von 30 Tagen wird Ihnen die Wunderformel derart in Fleisch und Blut übergegangen sein, dass Sie nie mehr bewusst über sie nachdenken müssen. Sie wird Teil Ihrer selbst geworden sein. Unerschütterlicher Glaube wird Ihr Standard-Mindset geworden sein. Unermüdlicher Einsatz wird Ihnen ganz normal vorkommen. Am Ende dieser einfachen, aber alles verändernden Reise werden Sie sich in einen Miracle-Experten verwandelt haben, der in allen Bereichen seines Lebens greif- und sichtbare Wunder vollbringen kann.

DIE HÄUFIGSTEN HÜRDEN – UND WIE SIE SIE ÜBERWINDEN

Ich möchte Ihnen den Weg zum Leben als Miracle-Experte so leicht wie möglich machen. Die Dinge schwieriger zu gestalten, als sie ohnehin schon sind (und genau das geschieht fast immer in unserem Kopf), ist unproduktiv und unnötig. Deshalb möchte ich Sie jetzt auf die häufigsten Hindernisse auf diesem Weg vorbereiten und Ihnen auch sagen, wie Sie sie gegebenenfalls aus dem Weg räumen.

Die erste Hürde sind unsere *irrationalen Ängste* – Angst vor dem Scheitern, Angst vor dem Erfolg, Angst vor Veränderungen –, die meist dazu führen, dass wir Dinge aufschieben. Dabei hat jeder, wirklich *jeder* Angst, wenn er sich ein hochgestecktes Ziel setzt. Es wird jedes Mal ungemütlich, wenn wir uns aus den kuscheligen Grenzen unserer Komfortzone herauswagen. Es macht immer Angst, etwas Wichtiges in Angriff zu nehmen, vor allem wenn wir etwas Ähnliches noch nie zuvor getan haben. Das ist ganz normal und unvermeidbar.

Aber ich möchte, dass Sie diese Phase so rasch und geschmeidig wie möglich passieren. Wenn Sie Ihren Kopf dabei erwischen, dass er wieder in die alte Stressreaktionsfalle tappt und Sie mit negativen Gedanken bezüglich Ihres Ziels oder bezüglich Ihrer selbst überhäuft, dann atmen Sie tief durch und rezitieren Sie Ihr Miracle-Mantra. Damit richten Sie Ihre Aufmerksamkeit wieder auf das, was möglich ist und wozu Sie sich verpflichtet haben, statt auf das, was Ihnen Angst macht. Denken Sie immer daran: *Sie* haben die Macht über Ihre Gedanken und damit auch über Ihre Realität. Das tägliche Aufsagen Ihrer Wunderformel-Affirmationen – einer der Schritte der 30-Tage-Challenge – verschafft Ihrem Kopf ebenfalls den Raum, um Ihre Ängste loszulassen, damit Sie sich wieder auf Ihre Mission und den Grund für Ihre Mission konzentrieren können.

Sie haben immer noch Angst? Dann möchte ich Sie noch einmal auf Kapitel 3 verweisen. Tragen Sie innerlich vielleicht gerade einen der vier folgenden Konflikte aus?

- *Haben Sie Angst vor günstigen Gelegenheiten?*
- *Haben Sie das Gefühl, Erfolg nicht verdient zu haben?*

- *Erkennen Sie Ihre wahren Fähigkeiten nicht?*
- *Lassen Sie sich durch andere einschränken?*

Das Hindernis zu erkennen ist der erste Schritt, um es auch zu überwinden.

Eine weitere Hürde, die ich bei Klienten und Freunden immer wieder beobachtet habe, ist die *emotionale Sicht auf die Zwischenergebnisse.* Erinnern Sie sich noch an den Freund von mir, der abnehmen wollte und der dafür einerseits die Kalorienzufuhr einschränkte und andererseits regelmäßig Sport trieb, bei dem sich aber auf der Waage kein positives Ergebnis zeigen wollte? Er hat wegen seiner Enttäuschung darüber fast aufgegeben – bis er erkannte, dass er nicht abnahm, weil er Muskelmasse aufbaute, während sich sein Körperfettanteil sehr wohl verringerte. Sein Einsatz hat sich letztlich also doch ausgezahlt.

Oder denken Sie daran, wie lange ich mein Buch *Miracle Morning* bewerben musste, bevor es schließlich die Verkaufszahlen erreichte, die ich mir wünschte. Ich hielt mich eisern an mein vorher festgelegtes Vorgehen: Ich war Gast in über 100 Podcasts, veröffentlichte mehr als 50 eigene Podcasts, trat in einem Dutzend Fernsehsendungen auf und und und … Hätte ich die – äußerst mittelmäßigen – Zwischenergebnisse nicht mit emotionaler Distanz betrachtet, hätte ich nach zwei, vier oder zwölf Monaten aufgegeben, es aber auf gar keinen Fall bis zum 18. Monat geschafft. Zum Glück wusste ich damals schon, dass dies das Geheimnis des Erfolgs ist, so es denn überhaupt eines gibt: *Bleib bei deinem Vorgehen, unabhängig von den Zwischenergebnissen.* Jedem Ergebnis geht ein Prozess voraus, und wenn wir beständig an diesem Prozess festhalten, wird der Erfolg schließlich unausweichlich.

Die *Ungeduld* ist eine weitere Hürde. Wir leben in einer Zeit und Kultur der sofortigen Befriedigung unserer Bedürfnisse. Wir erreichen unsere Freunde umgehend per Mail, SMS oder WhatsApp. Nur ein, zwei Wischer auf dem Smartphone, und wir haben Zugang zu jedem erdenklichen Medium, sei es Internet, Film, Zeitung, Buch und so weiter. Wir bestellen neue Schuhe oder Lebensmittel – und bekommen sie noch am selben Tag geliefert. Und die Geduld, so scheint es, bleibt dabei auf der Strecke.

Geht es jedoch um das Vollbringen von Wundern, ist Geduld eine der obersten Tugenden. Manche Wunder dauern einfach etwas länger. Wenn Sie es sich beispielsweise zum Ziel gesetzt haben, ein Buch zu schreiben, dann werden Sie das nicht an einem einzigen Nachmittag tun (es sei denn, es ist ein sehr kurzes Buch). Ein solches Vorhaben erfordert Beharrlichkeit, selbst wenn Sie vorher ausgerechnet haben, wie viele Wörter Sie pro Tag schreiben müssen, um zu einem bestimmten Termin fertig zu sein. Jedes Buch, das ich je verfasst habe – auch dieses hier –, dauerte länger als erwartet. Bei meinem ersten Buch waren das ganze sechs Jahre, bei meinem zweiten immerhin noch drei, und dieses habe ich in sechs Monaten geschrieben (nachdem ich meinem Verleger gesagt hatte, ich würde es in drei Monaten schaffen).

Ungeduld verursacht enormen Stress und erschwert uns das Festhalten an unserem Vorgehen. Sie macht unsere Kreativität zunichte, behindert uns in unserer Konzentrationsfähigkeit und trübt die Zuversicht. Sollten Sie sich also dabei ertappen, wie Sie mit den Fingern auf die Tischplatte trommeln, denken Sie daran, dass Sie für das Vollbringen von Wundern einen langen Atem brauchen und dass es sich dabei um eine Lebenseinstellung handelt.

Nun, da Sie mit allen Informationen und Strategien gewappnet sind, die Sie zum Überwinden der Hindernisse auf Ihrem Weg zum Miracle-Experten brauchen, kann die 30-Tage-Wunderformel-Challenge losgehen.

MIT DER WUNDERFORMEL IN 30 TAGEN ZUM ERFOLG

Die 30-Tage-Wunderformel-Challenge besteht aus sechs Schritten, von denen Sie drei im Laufe dieses Buchs vielleicht bereits getan haben. Ist das der Fall: Herzlichen Glückwunsch, Sie haben die Challenge schon zur Hälfte geschafft! Wenn Sie noch nicht dazu gekommen sind, weil Sie die Lektüre einfach zu fesselnd fanden (und ich wäre der Letzte, der Sie deswegen tadeln würde!), empfehle ich Ihnen, bei dem jeweiligen Schritt zum entsprechenden Kapitel zurückzublättern.

Die 30-Tage-Challenge in Aktion

Da die 30-Tage-Wunderformel-Challenge mit diesem Buch das Licht der Welt erblickt, habe ich noch nicht allzu viele Beispiele von Menschen, die sie geschafft haben. Sie basiert jedoch auf der 30-Tage-Miracle-Morning-Challenge – und die haben schon Zigtausende auf der ganzen Welt erfolgreich absolviert. Mit ganz erstaunlichen Ergebnissen.

In nur 30 Tagen hat beispielsweise Dawn Pogue aus der kanadischen Provinz Ontario Folgendes geschafft:

- Sie hat mit dem Rauchen aufgehört.
- Sie hat jeden Tag Sport getrieben (Ellipsentrainer).
- Sie hat 30 Tage lang keinen Kaffee getrunken.
- Sie hat rund elf Pfund abgenommen.
- Sie hat ihr Selbstvertrauen zurückgewonnen.

Gillian Perkins aus Salem, Oregon, hat die 30 Tage folgendermaßen genutzt:

- Sie hat drei Bücher gelesen.
- Sie hat den Gewinn ihrer Firma um 30 Prozent gesteigert.

- Sie hat 5 000 Dollar für die Anzahlung auf ein neues Haus gespart.
- Sie hat dreimal pro Woche Sport getrieben.
- Sie hat ihren Körperfettanteil von 36 auf 23 Prozent verringert.
- Sie hat mit dem Verfassen ihres ersten Buchs begonnen.
- Sie hat ihr gesamtes Haus einer Grundreinigung unterzogen.

Georgios Griorakis aus Köln hat auch viel geschafft, unter anderem das Folgende:

- Er hat drei Artikel für seinen Blog verfasst und veröffentlicht.
- Er hat einen Halbmarathon absolviert.
- Er hat sich an einen ausgeklügelten Ernährungsplan gehalten.
- Er hat sich beim Trainieren mehr als 20 Podcasts angehört.
- Er hat an Selbstvertrauen, Ausdauer und Disziplin gewonnen und ist ungeheuer stolz auf sich, die 30-Tage-Challenge geschafft zu haben.

All diese Beispiele sollen Ihnen zeigen, wie grundlegend Sie Ihr Leben in nur 30 Tagen ändern können. Und jetzt sind Sie dran.

SCHRITT 1: Bestimmen Sie Ihre erste Mission

Sie erinnern sich noch an Kapitel 6 und wie ich beschloss, einen Ultramarathon zu laufen, weil ich das Laufen hasse, aber unbedingt den Kerl kennenlernen wollte – dieser Kerl *werden* wollte –, der einen Ultramarathon schafft? Jetzt sind Sie am Zug. Was ist *Ihr* Ultramarathon? Welche Mission liegt so weit außerhalb Ihrer Komfortzone, dass Sie zwar nicht wissen, wer Sie zum Erfüllen dieser Mission sein müssten, sich aber gern in diese Person verwandeln würden?

Sehen Sie sich Ihre Ziele an und stellen Sie sich die folgende Frage: *Welches dieser Ziele macht mich zu dem Menschen, der ich sein muss, um alles, was ich mir im Leben wünsche, zu erreichen?* Die Antwort auf diese Frage ist Ihre Mission.

Ihre Mission soll Sie motivieren und Ihnen Energie verleihen, sie kann Sie aber auch ein wenig – oder ein wenig mehr – ängstigen. Sie soll so wichtig sein, dass Sie für sie Ihren derzeitigen Lebensstil ändern, und so fordernd, dass Sie bislang nicht genutzte Fähigkeiten aktivieren müssen. Die Mission soll Ihre Werte und das, was Ihnen am wichtigsten ist, widerspiegeln – ein greif- und sichtbares Wunder, das Sie *jetzt* in Ihrem Leben vollbringen.

SCHRITT 2: Legen Sie Ihr Vorgehen fest

Klarheit verleiht uns ebenfalls Energie. Wenn wir genau wissen, was als Nächstes zu tun ist und dass uns diese Handlung uns unserem Ziel näherbringt, dann spornt die Aussicht auf unausweichlichen Erfolg unsere Motivation an. Ihr Vorgehen sollte so simpel und umsetzbar wie möglich sein – meist ist eine Aufgabe nach der anderen das beste Verfahren. Wenn Sie noch nicht wissen, wie Ihr Vorgehen aussehen könnte, besteht Ihr erster Schritt darin, nachzuforschen und das herauszufinden. Suchen Sie im Internet nach entsprechenden Artikeln und Büchern. Sollte Ihre Mission darin bestehen, sich eine bestimmte Fähigkeit anzueignen, ist der erste Schritt dazu das Üben und/oder Lernen. Denn vergessen Sie nicht: Ihre Mission besteht nicht einfach nur aus einer Tätigkeit, sie ist eine Lebenseinstellung.

Russell Simmons schrieb in seinem Buch *Do You!*: »Manche sagen: ›Behalte dein Ziel fest im Blick‹, aber ich bin da anderer Meinung. Wer seinen Blick fest auf etwas richtet, stolpert dauernd über Dinge. Wer wirklich vorankommen will, muss den Weg im Blick behalten.« In unserem Kontext ist der Weg das Vorgehen. Wie schon gesagt, geht jedem Ergebnis ein bestimmtes Vorgehen voraus, und der Schlüssel zum Erfolg ist, *sich an das Vorgehen zu halten und die Zwischenergebnisse mit emotionaler Distanz zu betrachten.*

SCHRITT 3: Nehmen Sie sich Zeit für Ihre Wunderformel-Affirmationen – JEDEN EINZELNEN TAG

Nur durch beständige, das heißt tägliche Wiederholung öffnen wir unseren Geist für neue Möglichkeiten. Sie können eine Affirmation nicht einmal – auch nicht zehnmal – rezitieren und erwarten, dass sich dadurch Ihr gesamtes Denken ändert. Das ist wie beim Sport: Sie müssen schon über einen längeren Zeitraum hinweg regelmäßig trainieren, um Ihre Muskeln dazu zu bringen, sich anzupassen. Um Ihre Angst durch Glauben zu ersetzen und diesen Glauben unerschütterlich werden zu lassen, müssen Sie sich jeden Tag darin bestärken. Zücken Sie also jetzt Ihren Terminkalender und tragen Sie einen wiederkehrenden Zeitpunkt für Ihre Affirmationen ein. Das dauert nur ein paar Minuten, und schon sind Sie auf einem guten Weg.

SCHRITT 4: Halten Sie die Schritte für Ihr Vorgehen in Ihrem Terminkalender fest und suchen Sie sich einen Rechenschaftspartner

Bei unermüdlichem Einsatz geht es in erster Linie um *Beständigkeit.* Darum, sich an das festgelegte Vorgehen zu halten und mindestens eine Sache am Tag zu tun, die Sie der Erfüllung Ihrer Mission näherbringt. In meinem Terminkalender sind jeden Morgen 60 Minuten für meine Mission reserviert, damit sichergestellt ist, dass ich mich zuerst meiner obersten Priorität und dann allem anderen widme. Das mag bei Ihnen zwischen 30 und 60 Minuten und zwischen fünf und sieben

Tagen in der Woche variieren, Sie können sich morgens oder abends, vor oder nach der Arbeit um Ihre Mission kümmern. Vielleicht sind Ihnen aber auch vier Stunden am Samstag und vier Stunden am Sonntag lieber, bevor Sie Zeit mit Ihrer Familie verbringen oder selbst entspannen. Sie sollten zu der Zeit, die Sie für Ihre Mission reservieren, allerdings in Hochform, das heißt energiegeladen und konzentriert sein; bei mir ist das eindeutig der Morgen – am Nachmittag bin ich irgendwie immer hirntot.

Zu diesem Schritt gehört auch der Rechenschaftspartner. Sprechen Sie ab, wie, wann und wie oft – täglich oder wöchentlich – Sie miteinander in Verbindung bleiben wollen. Lassen Sie hier besondere Sorgfalt walten, denn der Rechenschaftspartner ist für das Gelingen Ihrer Mission sehr wichtig.

SCHRITT 5: Prüfen Sie Vorgehen und Fortschritte jeden Tag

Sie sollten Ihre Zwischenergebnisse zwar mit emotionaler Distanz betrachten, betrachten sollten Sie sie aber. Manchmal ist es erforderlich, das Vorgehen anzupassen, manchmal sollten wir über unsere Fortschritte nachdenken. Hierfür empfehle ich eine tägliche *Schreibübung*, damit Sie sich Ihrer Mission bewusst bleiben und den Schwung nicht verlieren. Manche Menschen reflektieren gern morgens über den vergangenen Tag, andere bevorzugen dafür den Abend. Wählen Sie, was Ihnen lieber ist. Sie können mit den folgenden Fragen beginnen:

1. Was war in den vergangenen 24 Stunden mein größter Erfolg?
2. Habe ich mich an mein Vorgehen gehalten?
3. In welchem Bereich habe ich mich am meisten verbessert?
4. Hätte ich etwas anders oder besser tun können?
5. Welche Lektionen habe ich bisher gelernt?
6. Muss ich mein Vorgehen anpassen?
7. Kann ich jemanden um Rat oder Feedback bitten?

SCHRITT 6: Lassen Sie Ihre Mission nach deren Erfüllung noch einmal Revue passieren

Ein gemeinsamer Nenner vieler erfolgreicher Menschen und Teams ist, dass sie sich nach einem beendeten Projekt die Zeit nehmen, über die gelernten Lektionen zu reflektieren, damit sie die gewonnenen Erfahrungen für kommende Projekte nutzen können. Wie Sie wissen, ist jedes Ihrer Ziele wichtig, am wertvollsten aber sind die dabei entwickelten Fähigkeiten und Eigenschaften, wer Sie also beim Verfolgen Ihrer Ziele geworden sind. Erst durch die Lektionen, die Sie auf Ihrem Weg zum Ziel lernen, werden Sie zum Miracle-Experten. Stellen Sie sich nach erfüllter Mission die folgenden Fragen:

1. Habe ich mein Ziel erreicht?
2. Hätte ich etwas anders oder besser tun können?
3. Was habe ich daraus gelernt?
4. Welche Änderungen sollte ich an meiner nächsten Miracle-Mission vornehmen?

ACH – EINES NOCH …

Während Sie sich auf Ihre erste Mission vorbereiten, sollten Sie daran denken, dass Sie bereits alles haben, was Sie brauchen, um jeden Tag als Miracle-Experte zu leben und sich das außergewöhnlichste Leben zu erschaffen, das Sie sich vorstellen können. Im Grunde besaßen Sie diese Fähigkeiten schon immer – ich habe lediglich Ihre Aufmerksamkeit darauf gelenkt. Ich hoffe, dass Sie im Laufe unserer gemeinsamen Zeit alles gelernt haben, was Sie wissen müssen, und wünsche Ihnen bei Ihrer ersten Mission sowie allen, die folgen werden, viel Erfolg. Nun stehen nur noch zwei Entscheidungen zwischen Ihnen und dem Erreichen Ihrer zunächst möglichen, dann wahrscheinlichen und schließlich unausweichlichen Ziele. Es ist an der Zeit, Wunder zu vollbringen.

SCHLUSSBEMERKUNG

WAS WERDEN SIE JETZT TUN?

» Dies ist nicht das Ende. Es ist nicht einmal der Anfang vom Ende. Aber es ist, vielleicht, das Ende des Anfangs.
– WINSTON CHURCHILL

Wir haben uns im Laufe dieses Buchs mit ziemlich vielen Themen auseinandergesetzt, und ich weiß es zu schätzen und bin Ihnen dankbar, dass Sie bis zum Ende des Buchs durchgehalten haben – das natürlich eher der Anfang Ihrer Reise ist. Mein Anliegen war es, Wunder so zu entmystifizieren, dass Sie erkennen, wie Sie sie ganz praktisch und realistisch vollbringen können. Denn im Gegensatz zu dem, was viele Menschen denken und vielleicht auch Sie gedacht haben, als Sie dieses Buch aufschlugen, haben Wunder absolut nichts Mysteriöses. Zumindest nicht die Art von greif- und sichtbaren Wundern, mit denen wir uns hier beschäftigt haben.

Wenn Sie der Wunderformel und allen hier zusätzlich aufgeführten Strategien folgen, wird das konstante Vollbringen von Wundern zu Ihrer Lebensweise werden. Solange Sie sich an die beiden Grundsatzentscheidungen unerschütterlicher Glaube und unermüdlicher Einsatz halten, wird Ihr Erfolg unausweichlich sein und alles, was Sie sich wünschen, im Bereich des Möglichen liegen. Ein vollmundiges Versprechen, ich weiß, aber ich kann es aufgrund meiner Erfahrungen leichten Herzens geben.

Ich lebe schon seit fast 20 Jahren nach den Grundsätzen der Wunderformel und habe durch sie immer wieder die Chancen bekommen, lebensbedrohliche Herausforderungen zu meistern und mir das Leben meiner Träume zu erschaffen. Zudem hatte ich das Privileg, Teil der Wunder anderer Menschen zu sein, zusehen zu dürfen, wie sie innere Konflikte überwanden und sich über das hinaus steigerten, was sie einst für möglich hielten. Nicht durch Zauberei. Nicht durch das Starren auf ein Moodboard. Sondern indem man dieselben beiden Entscheidungen trifft, die auch die erfolgreichsten Individuen in der Geschichte der Menschheit getroffen haben, und nach ihnen lebt.

Und Sie können das auch. Sie können außergewöhnliche Veränderungen in Ihrem Leben vornehmen, und zwar schneller, als Sie es sich je hätten träumen lassen. Innerhalb von nur 30 Tagen können Sie all die Ängste, Selbstzweifel und inneren Konflikte überwinden, die Sie bislang zurückgehalten haben. Sie haben die Macht, sich das zu erfüllen, was Sie bislang für unmöglich gehalten haben. Ihnen sind keine Grenzen gesetzt. Das Leben, das Sie sich wünschen und zu erschaffen bereit sind, ist Ihr Geburtsrecht.

Dass Sie Ihre höchsten Ziele zunächst möglich, dann wahrscheinlich und schließlich unausweichlich machen können, steht außer Frage. Die größte Variable der Wunderformel ist die *Zeit*: wie lange es dauert, bis Sie Ihre Mission erfüllt haben. Meist dauern die Dinge länger, als wir denken oder uns erhoffen, doch seien Sie versichert: Die Mühe lohnt sich, immer.

Manchmal werden Sie sich wünschen, Sie wären schon weiter, oder sich mit jemandem vergleichen, der schon weiter ist. Doch denken Sie dann daran: **Wenn Sie schließlich an dem**

Punkt sind, auf den Sie so lange hingearbeitet haben, werden Sie sich fast nie wünschen, Sie wären schneller dorthin gelangt. Das Timing Ihrer Reise ist beinahe immer perfekt. Die Herausforderungen, die Hürden und Hindernisse waren wichtig für Ihr persönliches Wachstum. Wo Sie momentan also auch immer stehen mögen: Machen Sie Ihren Frieden damit, aber ruhen Sie sich nicht auf Ihren Lorbeeren aus. Sie *werden* an Ihr Ziel kommen, versprochen. Und das zum genau richtigen Zeitpunkt.

* * *

Wie Sie aus der Einführung sicherlich noch wissen, besteht das Wunder, das ich mir mit diesem Buch zum Ziel gesetzt habe, darin, *das Bewusstsein der Menschheit zu erhöhen, Mensch für Mensch*. Und auch wenn Sie beim Lesen dessen vielleicht die Augen verdreht haben, so wissen Sie jetzt, hoffe ich, dass auch diese Mission alles andere als unmöglich ist. Ich werde jeden Tag die Wunderformel anwenden, schlicht und ergreifend so lange, bis ich mein Ziel erreicht habe. Ich weiß, dass ich im Laufe der Zeit aus dieser möglichen zunächst eine wahrscheinliche und schließlich eine unausweichliche Mission machen kann. *Eine andere Option gibt es nicht.*

Wie also steht es mit Ihnen? Haben Sie schon entschieden, welches Ihre erste Mission sein soll? Bereiten Sie sich schon auf die 30-Tage-Wunderformel-Challenge vor?

Versuchen Sie dabei auch, über sich selbst hinauszudenken. Natürlich ist es toll und wichtig, für sich selbst Wunder zu vollbringen, doch verlieren Sie das größere Bild nicht aus den Augen. Nun, da Sie wissen, wie man greif- und sichtbare Wunder vollbringt, tragen Sie auch die Verantwortung dafür, welche Wunder Sie vollbringen wollen. Sehen Sie sich in Ihrer Umgebung und in der Welt um. Fehlt irgendwo etwas? Wovon sollte es Ihrer Meinung nach mehr geben? Wo können Sie Ihre ganz persönlichen Spuren hinterlassen? Was wird Ihr Vermächtnis sein? Fangen Sie ruhig mit sich selbst und Ihrer Familie an. Doch dehnen Sie Ihre Wunder dann auf Ihre Gemeinde und darüber hinaus aus. Als Miracle-Experte besitzen Sie auch das grenzenlose Potenzial, andere zu beeinflussen – eine Verantwortung, die niemand auf die leichte Schulter nehmen sollte.

Im Einklang mit zwei simplen Grundsatzentscheidungen zu leben eröffnet uns ein ganz neues Denkmuster voller Möglichkeiten, das Miracle Mindset. Damit ist kein Ziel, kein Traum, keine Mission zu groß, weil Sie nicht scheitern können. Sie können nur lernen, wachsen und besser als jemals zuvor werden. Ich kann es kaum erwarten, von den Wundern zu hören, die Sie vollbringen werden.

DANKSAGUNG

Wenn es ein ganzes Dorf braucht, wie ein afrikanisches Sprichwort sagt, um ein Kind großzuziehen, dann braucht es zwei, um ein Buch zu schreiben. Den folgenden Menschen, *meinem* Dorf, möchte ich meinen zutiefst empfundenen Dank aussprechen:

Der Frau meines Lebens und meiner Träume, Ursula. Ich hätte nicht darauf hoffen können, mein Leben mit einer außergewöhnlicheren Frau und Mutter teilen zu dürfen. Mit deiner unerschütterlichen Unterstützung machst du alles, was ich tue, möglich. Mein Herz gehört dir, solange du versprichst, das deine auch den folgenden beiden Menschen zu schenken …

Unseren Kindern, Sophie und Halsten. Ihr seid meine Inspiration, ihr bedeutet mir mehr als alles andere auf der Welt.

Meinen Eltern, Mark und Julie. Wenn ich mein Leben noch einmal von vorn beginnen und mir meine Eltern aussuchen könnte, würde ich … euch wählen! Eure bedingungslose Liebe hat mich zu dem gemacht, was ich bin.

Meiner Schwester Hayley dafür, dass sie immer an mich geglaubt hat und jemand ist, den ich von ganzem Herzen lieben und respektieren kann.

Tiffany Swineheart, meiner »Einsatzleiterin«. Ich kann nicht in Worte fassen, welchen Beitrag du zu meinem Leben geleistet hast und wie sehr ich dich schätze. Du bist die Beste, Tiff.

Jon Berghoff, meinem engen Freund und Geschäftspartner. Als ich im Krankenhaus gegen den Krebs gekämpft habe, hast du mir und meiner Familie die größtmögliche Unterstützung zuteilwerden lassen. Ich liebe dich, Kumpel.

Honorée Corder, meiner Freundin und Mitverfasserin der *Miracle Morning*-Buchreihe. Als ich im Krankenhaus gegen den Krebs gekämpft habe, hast auch du mich und meine Familie auf unglaubliche Weise unterstützt (und zwei Bücher der Reihe herausgegeben!). Ich liebe dich, HC!

John Maas und Celeste Fine, meinen beiden Weltklasseagenten bei Sterling Lord Literistic, für ihren unerschütterlichen Glauben an und ihren unermüdlichen Einsatz für dieses Buch.

Emily Klein dafür, dass sie mir geholfen hat, mich trotz ADHS zu konzentrieren und meine oft inkohärente Inspiration in kohärente Konzepte für die Leser dieses Buchs zu verwandeln.

Diana Baroni und dem Team von Penguin Random House dafür, dass sie an *Miracle Mindset* geglaubt und es der Welt zugänglich gemacht haben.

Jedem einzelnen Mitglied der weltweiten *Miracle Morning*-Community dafür, dass sie jeden Morgen aufstehen, um ihr volles Potenzial auszuschöpfen und sich gegenseitig dabei zu unterstützen. Gemeinsam schaffen wir es, das Bewusstsein der Menschheit zu erhöhen, einen Morgen nach dem anderen. Ich liebe euch alle!